U0957028

清朝洋商秘档

李国荣　主编

覃波　李炳　编著

九州出版社
JIUZHOUPRESS

CCTV《探索·发现》电视纪录片

《帝国商行》

中 央 电 视 台

中国第一历史档案馆

广 州 市 档 案 局

广州市社会科学联合会

广州市荔湾区人民政府

联合摄制

顾　　问　邢永福　甘　新　魏　斌　陈建华
向东生　刘　平　童元喜　李涿诚

策　　划　邹爱莲　何伍爱　魏小平　李明华
李国荣　刘悦伦　周亚伟　聂贵新
晏拥军　黄贤青　覃　波　刘瑜梅
郭　凡　章文钦

主　　编　李国荣

撰　　稿　覃　波　李　炳

制 片 人　王新建

执行制片人　盛振华

编　　导　李　炳

总　　监　张　宁　王进友　冯存礼

统　　筹　林伟森　胡大同　蒋年平　施玉萍
甘婉瑜　钟紫云　黄勉持

引　言

清代中国有三大商团，这就是以经营票号著称的山西晋商，以操办盐业为主的江南徽商，还有垄断对外贸易的广州洋商。晋商和徽商已是青史留名，早被世人所熟知，而作为大清帝国洋商的广州十三行，却一度被历史严重忽视，乃至成为被扭曲了的商人群体。

穿越历史的时空，在祖国南疆的珠江水域为我们展现了一幅幅荡气回肠的恢宏画面：一群精明勤劳而又实干高效的商人，迎送洋船无数，南国得天独厚的地理环境，悠久的对外贸易传统，特别是朝廷"一口通商"的特殊国策，让他们独家经营起大清国的对外通商口岸，广州十三行作为清政府惟一合法的中西贸易特区一直维持延续了一百多年的时间；积聚了巨量财富的广州，被誉为"天子南库"，十三行商人成为那个时代世界上最富有的人；直面多元文化的交汇，洋行商人以开放和兼容的姿态面向海外异域，从某种角度上说，他们推开了中国走向世界的门，打开了世界透视中国的窗；夹缝中艰辛生存的洋商集团，在中西交往的风口浪尖上盛极而衰，在那场改变了近代中国命运的硝烟中，帝国商行最终奏响了罂粟花下的悲歌。

2006年，在纪念瑞典“哥德堡号”商船远航中国260周年之际，我们联手合作在中央电视台《探索·发现》栏目推出四集电视纪录片《帝国商行》。该片捕捉尘封数百年的历史记忆，拨开盛清商贸的层层迷雾，由此打破了长久以来人们对清代洋行商人的漠视。继电视片之后，主创人员在原有脚本基础上深入探研，很快推出《帝国商行》同名著述。《帝国商行》一书问世后，受到各界欢迎，旋即告罄。现应读者要求，依据1000余件翔实可靠的清宫秘档和大量中外文献，荟萃400余幅异彩纷呈的历史图片，对原作重新修订，更名《清朝洋商秘档》再行付梓。值得一提的是，本书所附《清朝洋商档案要目》，精选清朝中央政府有关秘档600余件，是十三行历史盛衰的真实记录，内中蕴涵着大清洋商巨贾的珍贵信息。作为姊妹系列作品，从文献纪录片到历史著述，从《帝国商行》到《清朝洋商秘档》，其创作宗旨都是力求全方位揭示大清帝国的洋商——广州十三行的盛世辉煌、人文风貌和风雨沧桑。

《清朝洋商秘档》将以珍贵的皇家档案和鲜活的历史画面，全新阐释广州十三行这个饱含着众多历史隐秘的商人群体，从中或可感悟中西交融碰撞的余音。

目 录

第三篇　西来欧风

第四篇　罂粟悲歌

第一篇 帝国南门

十七世纪 南中国海

海面上航行的是一艘十七世纪最大型的帆船，它从欧洲出发，经过一年多的航行，即将到达此行的目的地，那个叫做Canton的城市。在这次航行中，他们幸运地逃过了好望角的惊涛骇浪和马六甲的海盗劫掠，以及船上的流行疾病，在高达百分之二十减员的情况下完成了这次航行。遗憾的是，一同出发的帆船只有一半能够到达。如此代价高昂，但并不能阻挡每年上百艘这样的商船远航。进入南中国海域，他们沿着一条像泰晤士河一样的江水而上，到达一个好似威尼斯的水城，那个被称为东方帝国南大门的广州。

是什么在诱惑着西方船队，让他们甘愿冒着巨大的风险，排除万难抵达这里？这个东方国度又会怎样迎对远方的来客呢？

广州有个十三行

17、18世纪是个海洋的世界，人类的航海使东西两个半球不再是隔绝的地理板块。大海这个便捷的桥梁，让人类实现了联系的畅通，人们仿佛一下子找到了打开地球宝贵资源的钥匙，物质财富滚滚而来。

在经济版图的大改写中，首先得益的是大西洋沿岸国家。进入17世纪，为了新的领土和巨大的商贸利益，欧洲世界展开了遍布全球的探险活动和激烈的经济扩张，那个地大物博、人口众多的中国大陆，成为西方淘金者所痴迷的热土。在西方人眼里，中国有琳琅满目、美不胜收的各种物产，与传奇和时尚同名。欧洲人在为发现中国而惊喜的同时，他们也看

早期的广州商馆

油画，[英] 威廉·丹尼尔1785年绘。

行驶在南中国海的西方船队

18世纪，来华商船回程获利高达200%以上，开往中国的船只就意味着财富。

到，“在这个奇异而神秘的王国里，人们过着绝对自给自足的生活，与外界老死不相往来”。而这个时代的中国又将发生什么样的变化呢？

海洋对于有着漫长海岸线的中华帝国来说，是一个天然的防御屏障。海禁是明朝第一位皇帝朱元璋所制定的“祖训”，明代没有任何一个皇帝敢于明令废除，只是在具体执行中有松有紧。到了明末清初，具有海上贸易传统的东南沿海，民船私下出海已呈不可阻遏之势，禁令成了一纸空文。朝廷官员也在抱怨，海禁不仅不能禁绝私人出海，反而使官府失去大量可观的税收。

17世纪后期，大清帝国进入了康熙盛世，在平定三藩之乱和收复了台湾岛之后，康熙帝审时度势，为了振兴沿海地区长期凋敝的经济，决心解除明朝以来三百余年的海禁，实行开海通商政策。1685年，清政府在东南沿海创立粤海、闽海、浙海、江海四大海关，作为外国商船来华贸易的指定地点。这是中国历史上正式建立海关的开始，也是中国海疆政策的一次历史性转变。

开海政策满足了沿海居民长久以来出海谋生的愿望，海洋贸易盛况空前。前所未有的政策环境，又逢强大的商机，东西方之间的商贸往来已变得势不可挡。此后，这片海面就不再平静。

由于长期的封闭，清政府并没有一个专门的外贸机构。在开关初期，接待西方商船的制度极其混乱，遇到大船到来，官员招架无方，洋船常被堵在港外迟迟不得贸易。在清政府无力直接控制外贸的情况下，他们终于开始寻求更为有效的方法。1686 年春，正是粤海关开关的第二年，在洋船就要到港，贸易季节即将来临的时候，广东官府、粤海关终于找到了他们的解决办法。

为了规范贸易和保证税收，广东官府、粤海关公开招募较有实力的商家，指定他们与洋船上的外商做生意，同时代海关征缴关税，这被普遍认为是中国早期外贸代理洋行——广州十三行组织建立的标志。

从此，一个全新的商人团体开始慢慢地登上历史舞台。这个从垄断外

明清两朝的皇宫——紫禁城旧照

皇家档案库——皇史宬

位于北京城中心南池子大街，始建于明嘉靖十三年（1534年），是典型的皇家档案库，有“石室金柜”之称。

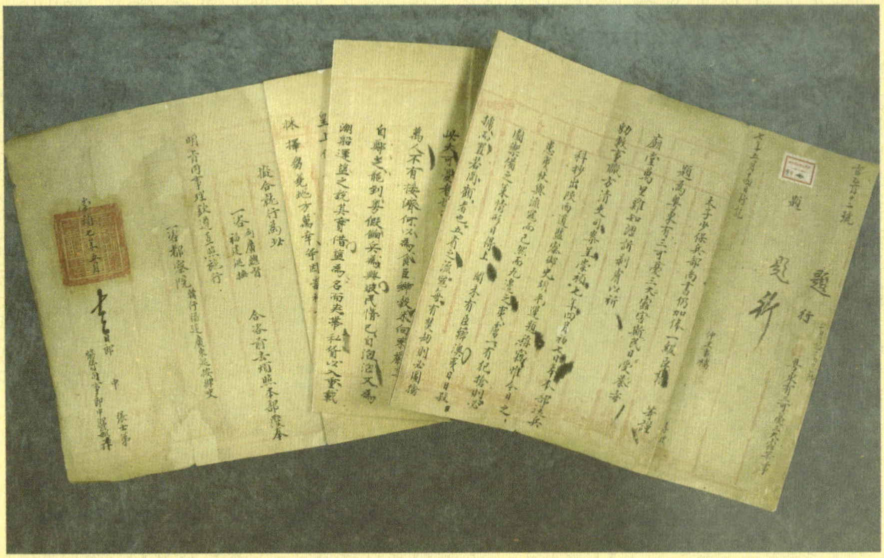

明代兵部尚书张凤翼题本：筹议海禁事宜

崇祯七年五月十三日（1634年6月8日），中国第一历史档案馆藏。

明末崇祯年间，海禁已成了一纸空文。兵部尚书张凤翼在给崇祯帝的这份报告中，陈述了自己的忧虑：沿海私商用各种办法从事海外贸易，海禁不仅不能禁绝私人出海，反而使官府失去大量可观的税收。

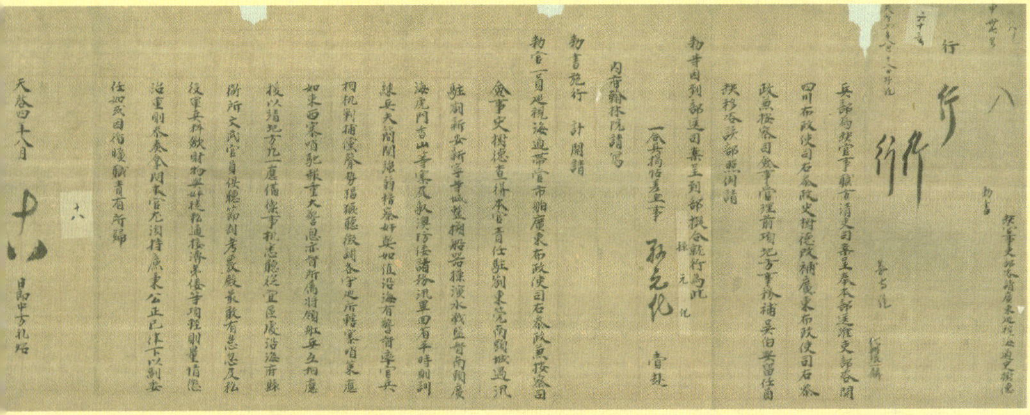

明代兵部行文稿：调补巡视广东海道带管市舶官员，稽查虎门、澳门洋船

天启四年八月十八日（1624年9月30日），中国第一历史档案馆藏。

清宫画家绘制的康熙皇帝像

绢本设色，纵98.2厘米，横68.1厘米

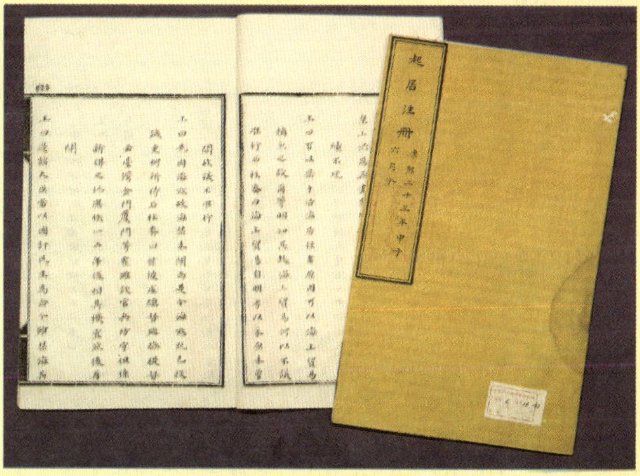

《内阁起居注》中康熙召集朝臣商议开海贸易的记录

康熙二十三年七月十一日（1684年8月21日），中国第一历史档案馆藏。

在这本记载皇帝言行的《内阁起居注》中，记录的是康熙帝向内阁大学士石柱询问考察广东、福建各地见闻的情景。在召见中康熙说道："百姓乐于沿海居住者，原因可以海上贸易捕鱼之故，尔等明知其故，海上贸易何以不议准行？边疆大臣当以国计民生为念"。

贸中崛起的商人群体，与两淮盐商、山陕商人一起，被后人称为是清代中国的三大商人集团。“十三行”是对广州外贸洋行约定俗成的统称，并不反映商家的实际数字。历史上，洋行数目因贸易形势的起伏而变动不定，最多时有26家，最少只有4家。

广州十三行起源于何时？粤海关招商之前，十三行是否已经作为民间私商存在？这个问题始终是一个悬而未解的谜。一种说法认为，明末已有十三行，它是从明代万历年间广东经营商业的三十六行中逐渐演变而来。另一种说法认为，十三行是清初粤海关开设后才命名的。其依据是清代《粤海关志》中关于广州十三行的记载：

> 国朝之初，番舶入市者仅二十余柁，至则劳以牛酒，令牙行主之，沿明之习，命曰十三行。

十三行是粤海关征税的总枢纽，行商是惟一得到官方承认的外贸代理

康熙二十四年（1685年）设立的粤海关

粤海关总部旧址位于清代广州城五仙门内，在今天广州宾馆附近。

商。他们控制着广州口岸全部的外贸，内地货物必须通过他们买进运出，行商从中抽一笔手续费作为佣金，然后用他们的名义报关。行商受益虽多，责任亦重，官方认为他们能够而且应该管理广州商馆的外国人和停泊黄埔的外国船，所以，外商自从登岸之始，必须有一个担保商人，行商也就成了保商，实际是外商在中国开展商务的监护人。

清政府规定，洋货行商人必须是“身家殷实，赀财素裕”者，为的是保证洋行经营的底蕴和对外贸易的信誉。行商的营业执照，要花20万元从官府方面获得。虽所费高昂，却保证了行商财源广进。行商是带有世袭性的社会团体，虽然是天朝洋商，但行号都是自成一体的家族式经营。豪商巨贾中以潘、伍家族为最，他们家业雄厚、锦衣玉食、园宅华丽，在当时是世界级的豪富。政府选定家资最富、声望最著者担当行商首领，被称为总商。

清代中国轻视商业，行商即使在取得巨额财富后，依旧无法获得相应的社会地位。从广东地方官来讲，无论将军、总督，还是监督、巡抚，都把十三行当做利源，行商也只有投靠封建权贵的门下，才能在对外贸易中争得一席之地。因此，从乾隆年间开始，广州的行商常花巨资为自己捐买顶戴，知名的行商通常都能捐来二品红顶或三品蓝顶的头衔，这相当于广东巡抚或布政使大员的品级。以后，商人捐官成为通例，正所谓“无贾而不官”。因行商大多捐有官衔，所以，他们的名号后都带有一个“官”字，如潘启官、伍浩官、卢茂官、叶仁官、章官、鳌官等。初来的洋人往往误以为这商名就是真实的名字，其实以“官”作为名字的一部分，在十三行时期的广州本是一种尊敬的称谓，相当于先生，字义是管理之意。结果约定俗成，以后行商都被称为某某官。在外商眼中，他们就是国家商人，是中国官方的代理人。

独具魅力的黄金口岸

我们从康熙开海以后来华洋船的统计中，发现了这样一个奇怪的现象，就是大清国虽然开放四个口岸，但80%以上的洋船都到粤海关贸易，很少问津其它三个海关。粤海关为什么能如此独具魅力呢?

坐落在珠江岸边的十三行商户，用经济手段集散货物，办事效率高，应变能力强。行商与外商的交易往往数额巨大，除双方各自记账外，从无其它记录。没有书面协议和收据，也无须盖章、签字。没有邮局汇款，没有打印机，大笔款项支付后，只在一张小小的纸片上签署行号的大写字母。行商总是忠实地履行承诺，从未发生过毁约事件，外商无需考虑货物的数量和质量。这就是中国外贸生意人最原始的商业作风。

洋船进入广州的终点，在城外珠江航道上的黄埔港，这里距广州城水路20里。从黄埔至广州逐渐进入浅水，所以，海船都是在黄埔下锚。这个负山阻海的半弧形水域，河面开阔水深适宜，是个天然良港，素有“金色碇泊所”之称。每当世界贸易的大帆船到港，便有善于传译语言、沟通商情的洋行商人迎接来客，官府备办酒席设宴招待，这成为粤海关固定的贸易仪式。经过从欧洲而来的长途航行之后，黄埔还提供船只的修理和海员居住的地方。

得天独厚的人文地理优势，使传统的海外贸易中心广州，成为清朝开关后，西方商船首选的黄金口岸，形成了固定的贸易路线和通商惯例。广州黄埔港洋船云集，商贾辐辏,这里拥有通往亚洲、欧洲、美洲各主要港口的环球贸易航线。除俄罗斯商队跨越西伯利亚到中国北方边境恰克图、葡萄牙商船在澳门贸易外，参加传统的对华朝贡贸易的周边国家以及欧美各国，包括荷兰、西班牙、英国、法国、美国、瑞典、丹麦、比利时、奥地利、意大利、普鲁士、秘鲁等都到广州，与十三行进行贸易来往。

广州的地形地貌长期被形容为一艘巨型海船，尽管这出自风水先生之

雍正皇帝像

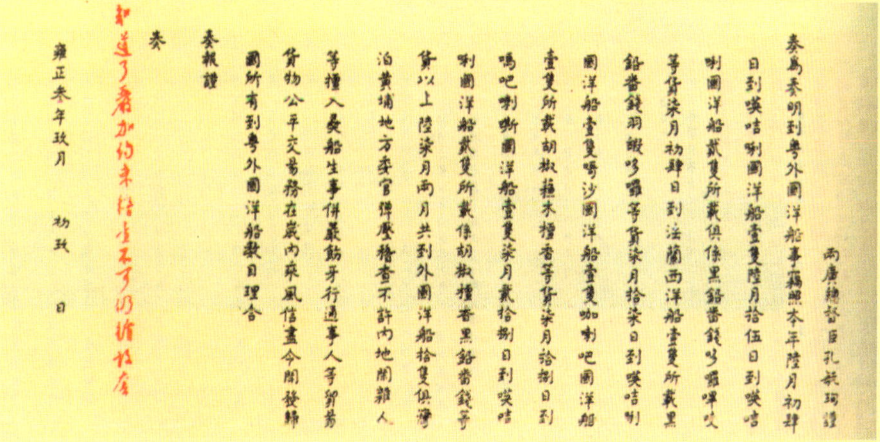

兩廣總督臣孔毓珣謹
奏爲奏明到粵外國洋船事竊照本年陸月初肆
日到暎咭唎國洋船壹隻陸月拾伍日到暎咭
唎國洋船貳隻所載俱係黑鉛番錢哆囉嗶吱
等貨柒月初肆日到法蘭西洋船壹隻所載黑
鉛番錢羽緞哆囉等貨柒月拾柒日到暎咭唎
國洋船壹隻嗎沙國洋船壹隻咖喇吧國洋船
壹隻所載胡椒蘇木檀香等貨柒月拾捌日到
嗎吧喇噺國洋船壹隻柒月貳拾捌日到暎咭
唎國洋船貳隻所載係胡椒檀香黑鉛番錢等
貨以上陸柒月兩月共到外國洋船拾隻俱灣
泊黃埔地方委官彈壓稽查不許內地閒雜人
等擅入夷船生事併嚴飭牙行通事人等貿易
貨物公平交易務在歲內乘風信盡令開發歸
國所有到粵外國洋船數目理合
奏報謹
奏
知道了嚴加約束稽查不可仍循故套
雍正叁年玖月　初玖　日

两广总督孔毓珣奏折：洋船到达广州港，只许行商与其贸易

雍正帝在奏折上批示："知道了。严加约束稽查，不可仍循故套。"雍正三年九月初九日（1725年10月14日），台北故宫博物院藏。

華滋堂

养心殿，清朝皇帝日常起居和批阅奏折的地方

奏為奏
聞事竊照本年陸月内所到外洋連嗎咖嘰吁吣喍
喻嚬叁隻貨船業經前摺附
奏嗣於陸月貳拾伍日有外洋地哩嗌吣船壹隻
吵嚕嘖船壹隻吁吣船壹隻貳拾陸日有外洋
嗎叮船壹隻哈喇啪船壹隻柒月貳拾伍日有
外洋吣吵嚕嘜嚕船壹隻捌月拾伍日有外洋
喳吣船壹隻拾玖日有外洋嗌哩嘧船壹隻貳
拾日有外洋喲吵哩叮船壹隻俱各進口以上
共到外洋船壹拾貳隻此皆
聖主聲教四訖慕化嚮風者梯航接踵也又自柒月
初壹日起至玖月初柒日陸續共到本港洋船
壹拾玖隻各船現在開艙起貨按則徵稅理合
繕摺奏
聞伏祈
皇上睿鑒謹
奏
知道了
乾隆元年玖月　日

广东海关副监督郑伍赛奏折：报告到港洋船名称

乾隆元年九月十九日（1736年10月23日），中国第一历史档案馆藏。

清代黄埔港风景水粉画

眼前是黄埔湾美丽的河道，远处是广州城。

普鲁士银币

在德国柏林钱币博物馆，至今收藏着这样的银币，正面是普鲁士国王的头像，背面有穿着清朝服装的广州商人：头上戴礼帽，手臂夹一卷丝绸，身后放着一箱茶叶，箱子上是瓷花瓶，这些象征着当时享誉世界的中国“三宝”。经考证，这是清朝乾隆十七年（1752年），即将首次远航广州的普鲁士商船，为这次航行专门铸造的中西合璧的银币，它是目前所知惟一有清朝人像的外国货币。当时的普鲁士人并未见过中国人，银币上的人物是他们想象中的清朝广州商人的模样。

说，却浓缩着通海放洋的悠久传统。海洋贸易完全受周期性的风向变化支配，广州是典型的亚热带季风气候，各国商船要按南中国海的季候风进港贸易：每年夏天仰仗西南风驶靠黄埔港，在十三行交易后，带着中国丝绸的华贵、瓷器的典雅和茶叶的芳香，于冬天借助东北风回归。年复一年的贸易风，给广州的航运带来了生机。作为令人称美的“海上丝绸之路”始发地，十三行无疑是中国走向世界的一个通道。

西洋人眼中的广州珠江图景

来自大西洋的船队

17、18世纪，欧洲与东亚贸易的机构统称东印度公司，在航海殖民的时代，东印度公司是最使西方世界目眩心仪的组织。1600年，英国东印度公司得到东方贸易的垄断特许权，英国皇室的鼎力资助，极大地刺激了高风险、高回报的海外贸易。中国是英属东印度公司的厚利所在，1715年，公司驻广州的商馆终于得到康熙帝的允准而建立，这里后来成了中英贸易的大本营，中英贸易为英国和它的印度殖民地提供着每年500万英镑的进账。

18世纪，英国驶往广州的帆船，堪称是当时欧洲最大型的商船。曾在十三行美国商馆任职的亨特写道：

最壮观的景致莫过于英国船队驶入广州黄埔港的情景。豪华大船通常以20艘一队驶入，排成优美的行列等待装货。船上有乐队，常以奏乐来款待客人，乐声还吸引了许多中国人前来观看。

英国东印度公司在伦敦的总部

从18世纪中叶开始，英国东印度公司已是一个拥有海上霸权，集商业、军事、领土于一体的庞大的跨国机构。在许多人眼里，公司就是国家，就是大英帝国。

清朝《万国来朝图》轴（局部）

图中表现的是紫禁城太和门前外国人的朝贡仪仗。绢本设色，纵322厘米，横210厘米，故宫博物院藏。

刻板画：黄埔帆影

此图描绘的是英国东印度公司商船停泊在广州郊外黄埔港的景致。威廉·哈金斯绘，爱德华·邓肯刻印，香港艺术馆藏。

从18世纪中叶开始，英国东印度公司已是一个拥有海上霸权，集商业、军事、领土于一体的庞大的跨国机构。在许多人眼里，公司就是国家，就是大英帝国。贸易数字的直线上升，使英商不甘于只在传统的广州口岸贸易，他们需要冲破长久以来固定的通商惯例，拥有更广阔的舞台，向更深远的地区渗透。为了获得价廉物美的中国货，英商渴望在长江流域的丝茶产区增开新的商站。

1757年，大清国进入了乾隆盛世。就在这一年，一道从紫禁城发出的上谕，改变了贸易的格局。乾隆皇帝宣布："口岸定于广东，洋船只准在广东收泊贸易。"清廷突然把中西贸易全部聚集在南国边陲，沿海其它三个海关对西方商船关上了大门。措施强硬，态度异常坚决。

中国有漫长的海岸线，在海外贸易蓬勃发展的时候，走向全盛的清政府为什么要对西方世界关闭其它口岸，仅留粤海一关对外通商呢？无疑，这是悬在历史时空中的一个大问号。一桩"外洋通商案"，成了清廷收关的直接原因。

1755年6月，英国东印度公司派出英国的第一位"中国通"，开始到浙江沿海投石问路。这位英国人在广州贸易多年，通晓汉语，熟悉行情，他的汉语名字叫做洪任辉，此次乘船直抵浙海关宁波口岸。宁波在康熙年间是开放的港口，但一向不是洋船聚集的地方。洋船忽然闯入海滨要地，乾隆帝最直接的反应就是对浙江海防的忧虑。我们现在依旧能从当时的清宫档案中，找到乾隆帝对此的关注。

为了阻止英船北上，乾隆帝采取了一种折衷的方案：不宣布禁令，而是提高浙江关税，让外商无利可图。如此费尽心思，是想用不禁自绝的手段限制开往浙江的洋船。然而奇怪的是，浙海关税额的增加并没有吓跑英国商人，不久乾隆得到信息，英商宁可多交税也要到浙江贸易。

面对英商急于打开中国内地大门的试探，乾隆帝该如何制定对策，他需要在开放还是封闭之间做出抉择。要不要维持多口贸易？乾隆帝此时不无犹豫。

乾隆在南国画下一个圈

为了处理浙江海关事宜，乾隆帝将熟悉广东外贸的两广总督杨应琚调任闽浙总督。刚刚离开广东的总督杨应琚，在给皇帝的奏折中，回顾了广州十三行设立的原因和经营情况，并对虎门、黄埔一路的地理形势作了详细的分析，最后认为，对外通商应仅限于广东粤海关。

杨应琚的奏报娓娓动听，洋船高大如屋来去无常，尤其是船上装载炮械云集天朝商港，这对于沿海清军水师是个巨大的威胁。在清朝的海疆大臣看来，海防的宁静高于一切。乾隆当即用朱笔批示道："所见甚是。本意原在令其不来浙省而已，非为加钱粮起见也。且来浙者多，则广东洋商失利，而百姓生计亦属有碍也。"封疆大臣考虑到海防，乾隆强调的是广

存放皇家档案的龙柜

英国画师绘制的宁波古港图

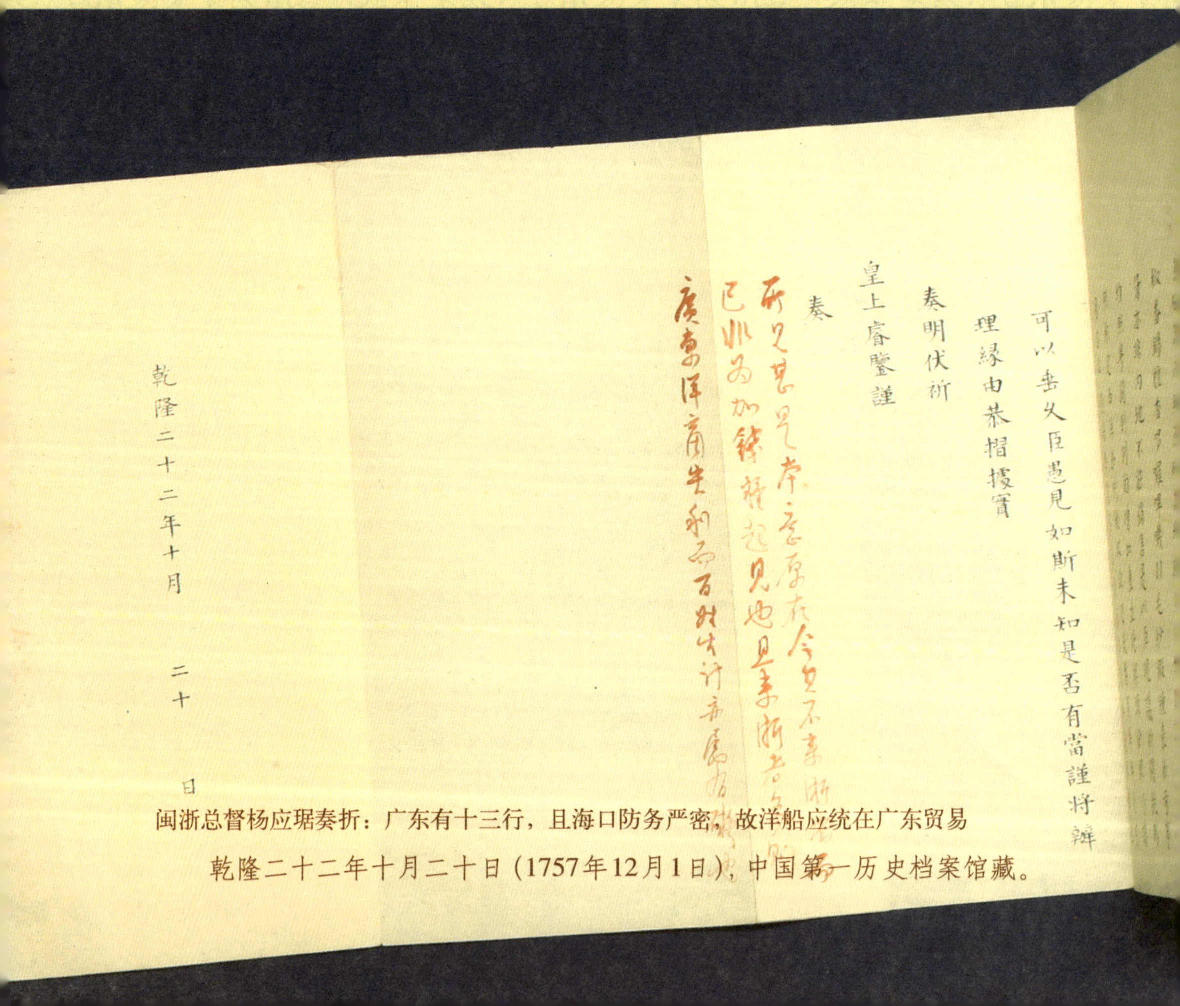

闽浙总督杨应琚奏折：广东有十三行，且海口防务严密，故洋船应统在广东贸易

乾隆二十二年十月二十日（1757年12月1日），中国第一历史档案馆藏。

东商民的利益，二者殊途同归。

在“朕即国家”的封建专制时代，皇帝的决策具有绝对的权威。1757年12月，47岁的乾隆帝南巡回京，密谕两广总督李侍尧和闽浙总督杨应琚：“口岸定于广东，洋船不得再赴浙省”。上谕中说：“如此办理，则来浙番船永远禁绝”。上谕中还说：“虎门、黄埔在在设有官兵，较之宁波之可以扬帆直至者形势亦异。闽浙向非洋船聚集之所，海防亦得肃清”。在清政府看来，粤海关的地利与防务已具备应对西方商船的能力。所以，从海防角度说，乾隆自然以洋船归粤海关贸易为最终决策。

这就是给大清国的海疆政策带来划时代变动的“一口通商”上谕。乾隆帝“一口通商”决策是继康熙晚年禁海和雍正初年禁教之后，清朝以禁

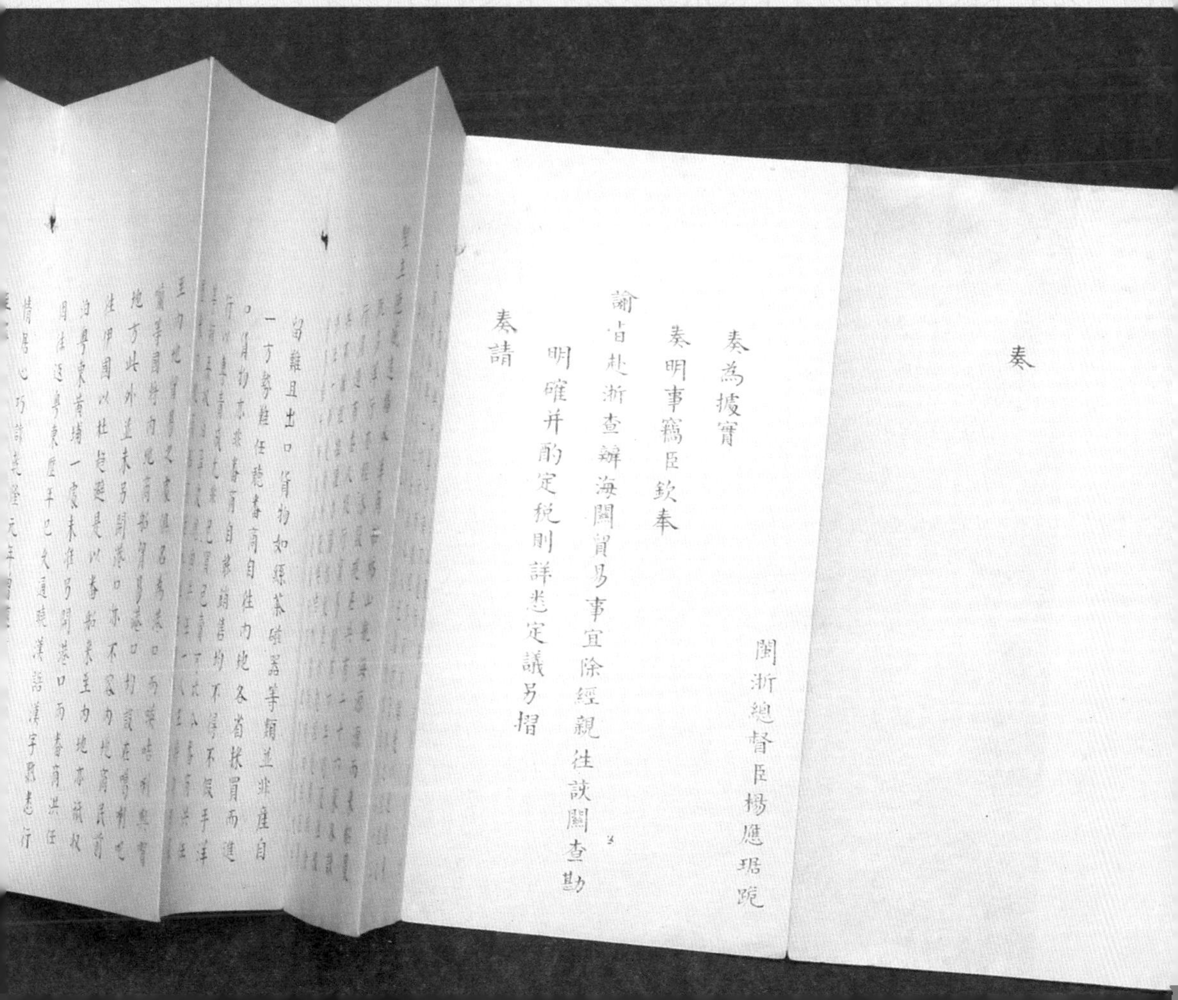
奏
閩浙總督臣楊應琚跪
奏為據實
奏明事竊臣欽奉
諭旨赴浙查辦海關貿易事宜除經親往該關查勘
明確并酌定稅則詳悉定議另摺
奏請

为防海疆政策的延续和发展。随着西力东渐的潮水不断上涨,清廷防范外夷的政策也不断随之强化,粤海关的开放也仅是相对而言的。

英国向北开港的商船在浙江一再被逐,清朝上至皇帝,下到沿海官兵无不处处设防。看来获得新商站是不可能的了,英商必须按照老规矩回到广州,于是,就转而集中力量扩大在广州的权益。经两年的酝酿,1759年7月18日,一艘三桅小洋船“成功号”出现在天津大沽海口,这是第一艘到达中国北方海岸的英国船。东印度公司派洪任辉北上京师,向清廷控告粤海关腐败勒索和广州洋行垄断贸易。

清军驻守大沽营的游击赵之瑛发现了海面上的英船,随即上船查问。洪任辉自报出他的身份是英吉利四品官,历尽艰辛来到天津,奉本国政府命令到北京申冤。天津的地方官明白,他们面对的不是一个普通的欧洲商人,而是英国的官吏,此事他们没有权力决定,只能层层上报。

一个西洋人胆敢跑到天津指控广州海关,在当时是极为罕见的,这使清政府感到广东的问题不可忽视。清廷受理了这桩“洋人反腐案”,洪任辉的第一个目的达到了。

第二步,洪任辉呈上了一份长篇控状,罗列出粤海关随意加税和广州洋行欠款不还等七项罪状。全文以一种委婉谦卑的笔调写成,而隐含于其中的,则是开放门禁、自由贸易的要求。这种要求正是英印公司也是英国政府的意图。

由外国政府官员上诉中国政府,揭发地方当局的恶习积弊,这在乾隆年间是骇人听闻的。对于地处南疆的粤海关,清政府所重视的是海防事宜、外贸税银及新奇洋玩,至于当地官商如何办理的真实情况,清廷难以详知。此次由西方人冒险闯关而揭开沿海地方黑幕的举动,引起了乾隆帝的警觉。对外贸易上的腐败,将有损天朝的形象,乾隆帝开始怀疑边远地方大吏在蒙骗中央。事关国体,必须彻底根究。

1759年7月,乾隆召集军机大臣会议,决定派遣京官朝铨押解洪任辉从陆路返回广州,福州将军新柱从福建前往广州,会同两广总督李侍尧

青年时代的乾隆皇帝

郎世宁绘，绢本设色，纵271厘米，横142厘米，故宫博物院藏。

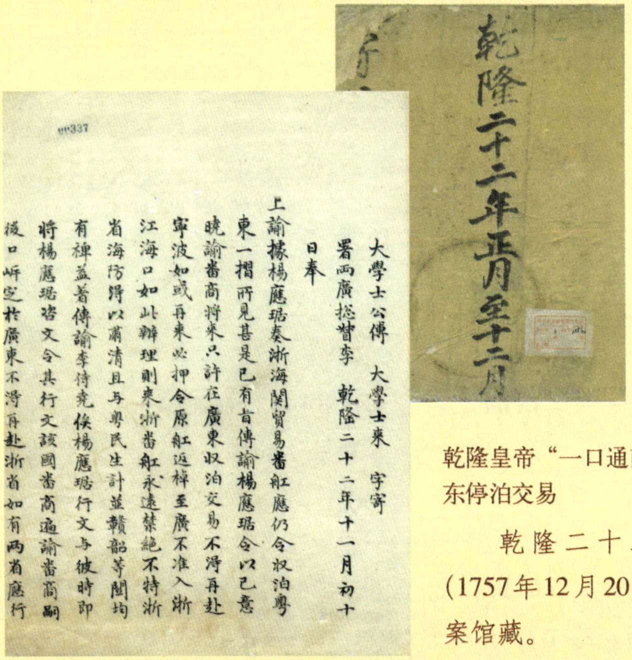

大學士公傅 大學士來 字寄
署兩廣總督李 乾隆二十二年十一月初十
日奉
上諭據楊應琚奏浙海關貿易番舡應仍令收泊粵
東一摺所見甚是已有旨傳諭楊應琚令以己意
曉諭番商將來只許在廣東收泊交易不得再赴
寧波如或再來必押令原舡返棹至廣不准入浙
江海口如此辦理則來浙番舡永遠禁絕不特浙
省海防得以肅清且與粵民生計並贛韶等關均
有裨益著傳諭李侍堯俟楊應琚行文與彼時即
將楊應琚咨文令其行文該國番商遍諭番商嗣
後口岸定於廣東不得再赴浙省如有兩省應行

乾隆皇帝“一口通商”上谕：洋船只准在广东停泊交易

乾隆二十二年十一月初十日（1757年12月20日），中国第一历史档案馆藏。

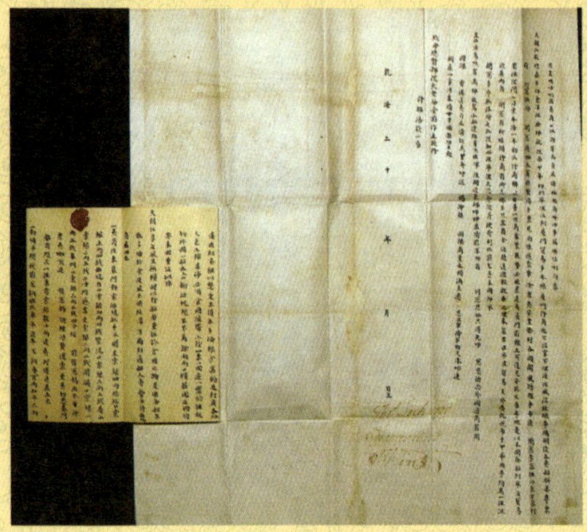

英国东印度公司“中国通”洪任辉向乾隆皇帝控告粤海关和广州洋行的状文

状文的下方是英商洪任辉的英文签名。乾隆二十四年六月二十四日（1759年7月18日），中国第一历史档案馆藏。

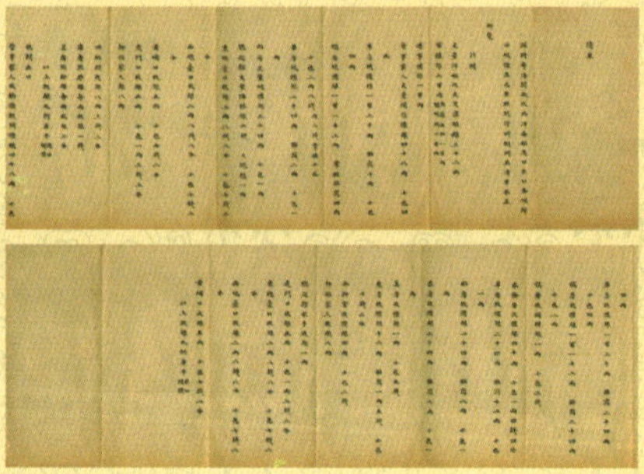

钦差大臣新柱等进呈乾隆皇帝阅览的清单：粤海关口岸征收洋船税银规则

乾隆二十四年八月十九日（1759年10月9日），中国第一历史档案馆藏。

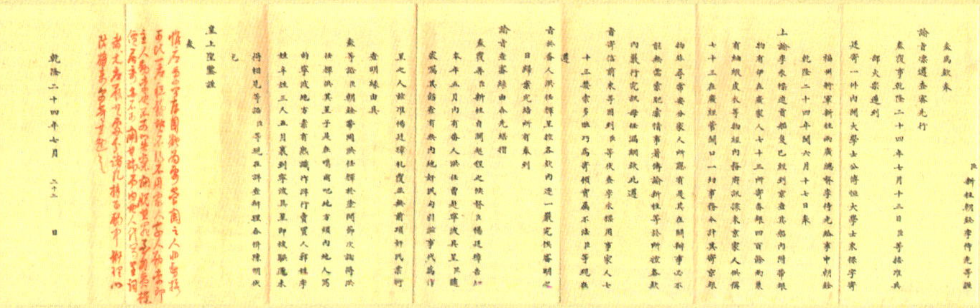

钦差三人专案组新柱等合写的奏折：密查粤海关监督李永标家奴的进京贡船

乾隆二十四年七月二十二日（1759年9月13日），中国第一历史档案馆藏。

奏折的末尾有乾隆对英商洪任辉控告粤海关腐败一案做出的具体批示：“惟应秉公存国体为要。管关之人非督抚可比，一应税务势不得不用家人。家人勒索即主人勒索也，不可以失察开脱其罪。至外夷抬价居奇，亦不可开其端，而内地人代写呈词者尤应严其处分。诸凡持正酌中办理，以防将来。尔等其勉之。”

一起在广州会审。乾隆帝认为，新柱、朝铨受钦命而去，在人情和责任上都与广东衙门没有横线联系。

对于这场会审，聚集在广州的欧商们无不欢欣鼓舞，尤其是粤海关的首脑人物是会审的主要对象。在外商们看来，洪任辉的状告，无疑将扩大他们在中国的利益。然而，他们得到的并不是通商贸易的春雨，而是海禁政策的冰雹。

新柱等将洪任辉的状词逐一调查，一个月后，扬扬15000字的会审报告被送呈给朝廷。最后的结果是双方各打五十大板，粤海关监督李永标被撤职查办，洪任辉以“违例别通海口罪”，被遣送澳门圈禁三年。

办案期间，是什么人为洪任辉起草状文，触发了乾隆帝的怒火，成了要调查的重要内容之一。追查遍及浙、闽、粤三省，最后查出是四川人刘亚匾所为。几个月之后，清廷以“教授夷人读书，代作控词”的罪名，将刘亚匾斩首示众。

乾隆帝虽然处置了粤海关的行政长官李永标，满足了英国人的部分要求，但英国公司实质性的要求并没有实现。膨胀的贸易胃口，带来的却是缩小了的通商关卡，清廷的既定政策没有丝毫退让，英国公司的目的化成了泡影。

我们暂且不去探讨清廷封关自守的海洋政策是否能够防外，长久以来人们在这个历史的关键点上，曾投以高度的关注。这里我们需要破解一个鲜有人涉足的盲点问题，这就是为什么粤海关、广东商人有如此特殊的地位，以至于大清王朝锁国收关时，在南国留下一块特殊的空间。在海防重于通商之际，清帝为抵制英船图谋沿海开港，为什么没有完全禁关，而为广州开辟一席之地呢？

粤海关：皇权下的美差

海防条件是当朝天子决策通商时考虑的重要因素。虎门海口是洋船进入广州的要塞，这里有“金锁铜关”的天险，其地势最有利于凭险防守。虎门至广州的中途港黄埔，是从水路抵达广州的必经之路，这里多沙淤水浅之处，没有中国引水员带领，洋船难以进出自由。虎门至广州的这条水路，被称为通海夷道，处处有官兵设防。而浙江的宁波、定海口岸，其地势却是海面辽阔，无险可守，洋船扬帆就可直达腹地。在地理方位上，广东远离中央政府心脏，历来是华洋杂处之区；浙江是华夏文明礼教重地，岂能成为洋人的集市。清政府不希望带有殖民主义背景的西方商人逼近京师重地和江南漕运财富中心。

除了人文地理上的优势外，乾隆帝还有一个秘密，那就是粤海关在他心目中的特殊地位。在大清国的财政收入中，关税是仅次于地丁、盐税而

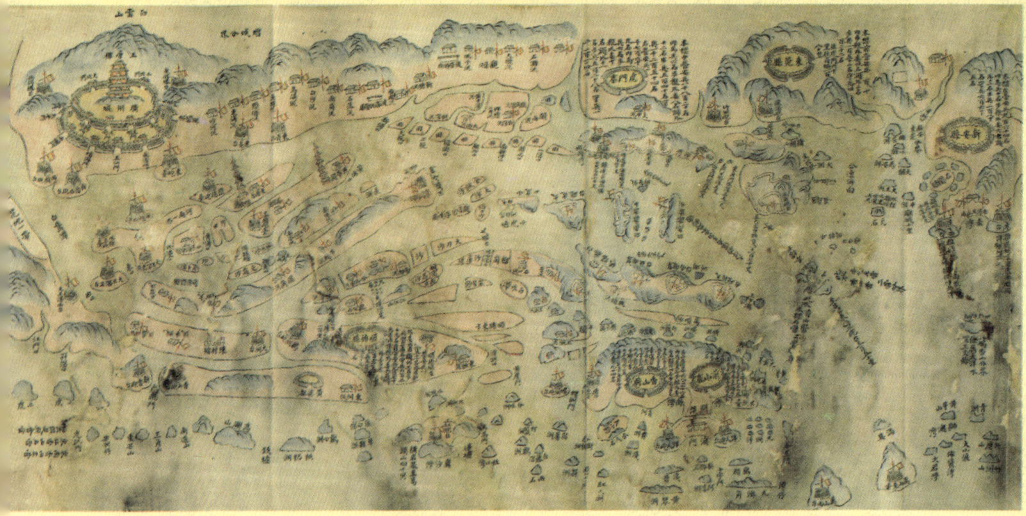

皇帝阅览的军事地图：《广东水师营官兵驻防图》（局部）

图中展示了广东境内海岸线及清军驻防的情况。同治六年（1867年）以前绘制，纵32厘米，横560厘米，中国第一历史档案馆藏。

总管内务府印

紫禁城内务府原址

位于紫禁城内慈宁宫对面的内务府，皇家生活的秘密就隐藏在其中。

位居第三的税课主体。粤海关经理了国家商业税的重要部分,“一口通商”前,它的财政收入居四海关之首,占全国内地29个税关总收入的1/4。关税收入的多寡悬殊,决定着口岸的地位。厚利招来了皇权的格外青睐,以至于皇帝对粤海关的管理充满了家族的意识。四海关中,只有粤海关是皇帝钦定海关监督专管,由时时亲近皇帝的内务府亲信出任,而其它海关则由地方大吏兼管。

委用对主子忠实孝顺的家人把持税差,无疑有利于皇权。家奴心腹充任粤海关监督,赋予了这个职务兼有钦差、耳目的特性,封疆大吏对其行为也无权节制。乾隆年间的粤海关监督唐英、李永标等,都是内务府包衣出身。唐英任职期间,仅1751年的8月至12月,在四个月的时间内,就向皇帝上了七份奏折,多是监视地方官吏,密报地方隐情方面的事,粤海关监督一职成了最高统治者了解地方的重要渠道之一。乾隆时期的海关监督,几乎就是粤海关监督的专称,这一职务被视为美差,是群吏追逐的利薮,不得皇帝信任之人,是难以赴任的。

清代绘画:虎门远眺

画面左为横当炮台,右为亚娘鞋炮台。

天子南库

来自广东的洋货贡品，为宫廷带进前所未见的新东西，增添了许多奢侈与休闲。清代帝王的生活无不奢靡铺张，皇帝及其家人“集天下物用，享人间富贵”，是天朝财富最大的消费者。地方大吏每逢节庆时节，都要进献当地物产给天子，以博取皇帝的欢心，这在清代实际已衍成一种制度。广东被誉为“金山珠海”，是皇家的“天子南库”。皇帝后妃对舶来品的欲望，刺激了广东督抚、粤海关监督依靠十三行这一洋货市场竞相采购进口货之风，从而带来宫廷内的洋货热。不遗余力地效犬马之劳，为天子办理内廷供应成了粤海关的重要职责。身负恭办皇差之责，粤海关每逢元旦、万寿、端阳各节都要大为铺张一番。

广州外贸洋行每年为宫廷输送洋货，当时称为“采办官物”，其中有紫檀、象牙、珐琅、鼻烟、钟表、玻璃器、金银器、毛织品及宠物等等。洋行商人根据帝后的具体要求，按照内廷出具的清单，从洋船上逐件采买。在1738年粤海关监督郑伍赛的一份进单中，所开列的贡品共102件，有88件都是当时的新奇洋货。翻阅清宫进单、贡档，一个突出的感觉就是，在全国各地的贡品中，广东的洋货是最有特色的。乾隆年间，十三行每年进口洋货上千件，其中有一半左右，由广东官员作为贡品送入皇宫。

粤海关以稀世珍宝和舶来洋货报效献纳，结欢于皇帝，同时也要无休止地接受圣上的御差。大型皇家园林圆明园中的西洋楼，在“一口通商”这一年已初具规模。西式殿堂的兴建，必然要配置与之风格协调的内部装饰。据内务府造办处档案记载，西洋楼内的洋玻璃灯、地毡、自动玩具、机械钟表、西洋镜、铜版画等陈设，都是由粤海关通过洋行商人采买运京。

送入宫内的一些珍奇之物，价值连城，数目惊人，皇室的胃口也越来越大。“一口通商”上谕发布后仅两个月，乾隆便指示粤海关采办西洋奇异陈设，“皆可不必惜费”。乾隆时期广东洋货贡品数量之庞大和质量之上乘达到巅峰，堪称奢靡已极。可见，粤海关、广州洋行与宫廷有着千丝万缕的联系。

清代广州贡品：紫檀牙雕广州十三行图插屏

约乾隆、嘉庆年间制，紫檀座，牙雕心，长87厘米，宽47.5厘米，高141厘米，北京故宫博物院藏。

插屏中心的染色象牙雕刻，以十三行洋楼建筑为主体，远处还有广州城的靖海门、五仙门和越秀山的镇海楼等景致。粤海关向皇帝进献的这件十三行风光牙雕插屏，其用料昂贵，雕工精细，被作为贵重艺术品，在紫禁城皇宫内陈设。

清代内务府造办处原址（位于紫禁城西侧）

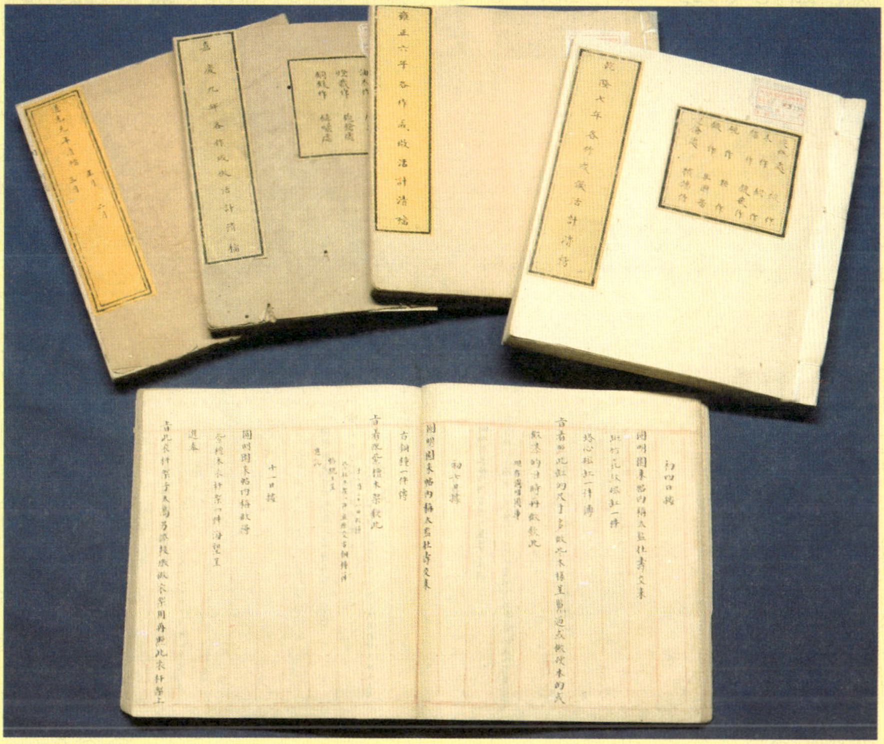

内务府造办处《各作成做活计清档》

中国第一历史档案馆独家珍藏的，记录宫廷御用品制作使用内幕的原始秘档。

乾隆年间清宫内务府造办处制作的珐琅彩葫芦式瓷瓶

故宫博物院藏。

透明金珀色刻花玻璃杯

雍正年间制作，高4.8厘米，口径6.2厘米，故宫博物院藏。

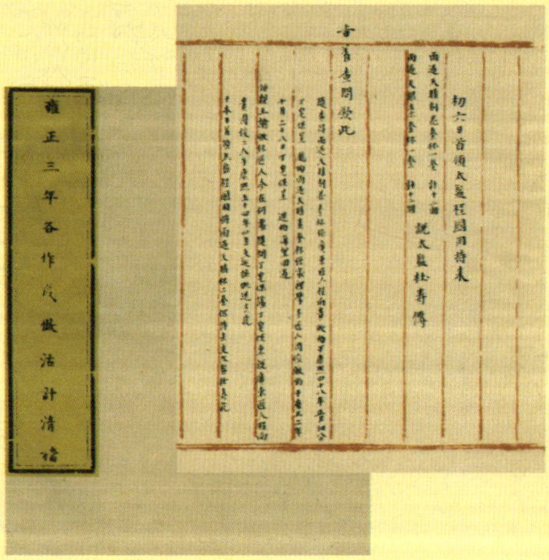

《各作成做活计清档》记载：雍正帝寻找制作“雨过天晴刻花套杯”的广东工匠

雍正三年（1725年）正月，中国第一历史档案馆藏。

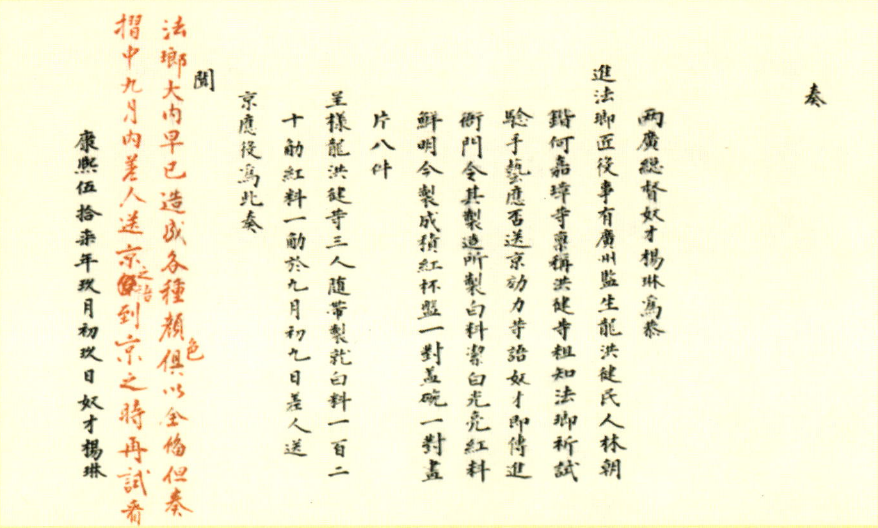
奏
兩廣總督奴才楊琳爲恭
進法瑯匠役事有廣州監生龍洪健民人林朝
鍇何嘉璋等稟稱洪健等粗知法瑯祈試
驗手藝應否送京効力等語奴才即傳進
衙門令其製造所製白料潔白光亮紅料
鮮明今製成積紅杯盤一對蓋碗一對畫
片八件
呈樣龍洪健等三人隨帶製就白料一百二
十觔紅料一觔於九月初九日差人送
京應役爲此奏
聞
法瑯大內早已造成各種顏色俱以全備但奏
摺中九月內差人送京之語到京之時再試看
康熙伍拾柒年玖月初玖日奴才楊琳

康熙御笔批示过的两广总督杨琳保送广东珐琅工匠进宫的奏折

康熙五十七年九月初九日（1718年11月1日），中国第一历史档案馆藏。

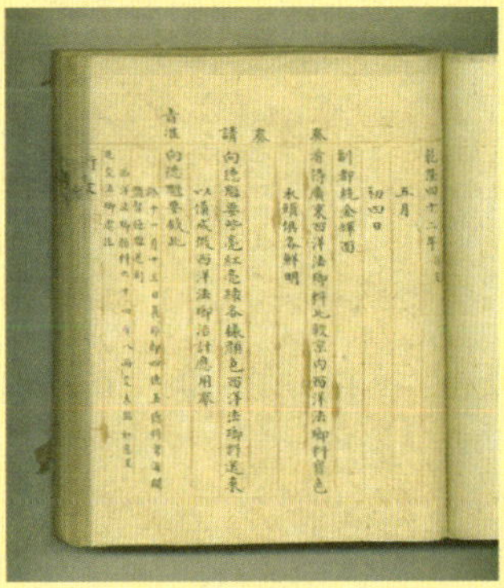

《各作成做活计清档》记载：乾隆令粤海关进呈西洋珐琅颜料

乾隆四十二年五月初四日（1777年6月8日），中国第一历史档案馆藏。

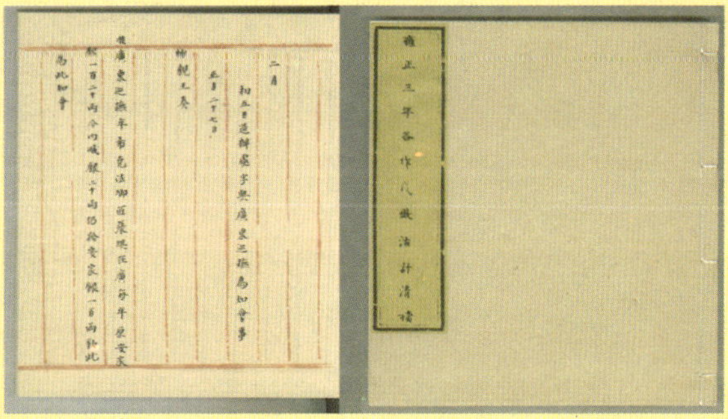

《各作成做活计清档》中关于雍正年间宫中广东珐琅匠人薪水的记录

雍正三年（1725年）二月，中国第一历史档案馆藏。

1879年时的长春园观水法侧翼门旧照

清宫画家绘制的铜版组画《圆明园图册·海晏堂西面》

圆明园这座皇家宫苑，奇珍异宝荟萃其中。纸本，共20开，每开纵50厘米，横87厘米，中国第一历史档案馆藏。

《各作成做活计清档》记载：粤海关奉旨成做圆明园西洋楼内紫檀木宝座及装修

乾隆十六年（1751年）正月，中国第一历史档案馆藏。

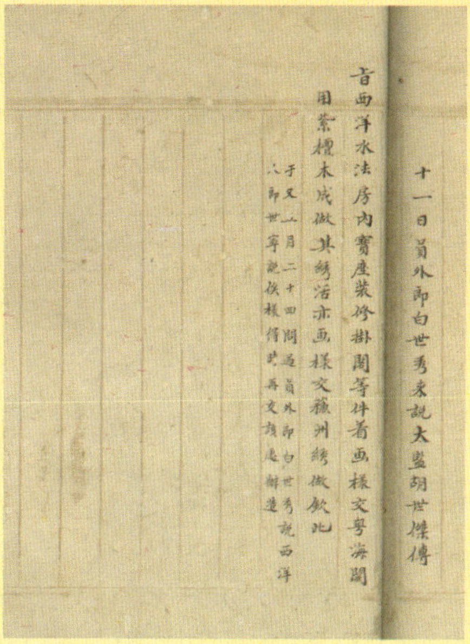
十一日員外郎白世秀來說太監胡世傑傳
旨西洋水法房內寶座裝修掛闌等件着畫樣文粵海關
用紫檀木成做其鏇活亦畫樣文蘇州織做欽此
于又二月二十四閱過員外郎白世秀說西洋
人郎世寧說俟樣得時再交該處辦造

粤海关为皇帝后妃的寝宫制作的紫檀云龙纹大柜

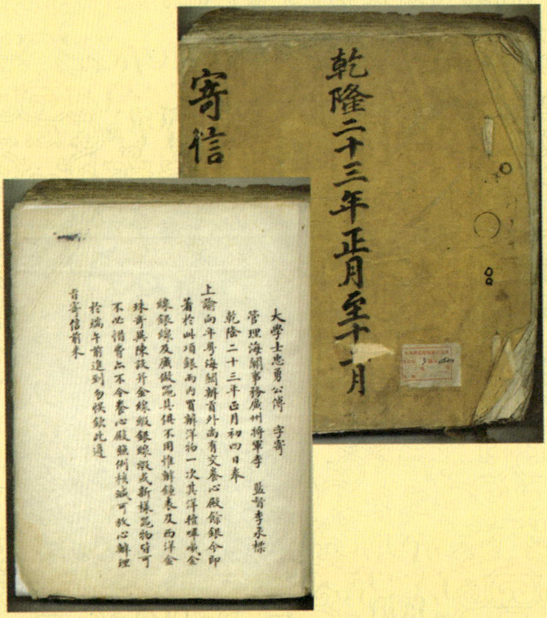

寄信

乾隆二十三年正月至十一月

大學士忠勇公傅 字寄
管理海關事務廣州將軍李 監督李永標
乾隆二十三年正月初四日奉
上諭向年粵海關辦貢外尚有交養心殿餘銀令即
著於此項銀兩內買辦洋物一次其洋檢嗶嘰金
線銀線及廣做器具俱不用惟辦鐘表及西洋金
珠奇異陳設并金線緞銀線緞或新樣器物皆可
不必惜費亦不令養心殿照例核減可放心辦理
於端午前進到勿誤欽此遵
旨寄信前來

乾隆皇帝谕旨：粤海关采办西洋奇异陈设要舍得花银子

乾隆二十三年正月初四日（1758年2月11日），中国第一历史档案馆藏。

广州洋货贡品：铜镀金象拉车音乐钟

长136厘米，高72厘米，约1780年英国制造，北京故宫博物院藏。

18世纪，最让紫禁城的皇帝后妃们痴迷的洋玩就是钟表。粤海关监督每年都从洋船上搜购在当时属于西方新科技的自鸣钟，择其精美者进献给皇帝，由此带来宫廷的洋货热。珍奇之物价值连城，数目惊人，京城皇宫成为洋货精品的典藏地。这是清宫所藏最长的一件西洋钟表。

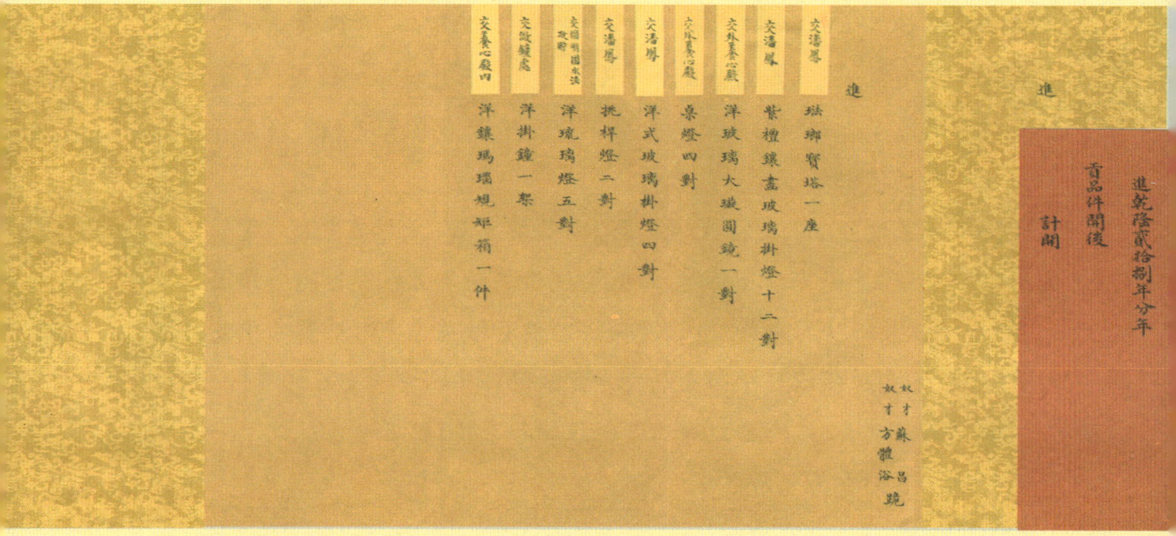

两广总督与粤海关监督向皇家进献年节洋货贡品的宫中进单

乾隆二十八年十二月十八日（1764年1月20日），中国第一历史档案馆藏。

除物质供应外，粤海关还为宫廷提供了可观的财源。乾隆时期，户部每年向内务府拨款60余万两，但这并不能满足皇室庞大的消费，粤海关成为皇家“自筹资金”的重要途径之一。乾隆初年开始，粤海关每年解内务府造办处银5.5万两，为耗银无数的皇家工艺品制作提供常年固定的资金。从档案资料中看，这笔银两由皇帝直接监控，连内务府主管财政的广储司也无从过问，粤海关大把的关税收入，源源不断地进入皇帝个人的金库。在乾隆朝的奏折中，关于贸易情形的报告，几乎成为粤海关的一项专利。皇室经费所系，粤海关每年到港的洋船数目，皇帝都要亲自过问，也就不足为怪了。那么，粤海关的关税去向到底怎样呢？塞进皇帝个人腰包的银子究竟占多大比例呢？

根据清宫关税档案记载，粤海关每年的税银有3%移交广东布政司藩库；3%留作海关之用；70%解交户部；24%划归宫廷内务府。粤海关有自成独立的系统为宫禁服务，支持着皇室财政的运转，它好像皇帝身边的一个秘密口袋，为内库聚敛财富和支付费用。如此特殊的作用，统治者在制定贸易政策上的倾向和取舍也就不言而喻了。皇帝决策的许多背景内幕，当时的官书是不可能记载的。

粤海关地处中西海上交通要衢，掌国货之节，属繁富之地，它的外贸传统、地理防务优势以及特殊的地位，使清朝统治者在实行闭关锁国政策时，划出这样一块特殊的空间。粤海关与其它海关竞争对外贸易中获得垄断地位，成为近代以前中国大陆惟一开放的口岸和中西交往的前沿。从对外贸易的角度看，广州独口通商是种限制和束缚，但客观上造就了一个盛清时期繁荣的中西贸易中心。

粤海关监督佛宁致军机处呈文：以后洋船带来小式表玩遵旨随奏折送京

乾隆五十二年（1787年）七月，中国第一历史档案馆藏。

恩諭不必隨節貢多費職惟敬謹遵
旨嗣後恭辦小式表玩物件隨奏摺之便賫京恭
進所有奉到
諭旨遵照辦理緣由理合呈明伏祈
鑒照施行須至呈者
右 呈
軍機處
乾隆伍拾貳年柒月 日

清宫藏小式表玩：瑞士珐琅镶珠蕃莲花怀表

19世纪制造，表径6.4厘米，厚1.8厘米，故宫博物院藏。

画珐琅鼻烟壶

乾隆年间制作，通高3.5厘米，腹径5厘米，故宫博物院藏。

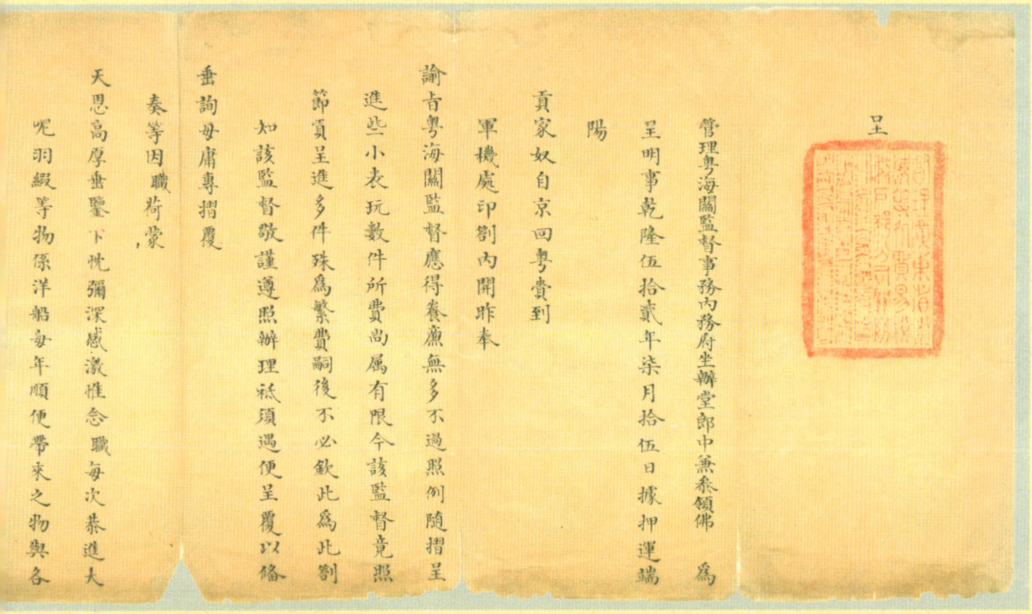

呈

管理粵海關監督事務內務府坐辦堂郎中兼佐領佛 爲

呈明事乾隆伍拾貳年柒月拾伍日據押運端

陽

貢家奴自京回粵賫到

軍機處印劄內開昨奉

諭旨粵海關監督應得養廉無多不過照例隨摺呈

進些小表玩數件所費尚屬有限今該監督竟照

節貢呈進多件殊爲繁費嗣後不必欽此爲此劄

知該監督敬謹遵照辦理祗須遇便呈覆以備

垂詢毋庸專摺覆

奏等因職荷蒙

天恩高厚垂鑒下忱彌深感激惟念職每次恭進大

呢羽緞等物係洋船每年順便帶來之物與各

清代油画：从珠江南岸看广州全城

乾隆皇帝的“一口通商”政策，使广州成为近代以前中国大陆惟一开放的商埠。图为清代油画，约1800-1840年，美国麻省萨勒姆皮伯第·伊赛克斯博物馆藏。画面中，广州城用城墙围着，外国商馆在城墙之外，海珠炮台与商馆隔江相对，画的中心可见十三行商馆的广场和建筑。

水城里的商行

广州是各色人种寄居相安的世界。在城区之外划定一片区域，专供外国人活动，这是唐宋以来的遗风。清代十三行位于广州城西门外，与明代接待外国贡使的怀远驿相邻。十三行在地理上包括中国行号与外国商馆两个区域，中国行号较为分散，有的行号是在十三行街以外，而外国商馆区相对集中。珠江哺育了广州，这条中国第三大河在三江汇合之后穿城而过，又日夜不停地奔向大海。毫不停息的江水，给这座充满船只的城市带来了生机。

房屋都面向珠江而建，好像一座水上浮城。每幢房子都有一道门通达江岸，以利于出入水路和上下货物。江边设有一个粤海关的税馆，责任是

康熙年间绘制，供皇帝御览的《广州府图》

图中可以看到，在广州城西南的珠江边有一排排房屋，那就是十三行的贸易商栈。绢本设色，册页装，纵47.5厘米，横64厘米，中国第一历史档案馆藏。

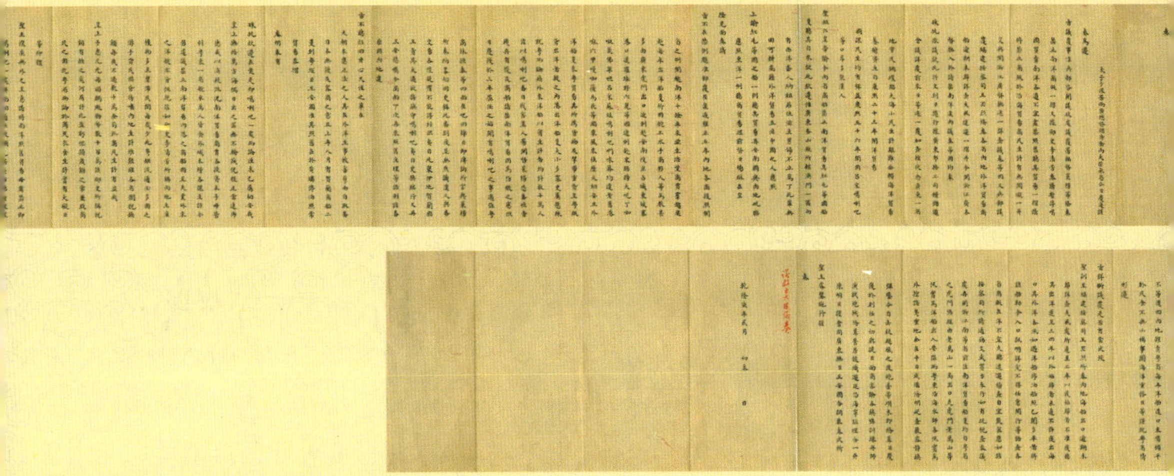

两广总督庆复遵旨议奏：广东全赖洋船为生

乾隆七年二月初三日（1742年3月9日），中国第一历史档案馆藏。

防止走私。实际上，说几句好话，送上一笔贿赂，就可以使货艇畅通无阻，不受巡船的检查直达黄埔。商行的办事机构都设在小溪边，货物上落十分便利。从内地运来的茶叶和丝货在这里过秤打包，加上标记后，再运到黄埔的大船上。运输船是特制的，外形像个瓜，被称为“西瓜船”。

中国行号街区有一座漂亮宽敞的中式建筑，打磨得非常光亮的两扇大门，是用贵重的暹罗柚木制作的，这是行商公所，即洋行会馆，里面有很多用来接待客人和办事的房间和露天庭院。由于这是一座典型的中国特色建筑，到广州的外国人都要来这里参观，他们要想了解中国官方的规定，也要进入公所。中外商人会议多是在这里召开，里面还存放着会议记录和商业账目。

几条中国街巷布满店铺，人群熙来攘往。这里是小商贩的乐园，有钱庄、药行、医院、画店、帽店、绸缎行、杂货店等，还有经销外国生活用品的商店，也有供海员消费的酒馆，这为华洋杂处的社区增添了许多繁华。在十三行同文街的拐角处，设有一个守卫所，有十几名中国士兵驻

广州商馆前的货运码头

1838－1839年，[法] 奥古斯特·波塞尔绘，西赛里刻，香港艺术馆藏。

广州十三行商馆一角

房屋都面向珠江而建，好像一座水上浮城。每幢房子都有一道门通达江岸，以利于出入水路和上下货物。运输船是特制的，外形像个瓜，被称为“西瓜船”。帕里斯绘，海姆利刻，香港艺术馆藏。

设色石版画：十三行同文街一景

约1840年，拉维涅（lauvergne）绘，比切斯刻印，香港博物馆藏。同文街设有售卖各种货物的中国店铺，外来的洋人称之为“新中国街”。

十三行的街名仍保留在今广州市荔湾区繁华的商业区中

钢笔画：1839年十三行靖远街的街景

靖远街位于十三行商馆的中心地带，里面有不少名商店，西人称之为“旧中国街”。

广州市荔湾区至今仍有昔日的靖远路

扎。他们作为警察，确保十三行秩序良好，防止“番鬼”被骚扰，或把迷失方向的外国人送回。

“一口通商”之后，被限制在广州十三行的外国人，成了清政府的重点防范对象。两广总督李侍尧进呈了一份《防范外夷规条》得到朝廷批准，这成为开海贸易之后，清朝规范华洋交往方式的最初文本。其中既明文规定了洋行商人对中西贸易的惟一经营权，又赋予了行商保证外商守法的责任。这个规章把十三行商人全面管理外商和经营外贸的特权加以制度化。

为经营外贸，广东官府还实行了一套特有的行商制度。清政府希望通过类似保甲制的方式，把中外商人联成一个利害与共的整体，最终达到“以官制商，以商制夷”的目的。这样的防外体系和行商制度，构成清代广州的涉外通商政策。从此，十三行这个半官半商的外贸垄断组织，就在官和洋的夹缝中求生存。

商馆里的中外交涉

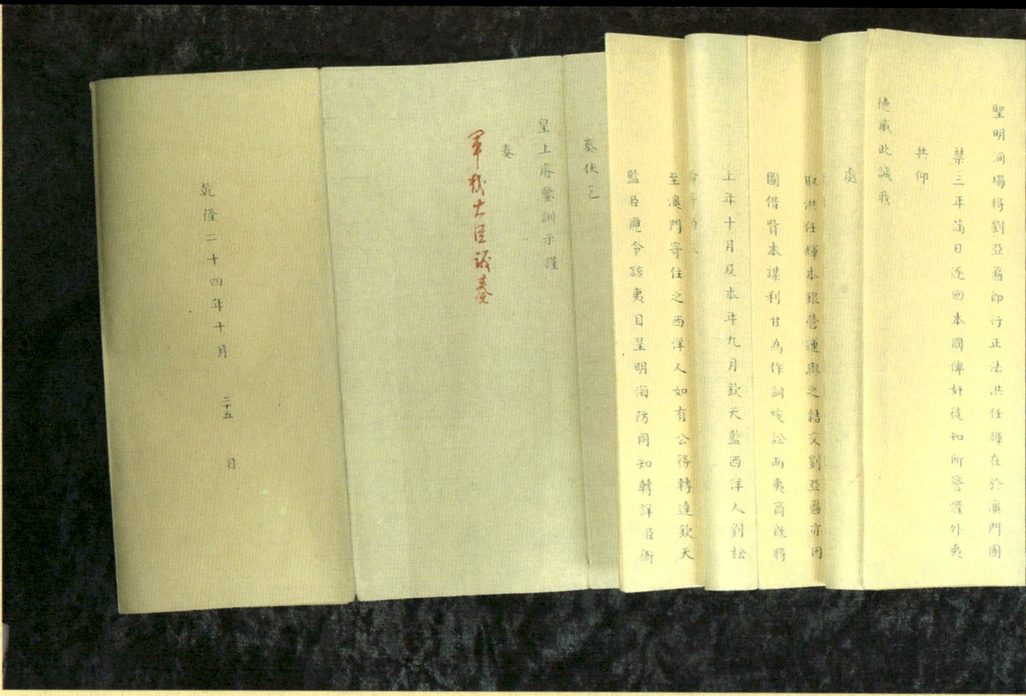

清政府管理对外贸易的最初规则：两广总督李侍尧进呈的《防范外夷规条》

乾隆二十四年十月二十五日（1759年12月14日），中国第一历史档案馆藏。乾隆的朱批是："军机大臣议奏"。这个规章最终得到批准实行，在以后的嘉庆、道光时期，根据外贸形势的变化，清朝管理洋人的条文几经修订。

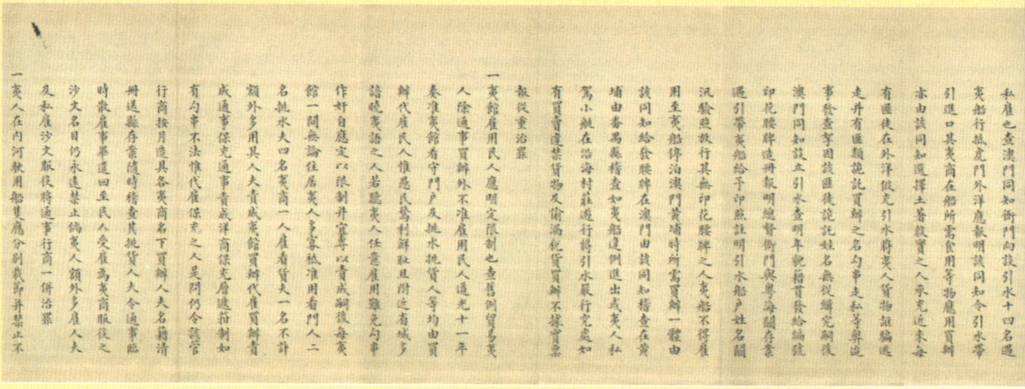

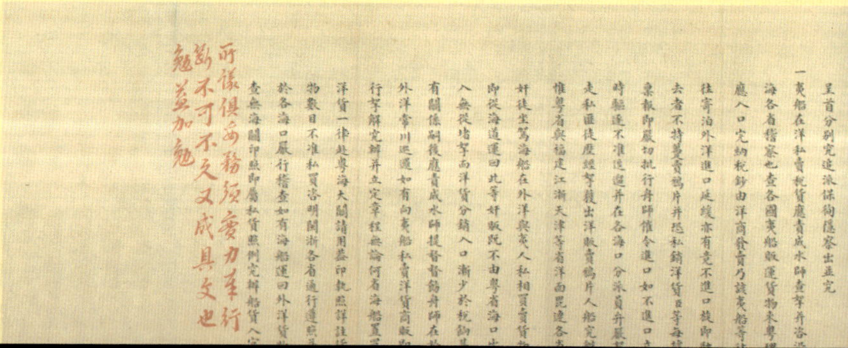

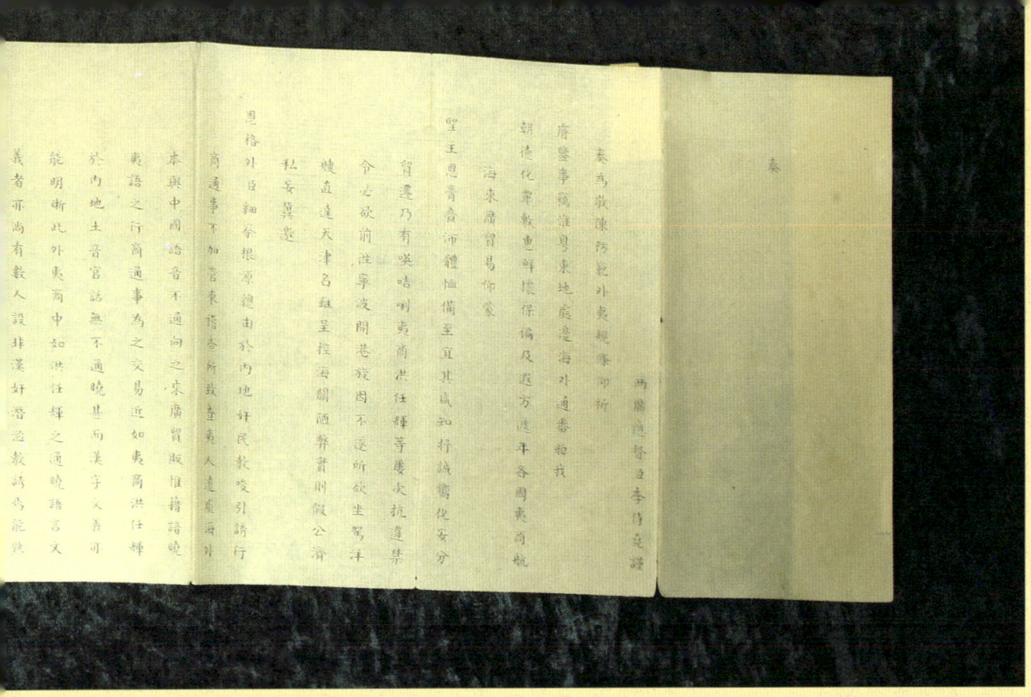

清政府作了修改的外贸章程：两广总督卢坤进呈的《增易防范夷人章程》

道光十五年正月二十八日（1835年2月25日），中国第一历史档案馆藏。

卢坤拟就的这份章程，是对70余年前两广总督李侍尧的《防范外夷规条》所作的修改。道光帝在这份奏折上的朱批写道："所议俱妥，务须实力奉行，断不可不久又成具文也。勉益加勉。"

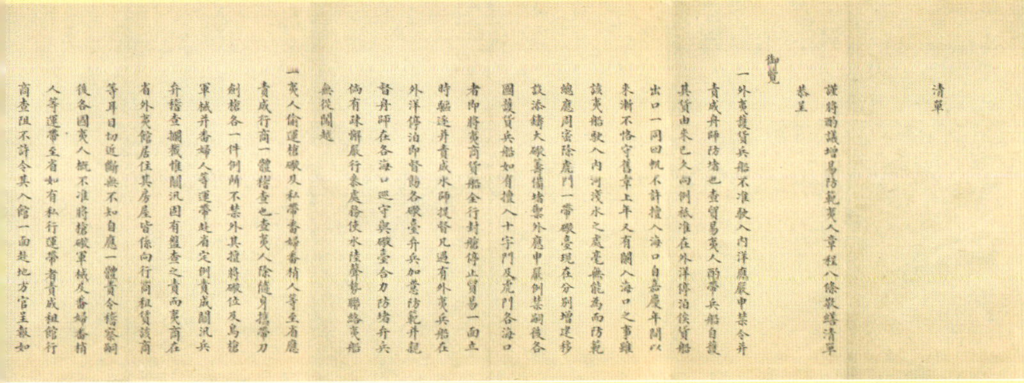

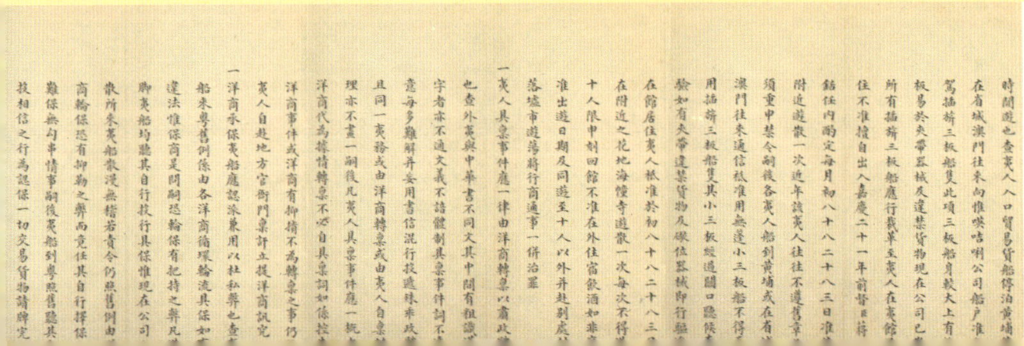

十三行商馆：最早出现的洋楼

十三行街区的各国商馆，是供洋人经营、居住的地方。商馆大多是三层楼房，一层是账房、仓库、职员室；二层是饭厅和客厅；三层为卧室。房间数目最多的是丹麦馆和荷兰馆，最少的是美国馆。1715年和1727年建成的英国馆和荷兰馆，是最早的外国商馆，故能建在与中国行号毗邻且靠近行栈码头的最佳地理位置上。商馆内的员工包括大班、办事员、看茶师、牧师、医生、翻译、仆役等。商馆实行封闭式管理，无关华人不得入内，外国妇女和武器也不得进入。

十三行的外国商馆与圆明园的西洋楼和澳门的历史建筑群一起，是中国大陆第一批出现的洋楼。商馆在外观建筑、室内装饰及生活方式上都带有异域风情。木板平顶型的中国行号与拱门廊柱式的西洋楼交相辉映，构成了一幅中西合璧的人文景观。货船到时，人群熙熙攘攘，各穿不同服

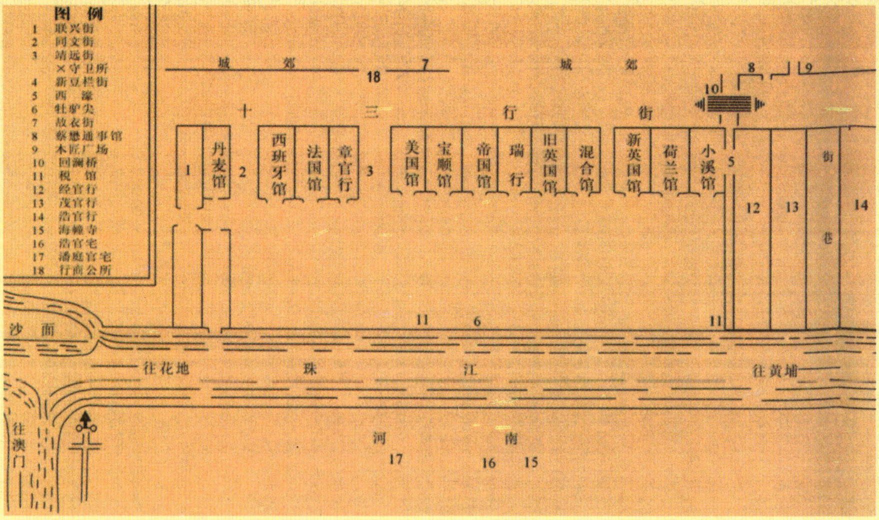

广州十三行商馆位置图

商馆从西至东的顺序是：丹麦馆、西班牙馆、法国馆、章官行、美国馆、宝顺馆、帝国（奥地利）馆、瑞典行、旧英国馆、诸洲馆、新英国馆、荷兰馆、小溪馆。各国名称的商馆实际并不限于本国人居住，只是一种习用称呼。

广州海幢寺今照

广州城西南的花地风景区

此地是广东官府指定的向外商开放的游览区。

法国人奥古斯特·波塞尔绘制的广州珠江南岸海幢寺

居住在商馆的外商，每月只有固定的几天可以游览广州城附近的海幢寺、花地等景点。该画家于1838年9月20日乘船自澳门抵广州，他租了一只小艇，漫游于珠江之中，把沿岸景色一一收入画中，此画是其中之一。回国后，波塞尔写了一本游记，尽情抒发他被珠江沿岸景色陶醉的心情。

广州英美商馆前的花园和教堂

图为水彩画，商馆前的英国花园和美国花园，是供洋人休憩散步的地方。庭呱约1844－1855年绘，美国麻省萨勒姆皮伯第·伊赛克斯博物馆藏。

广州十三行商馆玻璃蚀刻画

各国国旗每日在十三行商馆前升起，这里俨然是一个世界商务机构的博览会，约1780-1805年，广州市博物馆藏。

装，操不同语言在一起交易，使人看不出这块地方究竟属于哪个国家。

在十三行生活了20年的美国人亨特曾描述当年的洋馆，“布置豪华，待客奢靡，宴会厅极为宽敞”。英国商馆“有图书馆、礼拜堂和辉煌的宴会厅，还有一座广州最大的自鸣钟。广东巡抚还曾邀请粤海关监督一同前往观赏这个神奇的西洋玩意”。当时谁被邀请赴商馆共进晚餐，谁就会感到荣幸。

外国商馆是个奇异的舞台，由于这里是老少成员共同的住处和做生意的地方，所有各自事业上的过去、现在和未来都无保留地谈论，形成和睦的协作和互相信任关系。在这个家庭式的交往中，世界各地的风土人情、海上冒险的经历、如何获取商业利益、怎样锻炼消遣等等，都可作为这里的谈资。亨特写道：

> 这里的生活充满情趣，任何一个曾在这里居住过一段时间的老广州，在离开商馆时，无不怀有一种依依不舍的惜别心情。

登上商馆屋顶遥望珠江船景

黄埔，这个船之乡

广州城里的人们都知道，“洋楼建在省岸，海船聚停黄埔”，黄埔是中外交往的第一站。每年春夏季节各国商船乘着季风来到广州，在此之前他们往往要经历长达十个月到一年多的航行。首先会有官员上船查验。船长通常会递上一杯酒，或送上一盒当时最新发明的火柴，在官员“顺风顺水”的祝福中，船就可以进入黄埔港了。

船只在黄埔下碇时，引水员通过岛上的税馆，向海关监督报告船的到达。报告时往往以船长的姓名称呼该船。接着，两只小艇很快驶来，看看有无走私货物，同时有一名行商来为该船担保，代替外商办理海关事务。

船只开舱之前，必须先缴纳“规礼”和“船钞”。“规礼”是从最早的外国船为获得进口许可所缴纳的礼银沿袭下来的；“船钞”相当于吨位税。一位威严而举止安闲的海关官员，带着办事人员一同到船上来。当他们上船时，船长在舷边迎接，全部人员则穿上“星期天服装”。寒暄之后，官员照例询问一番航行的情况，再由一名随员丈量船只。随员拿起一条带

两广总督孔毓珣折：洋船停泊黄埔，外商居住广州，水手不得登岸

雍正二年十月二十九日（1724年12月14日），台北故宫博物院藏。

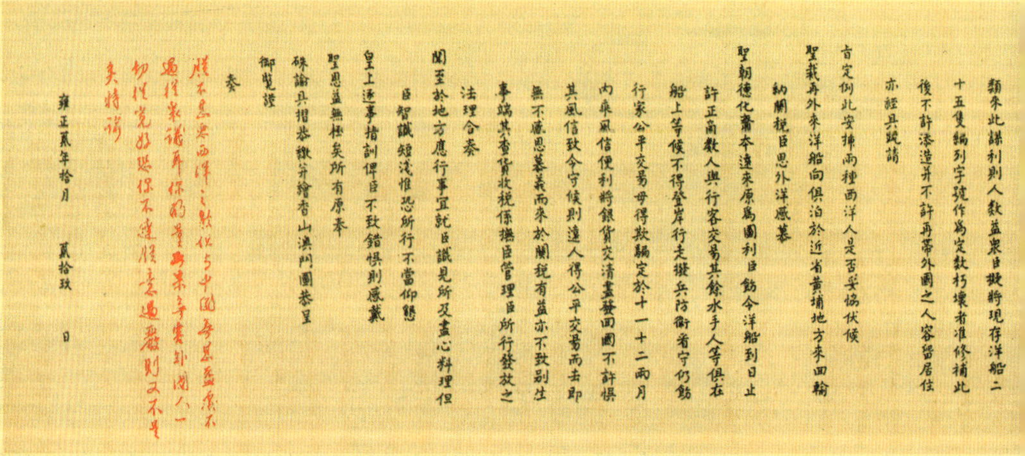

夥來此謀利則人數益衆臣擬將現存洋船二
十五隻編列字號作爲定數朽壞者准修補此
後不許添造并不許再帶外國之人容留居住
亦經具疏請
旨定例此安插兩種西洋人是否妥協伏候
聖裁再外來洋船向俱泊於近省黃埔地方來回輸
納關稅臣思外洋感慕
聖朝德化齎本遠來原爲圖利臣飭令洋船到日止
許正商數人與行客交易其餘水手人等俱在
船上等候不得登岸行走撥兵防衛看守仍飭
行家公平交易毋得欺騙定於十一十二兩月
内乘風信便利將銀貨交清盡發回國不許悮
其風信致令守候則遠人得公平交易而去即
無不感恩慕義而來於關稅有益亦不致別生
事端其查貨收稅係撫臣管理臣所行發放之
法理合奏
聞至於地方應行事宜就臣識見所及盡心料理但
臣智識短淺惟恐所行不當仰懇
皇上逐事指訓俾臣不致錯悞則感戴
聖恩益無極矣所有原奉
硃諭并摺恭繳并繪香山澳門圖恭呈
御覽謹
奏
朕不甚東西洋之數似与中國無甚益處不
過從衆議耳你的意思素事要外國人一
切從寬好些你不達朕意過嚴則又不是
矣特諭
雍正貳年拾月　貳拾玖　日

黄埔古村落

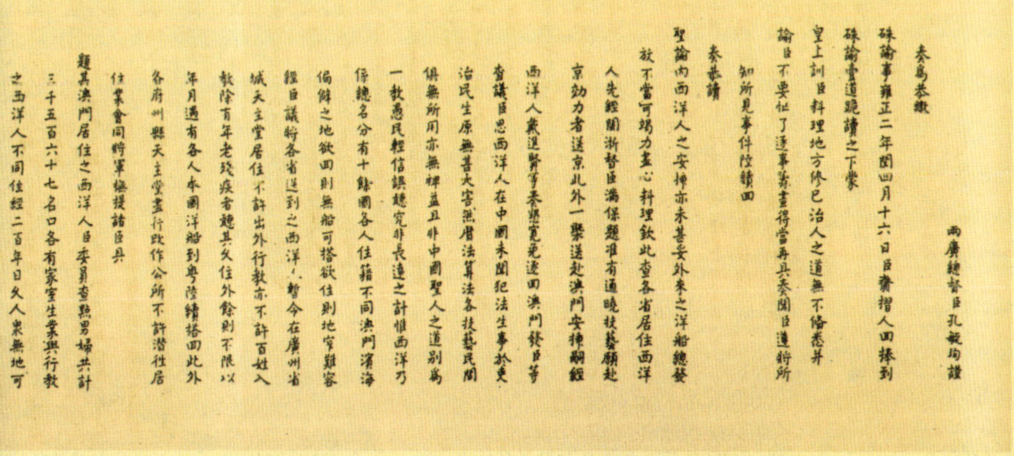
兩廣總督臣孔毓珣謹
奏爲恭繳
硃諭事雍正二年閏四月十六日臣齎摺人回捧到
硃諭壹道跪讀之下蒙
皇上訓臣料理地方修己治人之道無不備悉并
諭臣不要怕了透事務盡得當再具奏聞臣遵將所
知所見事件陸續回
奏恭請
聖諭內西洋人之安插亦未甚妥外來之洋船總發
放不當可竭力盡心料理欽此查各省居住西洋
人先經閩浙督臣滿保題准有通曉技藝願赴
京効力者送京此外一槩送赴澳門安插嗣經
西洋人戴進賢等奏懇寬免遞回澳門發臣等
查議臣思西洋人在中國未聞犯法生事於吏
治民生原無甚大害然曆法算法各技藝民間
俱無所用亦無裨益且非中國聖人之道別爲
一教愚民輕信誤聽究非長遠之計惟西洋乃
係總名分有十餘國各人住籍不同澳門濱海
偏僻之地欲回則無船可搭欲住則地窄難容
經臣議將各省送到之西洋人暫令在廣州省
城天主堂居住不許出外行教亦不許百姓入
教除有年老殘疾者聽其久住外餘則不限以
年月遇有各人本國洋船到粵陸續搭回此外
各府州縣天主堂盡行改作公所不許潛往居
住業會同將軍煖提諸臣具
題其澳門居住之西洋人臣委員查點男婦共計
三千五百六十七名口各有家室生業與行教
之西洋人不同住經二百年日久人衆無地可

黄埔港风景绘画

广东省博物馆藏。

南海神庙前“海不扬波”石牌坊和神庙中的康熙御书“万里波澄”石碑

南海神庙位于黄埔庙头村，又称波罗庙，建于隋文帝开皇十四年（594年）。唐代以后历经扩建重修，地方官每年都要代表皇帝至此举行祭典。古时庙前有码头，人们按例到庙拜祭，并在庙旁扶胥镇交易。以此为起点的古代海上“丝绸之路”通达东南亚、西非和东非，明清时更远达欧美。南海神庙庙宇宏伟深广，是我国古代四大海神庙中惟一留存下来的一座，距今已有1400的历史，是古代海上交通贸易的重要遗址。洋船出入广州，南海神庙是必经之地，因此这里也成为中外商旅祭拜的圣地。

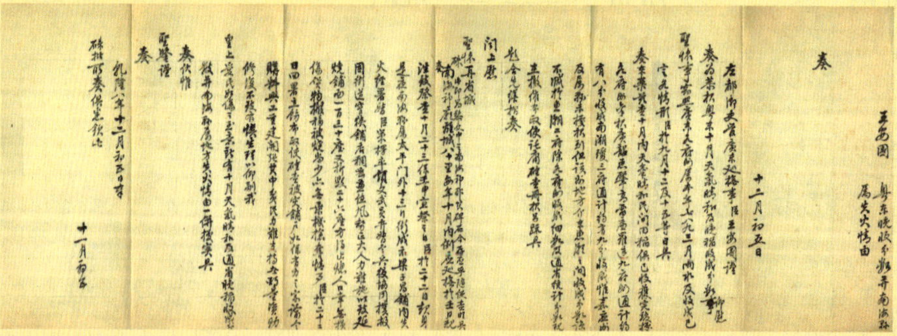

广东巡抚王安国奏折：省城洋行火灾当夜前往祭拜南海神庙

乾隆八年十一月初五日（1743年12月20日），中国第一历史档案馆藏。

这是军机处保存的奏折原件的抄本。奏折中写道：“省城南海神庙离城八十里，每年十月内，例应巡抚于壬日亲往致祭”。乾隆在行间的朱批是：“此即昌黎文中之南海神庙耶？其碑石今存否乎？随便查明具奏”。

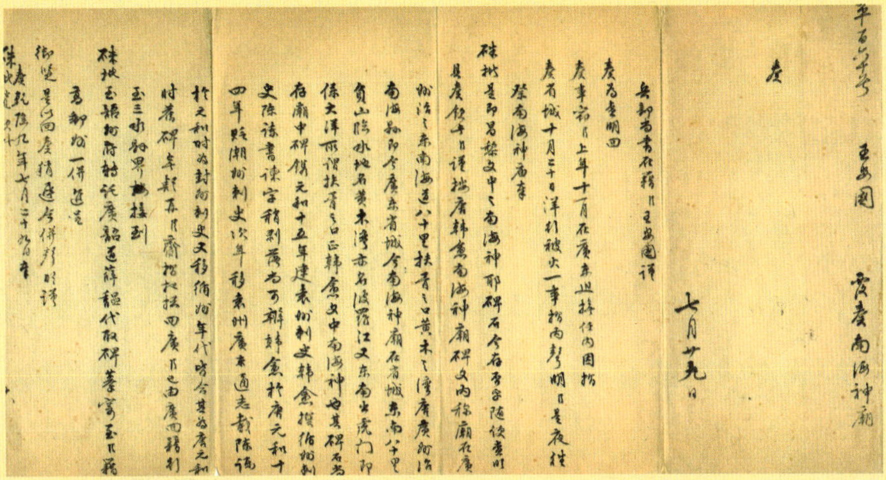

广东巡抚王安国遵旨回奏：访查南海神庙情形

乾隆九年七月二十九日（1744年9月5日），中国第一历史档案馆藏。

接到乾隆帝批示的数月之后，王安国复奏：查明南海神庙在广州东南海道八十里的黄埔湾，古人韩愈的碑石尚存庙中，已遵旨把碑文的摹本进呈御览。

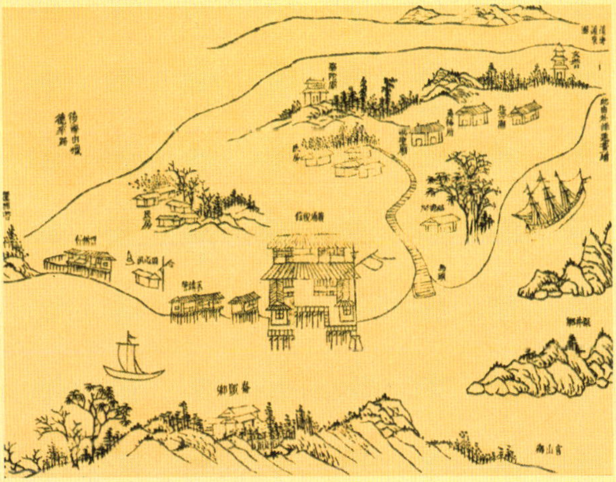

《粤海关志》中的黄埔口岸图

从图中可以看到，黄埔村码头设有海关税馆、夷务所、买办馆和永靖营。

1843年英国杂志对黄埔的描写

琶洲塔，曾被欧洲人称之为洋船到广州的“中途塔”

[英] 菲尔丁，约绘于1830年。

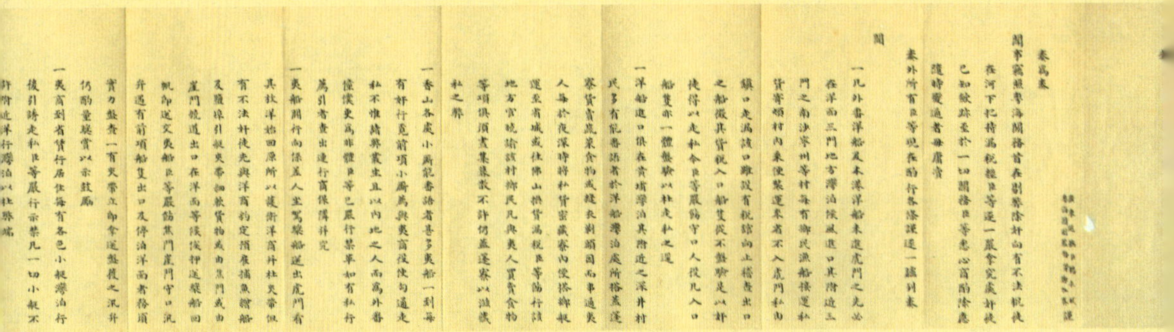

广东巡抚杨永斌奏折：黄埔深井岛村民能用外语与洋人交易

当年，黄埔港随处可以听到广东味的英语和西洋味的汉语在进行交流，清宫档案为我们留下了二百多年前历史的记忆。雍正十三年八月初六日(1735年9月21日)，中国第一历史档案馆藏。

清代油画：黄埔长洲岛外国人墓地

画中墓碑最高者是1845年首任美国驻华公使义华业墓，1847年他在广州病逝。

黄埔长洲岛至今仍保留着当年客死中国的外国人墓地

中央电视台《帝国商行》摄制组正在拍摄黄埔古港遗址

尺，从船头拉到尾部，于是喊出长度，然后在中央量出船的宽度。另一个人将其记下，计算大小，以便收税。

规礼和船钞办妥后，海关即发开舱准许证，然后开始卸货，几只驳艇来把货物从水路运到省城十三行商馆。回程货物从十三行运到黄埔装船，由行商向海关申请离港执照。海关查明各项手续完备，关税已缴纳，便可放行。

黄埔税馆负责报关征税；夷务所办理洋船贸易的各种手续；买办馆为外商提供后勤服务，永靖营是清政府派驻防卫的军营。

黄埔岛的居民有几千人，可以说他们差不多都与洋船有关，他们充当买办、装卸工、修船厉等等。十三行的商贸繁荣，给黄埔这个船之乡留下了许多不可磨灭的痕迹。如今的黄埔村依然一派古朴景色，村中保留的大量遗迹和文物，见证了黄埔古港的世代繁盛，也见证了广州沧海桑田的巨大变迁。在文物专家的眼中，黄埔村是一座“海上丝绸之路”活的博物馆。

对于远航而至的海员们来说，进入广州珠江航道，每条船都会望见河道两旁遥相对应的三座佛塔，分别是莲花塔、琶洲塔和赤岗塔，它们被称作广州的三支桅杆，为过往的船只指明方向。高耸的佛塔与黄埔港壮观的帆影恰到好处地融合在一起，是当时出口绘画常表现的题材。经

珠江航道上的赤岗塔

画面中，塔影与江水交相辉映，江面是来往于黄埔与广州之间的大小货船。

过历代的整修，三座佛塔现在依旧完好地保存着，成了这段传奇商贸历史最好的见证。

海船在黄埔港靠岸后，船长和商贸的负责人大班，就会乘小艇前往广州的十三行商馆区。在黄埔这一片风光秀美、景色怡人的水域，有供外国海员生活的长洲岛和深井岛，被称为英国人岛和法国人岛。村民们说，在这古港的水面下，曾发现过残留的梅花木桩，这应是当年洋船下锚的遗迹。

欧美市场的需求，让体现中华文明的丝、茶、瓷三大名产脱颖而出，成为十三行沟通世界最富有活力的商品。那么，这些天朝物产又是怎样走出国门的呢？

无与伦比的丝绸

神秘高贵的中国丝绸，以色泽滑润、轻薄飘柔而成为欧洲上流社会不惜以重金争购的奢侈品。西方人对东方的丝绸抱有一种迷恋神往的情感，“丝绸之路”也成为古代中西交通的代名词，十八世纪以前，丝绸一直是海外通商的第一动力。

1603年，一艘装载中国生丝的葡萄牙大帆船成为荷兰人的猎获物，货品被押至阿姆斯特丹拍卖，欧洲各地商人蜂拥荷兰。这笔拍卖大获其利，在欧洲引起轰动。为了引进丝源，1653年到1657年期间，荷兰使者来到广州，向中国皇帝请求通商。1728年，荷兰东印度公司派出第一艘驶往中国的商船，目标是广州。它与广州行商做了第一笔丝绸交易，回航后极大地刺激了欧陆市场，阿姆斯特丹从此成为世界著名的丝市。

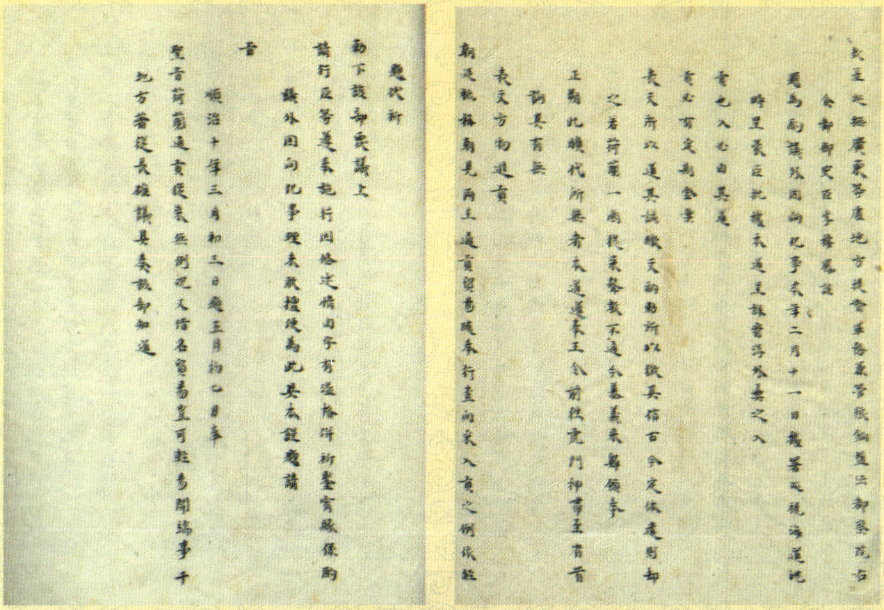

广东巡抚李栖凤向顺治帝呈报：荷兰商船到达虎门，是否准许贸易

顺治十年三月初三日（1653年3月31日），中国第一历史档案馆藏。

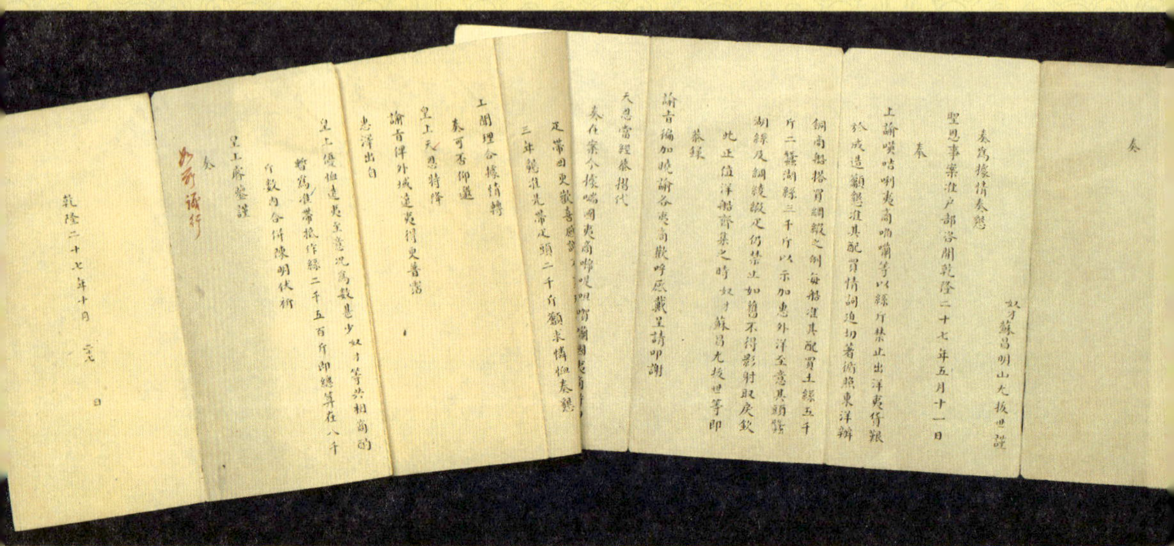

乾隆帝批示过的奏折：特许瑞典商船夹带绸缎回国

乾隆二十七年十月二十七日（1762年12月12日），中国第一历史档案馆藏。

从荷兰馆顶楼眺望广州景色

与当时的中式房屋有所不同，商馆每个屋顶都有烟囱，这与西方人在房间设壁炉有关。

清宫丝织品：缂丝山雀山茶图

乾隆年间制作，长34.2厘米，宽33.8厘米，故宫博物院藏。

缂丝是中国传统的丝织工艺品，十分名贵，其制作非具高超技巧和艺术造诣不能胜任。

清宫广绣佳作：白缎绣锦鸡图挂屏心

光绪年间制作，长88厘米，宽57.5厘米，故宫博物院藏。广绣是苏、广、蜀、湘四大名绣之一，成品异常华贵精美，清后期经粤海关大量出口，畅销海外。

伦敦维多利亚博物馆藏
中国清朝服装

清宫织绣：乾隆帝龙袍上的织锦图案
故宫博物院藏。

十三行的丝绸商人最善于及时了解各国东印度公司的需求，当时的丝织品装饰图案大多为西方人喜欢的几何图形，其中各种方格的图案就有几十种，外商只需标出所要丝绸的号码和数量，即可准时拿到所订货物。

18世纪中期，欧洲国家曾实行限制中国丝绸进口的贸易保护政策，十三行商人则以灵活应变的经营方式突破西方国家的限制。中国丝绸以无与伦比的品质和高超的技艺，占据着欧洲市场。至今我们还可以在伦敦等地的博物馆中看到18世纪英国绅士的流行时装，正是中国的丝绸衬衫和花布裤子。

瑞典商人在清朝官员的眼中是比较“恭顺”的，因此，他们在购买丝绸制品的时候被另眼相待。据清宫档案记载，1762年，当其他外商要按定例，禁止夹带丝织品出洋的时候，乾隆却破例配给瑞商丝绸。两广总督苏昌在奏折中说：瑞典是“不善织造之国”，国内丝织品缺乏已有二三年，瑞商恳请携带广东佛山出品的绸缎2000斤回国。瑞典人谦卑的恳求让天朝君主动容，乾隆帝当即批示：“如所议行”。在清政府禁止丝绸成品出口期间，瑞商却享受优惠的待遇，广州瑞行的商务获得了其他

广州专供外贸出口的缫丝作坊

广州丝织业的行业会所锦纶会馆旧址

在广州市区有一座岭南祠堂式的建筑，它曾是广州丝织业的股东会所——锦纶会馆。会馆始建于雍正元年（1723年），当年专为丝绸出口服务的织造工场就分布在这一带，广州街区至今仍有与丝织有关的经纶、锦龙、锦华等老巷。

国家所没有的殊荣。

十三行出口的丝绸，有相当一部分是在广东完成的。乾隆年间，专为出口服务的丝织业在佛山发展起来。据外商记载，那里的织造工场有工人17000余名，他们使用的织机很简单，可是产量十分可观，产品也非常精美。明末清初的广东大家屈大均在《广州竹枝词》中的诗作，画龙点睛地道出了十三行丝织业的兴盛：

洋船争出是官商，十字门开向二洋。五丝八丝广缎好，银钱堆满十三行。

“茶叶世纪”

17世纪初，中国的茶叶与阿拉伯的咖啡一起登陆英伦。茶叶香味隽永柔和可口，魔幻般地征服了英吉利民族。但茶叶的价格异常昂贵，有所谓“掷三银块饮茶一盅”的谚语。具有商业意识的英国东印度公司，看准茶叶蕴藏的巨大商业价值，毕竟提供大众饮品，比提供少数富人所需的绸缎会更赚钱。于是，他们利用王室的嗜好来做广告宣传。1668年，公司抢先在英国政府注册，获得运茶进入英国国境的特许。在此后的160多年间，茶叶被视为东印度公司商业王冠上最贵重的宝石，公司的成熟期就是靠茶叶喂养的。

18世纪30年代以后，茶叶从上流社会的嗜好品迅速成为一种全国性的需求，1764至1765年间，英格兰有大约5万家小酒馆和食品店经销茶叶。在苏格兰，最卑微的人家都要饮茶。英国家庭平均每年要用1/10的收入购置茶叶，躁动的人群需要这种兴奋剂来加以温润和发酵。

广州珠江南岸的茶叶作坊

广州珠江南岸的茶商

广州十三行货栈的茶叶验收运销

水粉画，庭呱绘。

在欧亚贸易的“茶叶世纪”，茶叶带给英国国库的税收，平均每年330万镑。追逐东方时尚的风气，在英国达到了高潮，由此蔓延欧洲，两千余年来丝绸在中外贸易中的霸主地位也拱手让给了茶叶，茶叶成为中国出口商品的第一大宗。茶丝地位的互替，意味着国际贸易由为贵族提供华丽锦缎，到为百姓提供日常消费的转变。

各国商家抢滩广州茶市，谁能最早把当年的茶叶运回欧洲，谁就能卖得最好的价钱。1720年，奥地利的两艘商船停泊黄埔港，向行商定购超过两船运载能力的茶叶，目的是为了垄断市场，排挤英商。洋船纷纷竞争进港，最晚到达比最早到达，在茶叶进价上要高出50%。

茶叶在中土以外难以大量成活生长，英国东印度公司长期订购北纬27至30度之间的中国茶。这个纬度区域，正是皖南、浙赣和闽浙交界的一片重峦叠嶂之地。由于得天独厚的地理环境和气候条件，自唐代以来，这里便是茗茶产地。进入明清时期，茶树漫山遍野，茶叶种植成了民生经济。

广州十三行的茶叶仓库

与广州洋行相连的茶叶种植、收购、加工、分类、运输、包装流通交易网，以国际市场为导向，以赢利为目的而运作，体现了农业与商业的结合，是典型的中国早期外向型产业。

广州行商掌握国际市场信息，了解国内货源状况，熟悉进出口货物价格，具有投资能力和稳定的收购、运销渠道，实际是茶叶出口贸易的组织者，又是东印度公司与内地茶商联系的纽带。每年二月间，数以千计的内地茶商便来到广州，同行商接洽，为即将到来的贸易季度订购茶叶。

十三行贸易季节随每年夏天茶叶上市开始，适逢西南季风，洋船纷纷顺风而来；当海上东北季风盛行的冬天到来，正是船舱满载，可以放洋西归的时节。这天时地利的完美结合，似乎是当初龙和上帝特意的安排。至今，广州仍保留着每年举办春秋季“中国出口商品交易会”的传统。

广州本不是产茶区，作为茶叶出口的集散地，茶艺业兴盛起来。与十三行隔河相对的珠江南岸，是茶商们的茶叶加工基地，在产地经过短期晾晒的茶叶，到这里做最后的加工包装。工场的精细分工和专业化程度，曾让前来考察的英国公司验茶员惊叹不已。当时伦敦的一位植物收集家来到这里，看到“这些茶行都是宏大宽敞的两层楼建筑，下层堆满了茶叶和操作工具，上层挤满了上百名妇女和儿童，从事拣茶分类的工作”。

英国东印度公司维持着伦敦市场整年的茶叶供应，这是国王给公司的特许状中所规定的。当时伦敦市场对茶叶质量十分挑剔，1816年，行商提供的茶叶在拍卖会上出售，竟分为21种价格等级。茶叶产业的专业化，使十三行外贸中涌现出一批享誉海外的国际名牌。怡和行商人伍秉鉴供应的茶叶，曾被英国公司鉴定为最好的色种茶标以最高价。以后，凡是装箱后盖有伍家戳记的茶叶，在国际市场上就能卖得出高价。

域外生辉广彩瓷

采购瓷器几乎是每艘外国商船返程计划的一部分，这是因为瓷器是远洋商船最理想的压舱货物，它重量大不怕潮，装载在船舱底部，既可防止丝绸、茶叶受损，又保证了船只的平稳航行。对于瓷器这种易碎品，海上运输较之陆路转运，能大大减少它的损坏率。所以说，中华帝国盛产的丝绸、茶叶和瓷器是海运货物的最佳组合，这也是大帆船时代“海上丝绸之路”的魅力所在。

作为使用价值与艺术价值的完美结合，中国瓷器在欧洲曾被视为奢侈品、收藏品和珍贵器皿，一度是富裕和地位的象征。瓷器所表达的文化意境和艺术情趣影响了欧洲的时尚潮流，中国的山川城池、人物服饰、神话传说、百工技艺等通过瓷器广为流传，在欧洲塑造了最早的东方印象。英王玛丽和法王路易十四都曾醉心于中国瓷器的收藏。中国轻柔的丝绸和高

广州十三行瓷器装箱运销

乾隆朝粉彩描金徽章纹瓷器

瑞典哥德堡市博物馆藏，瓷盘中心的釉上彩装饰，是瑞典富商柯林·坎贝尔家族的徽章，绶带上写着“上帝让我们远航”。

画有广州十三行图景的广彩瓷碗

嘉庆至道光年间，苏州市博物馆藏。此碗是清代流行的一种盖碗，外壁四周描绘了当时十三行的景色，有码头、船舶、衙署、街坊、洋楼、外国旗及各色人物等，横书“粤东省城十三行”。

雅的瓷器，对西方人的审美产生了浸润和熏染，激发出欧洲启蒙思想家全新的想象力。西方艺术家以中国瓷器作为艺术品的典型材料，从路易十四时代凝重沉闷的“巴洛克”风格中解脱出来，开创出清新浪漫的“罗可可”艺术，在18世纪盛行于欧洲，它传递了一种中国式的纤细优雅情调。中国瓷器与海外风尚的契合，还表现在广州外销瓷的款式图案随着国际市场的流行而不断更新。十三行时期，外销瓷前后经历了巴洛克式、罗可可式、英式、法式、古希腊式、罗马式等数次变化。

显赫家族及各大公司相继订购绘有自己家族标志、团体徽章的瓷器，希望借助于来自遥远东方古国的神秘艺术品，给自己家族辉煌的过去留下一个世代相传的丰碑。于是，由欧洲出样，中国烧制的“纹章瓷”风靡欧洲。据载，仅瑞典就有300多家贵族在广州定过绘有其家族纹章图案的中国外销瓷。

广州的瓷器店

水彩画，约1840年。当时的瓷器店除了出售瓷器外，还有用于装船运输的大木桶。

外商在广州街市购物

面对欧洲市场日趋复杂的装饰要求，外商更愿意选择景德镇未经装饰的白瓷，在广州绘制加工的订货方式。因为富有灵感的广州行商和工艺匠师们，更能准确地把握西方消费者的审美情趣，创造出一种中西艺术结合的外销瓷器，当时被称为“广彩瓷”。这种瓷器在嘉庆、道光时期极为盛行，它有别于传统的景德镇御窑彩瓷，既保留着传统工艺，又吸收了西方艺术的精华，堪称釉上彩的创新。

绘瓷手根据外商提供的图样，大胆地采用西洋的颜料和画法。瓷器的纹饰创作不仅有中国传统的题材，那些欧洲的装饰图案也被广州的画工所采纳。尽管南中国的匠师并不理解那些外国订单画样上的神话传说、历史故事和贵族图案的文化内涵，却能把人物景致绘制得惟妙惟肖。瓷器经彩绘画师的手，变成了名贵艺术品而远销海外，西方人称其为“白色的金子”。如今在美国白宫、华盛顿博物馆、英国大英博物馆内都不乏广彩瓷的收藏。

附属于洋行的广彩瓷作坊集中在广州珠江南岸。据北美旅行者威廉·希基考察，1769年，这里有100余个加工场，其技艺多为祖传秘方。广彩瓷生产的工序分为素描、染色、上釉、包装几种，每完成一件瓷器的彩绘，要经过80到100人之手。精美的作品最短要一个星期，最长要一个月甚至一年的时间。订货方式也是多样化的，包括成品瓷、半成品瓷、期货交易、来样加工等。当年的广彩艺人行业会馆就设在今天广州市文昌路毓桂坊三巷。至今，附近还有不少能操祖业的老户。

18世纪，外商在广州商行定购瓷器发展到了顶峰，因为瓷器成为必需品进入寻常百姓家，伦敦一个普通的厨房就可能自豪地拥有一套中国瓷器，许多人靠着瓷器贸易而一夜暴富。外国商人抵达广州后，便匆忙走访

江西鄱阳湖景色

英国绘画，这幅画是1793年英国使团在广州至北京途中，随行画师绘制的。

十三行街区的瓷器商行，以尽快备齐货物，不误装船。大宗瓷器当季可购回，如制作指定图案，需提前预订，先付一半货价，等下一个贸易季度交货时付清余款。据荷兰公司的通商报告记载，1764年，广州经营高质量的瓷器店就有50多家。高档的瓷器数量总是有限的，只能采用先到先得的原则来供应。各国公司为买瓷器，难免相互竞争，荷兰人总是能抢在瑞典和丹麦人到达之前购齐货物，而瑞典商人为了给国内贵族供货，往往不惜出高价把精品瓷器从别人眼下抢走。据统计，荷兰东印度公司从广州运回的中国瓷器最多，共达2000多万件。荷兰至今仍保留着1758年在广州订购瓷器的图样，据说它是目前所发现最完整的一份订购图纸。由于瓷器种类繁多，质量、规格、形状和纹饰都有很大差别，购买时尤需具有一定的专业知识和经验。1734年，英国东印度公司派遣欧洲的瓷器专家约翰·斯克里夫纳到广州，专门负责鉴别瓷器，公司大班总是欣然采纳他的鉴定结果。

我们注意到，乾隆在下达“一口通商”上谕时曾有这样一句话：“口岸定于广东，此于粤民生计并赣、韶等关均有裨益”。这里的“赣、韶等关”，指的就是江西的赣关和广东的韶关。瓷器从景德镇运销广州，是由鄱阳湖沿赣江南下，翻越大庾岭，取道广东韶关而至广州，形成类似茶叶一样的长途贩运网络。

广州珠江水系的各大干流与粤赣交界的大庾岭商路相连，这是江浙的丝绸、福建的茶叶、江西的瓷器南运广州的重要商道，它又是重要的京广水道。珠江三角洲和大庾岭商路构成了纵贯中国南北的商品流通大动脉，使“一口通商”的十三行拥有通向华东、华中、华北的运输通道。清政府为防止海商私通外洋，一再重申南北货物一律由内河过大庾岭贩运广州。这样，广州外贸的繁盛，直接激活了地处粤赣交界的赣、韶两关。乾隆的“一口通商”决策，固然使赣、韶两关出现了空前的兴旺。然而，比起一水可通的海上交通路线，京广之间的赣韶商路实际上并不是一条经济的商品转运线。

在世界经济沟通中，西方商人靠海外贸易取得财富，而中国靠精美的物产赢得了市场，外银出人意料地滚滚流入。从1635年中英贸易开始到鸦片战争前，英国运到中国的白银约为6250万两。1842年，思想家魏源对近代以前中国白银的来源加以研究后，做出如下惊人的估算："银之来自番舶者十之六七。"

广州"一口通商"和日益繁盛的对外贸易，让十三行商人在这个时候骤然地活跃起来。在此后的日子里，他们和大清国共同经历了风风雨雨，当清帝国只向外部世界推开一丝门缝的时候，他们成为了掌管这道缝隙的人。

第二篇　世界首富

二〇〇一年，正是千年之交，著名的美国《亚洲华尔街日报》在『纵横一千年』的专栏中，统计了上一千年世界上最富有的五十个人。在这些人中，很多都是我们耳熟能详的人物，例如美国的洛克菲勒和比尔·盖茨，他们大多都是世界各国的豪门望族。这个名单中也有六位中国人的名字，他们是成吉思汗、忽必烈、刘瑾、和珅、伍秉鉴和宋子文。除伍秉鉴外，其他人我们都有或多或少的了解，对于他们的列入，我们似乎也能找到合理的解释，惟独这位伍秉鉴我们却知之甚少，他到底是谁？为什么会被列入这个巨富的行列呢？

《华尔街日报》指出，人们对于富有的人，以及他们拥有多少财富、如何致富、如何花用金钱等问题始终抱着高度兴趣。在横跨十个世纪的时间里，历史学家很难同时比较不同时代大富豪们所拥有的财富，但这五十个人分别是他们生活的那个时代，地球上最富有的人。

伍秉鉴入选的理由是：『出生于一七六九年的清朝行商伍秉鉴，继承父业与外商从事买卖，又进一步贷款给外商并以此获得巨富。他在西方商界享有相当高的知名度。』

其实，伍秉鉴只是清代行商中的一员，要想了解这位世界首富，首先就要去了解这个神秘而又不为人所知的行商群体。

走向世界的商人

清代中国共出现过三个主要的商人群体，他们分别是两淮的盐商、山西的票商和广东的行商。从资产规模上来说，两淮盐商位居首位，而广东行商次之，但有所不同的是，行商的资产更为集中，最显赫的家族只有潘、伍两家。虽然伍氏家族让行商的资产达到了历史的顶峰，但真正贯穿行商历史的却是潘氏家族。

潘氏是十三行历史上惟一经营长达百年的商家，外商都称他们为潘启官。从这个家族的第一位行商潘振承开始，他们在一个世纪的时间里，都在广州的对外事务中发挥着重要的作用。在这么长的时间里其行号能绵延不绝，是洋行中绝无仅有的。潘振承是洋行界第一位具有财力和手腕，能够左右广州商界的领袖人物。

潘振承的一生，颇有传奇色彩。他于1714年，也就是康熙五十三年出生于福建泉州府。据其族谱记载，潘振承年轻时由福建到广东经商颇有盈利。他从事南洋贸易，有三只私人帆船，瑞典航海家称他为“前水路运输家”。潘振承曾三次往返马尼拉贩卖丝绸和茶叶，马尼拉之行，为潘振承日后进入洋行提供了第一桶金。1744年，他在广州开设同文行，行址在今天广州市十三行路与文化公园之间的同文路。

潘振承通晓多种外语，他与外商的贸易文件，常使用葡萄牙文和西班牙文。在海船初通的时代，洋商通西语兼真诚极受钦重，洋人到广州必先拜见潘振承。丰富的阅历使潘振承拥有开阔的胸襟与拓展商业的魅力，同文行的商务冠于一时。在乾隆“一口通商”开始时，潘振承已在广州贸易界居于显要地位。

对于潘振承的实力，中西文献中都有着很多记载。在《东印度公司对华贸易编年史》中，我们就能看到1730年的记载：“启官（即潘振承）过去两年完成了巨额的合约，所以没有理由怀疑他的能力和行为”。

行商最主要的交易对手是英国东印度公司，潘振承同英国公司的贸易

广州十三行同文行创始人潘振承肖像

油画，约1750年，瑞典哥德堡历史博物馆藏。

潘振承（1714—1788年），于1744年在广州开设同文行，行址在今天广州市的同文路。潘振承曾向清政府捐银得到三品顶戴，官名叫潘文岩。潘振承拥有雄厚的资本和广泛的商业联系，是洋行界第一位具有财力和手腕，能够左右广州商界的领袖人物，他在对外贸易上的强大优势，到18世纪70至80年代达到了顶峰。潘氏是十三行历史上惟一经营长达百年的商家，外商都称他们为潘启官。

行商穿着朝服请画家为自己画肖像，再把画像作为礼品送给和自己做生意的外商，这对自己官商的身份是个最好的炫耀，这张画像就是潘振承送给瑞典巨商萨文格瑞的。

广州同文行潘氏商人在福建漳州的祖祠

清代西洋绘画：广州珠江上的民船

学者在潘家祖祠内参观

位于广州市海珠区的潘家大屋内景

额长期居于行商首位。当时，英国输往中国的主要货物是毛织品，但令英国人痛苦的是，英产商品在广州没有任何市场，中国人无论如何都不肯购买英国的毛织品。而与此相反，英国国内对中国的茶叶和丝绸等却有着强烈的需求。承销毛织品风险大盈利少，一般行商不敢轻易从事这种买卖。然而，潘振承却长期承销四分之一，甚至一半以上的毛织品。为什么潘振承要这样做，难道他不知道其中的风险吗？

原来英商为了能卖出更多的英国货，对中国商人采取“呢羽交茶制”，就是根据行商承销毛织品的比例来确定茶叶贸易额，多销呢绒、羽纱者可多出售中国茶。从东印度公司1775年的档案记录中，我们终于发现了潘振承精明的计算：

同文行承销三分之一的毛织品，而接受了较多的丝茶订货。次年，又承销四分之一的毛织品及其它进口货，价银为8万多两。英印公司付给潘

广州同文街货店老板正在接待外商

约 1825—1830 年。

1770 年十三行商人潘振承乘瑞典东印度公司商船到达瑞典哥德堡市

油画，瑞典哥德堡市博物馆藏。画面上的中国商人，据考证就是潘振承。清政府严禁行商出洋贸易，潘振承此举当是违禁行动，这也使他成了行商中极少到过欧洲的人。

振承的预付款，仅生丝和武夷茶两项就将近16万两白银，全部贷款应超过20万两。这笔交易对于潘振承来说，是相当划算的。

在相当长的一段时间里，潘振承凭借他在通商中的巨大份额，垄断了与英国公司的生丝贸易。他经常花些银子，从海关监督那里获得超定额的生丝出口特许，外商几乎无法从其它地方找到生丝货源，不得不求助于他。《东印度公司对华贸易编年史》留下了这样一段描述：

> 1781年12月2日，新任的海关监督决定每艘船输出生丝不得超过100担，无疑他企图迫使潘启官（即潘振承）向他行贿，但潘启官准备不再为此付出更多的代价。然而，12月11日，潘启官通知我们，他已经拿到了大量输出生丝的准许，他为此又付出了4000两银子。

同文行的商业信誉最突出地表现在如数接受茶叶退货。1783年，潘振承接受英国公司退给广州行商未达标准的茶叶1402箱。潘振承一面贿赂海关免收这笔返港茶叶的进出口税，一面通知船长，以后再有这样的茶叶，就在船只驶入内河之前把它扔下水，由中国商人赔偿茶价，这样做是为了免付关税。从潘振承开始，行商退赔废茶成为惯例，如发现茶叶有损坏、质劣和掺假，甚至装箱技术不合格，行商都无条件赔偿。每当茶叶超过储存期，文契上都要注明"陈茶"字样，行商与大班间的信任达到了相当默契的程度。外商称道："在整个贸易过程中，潘启官从未有过掺杂欺骗行为，他的作为是诚实的"。

为了提供保质保量而且价格优惠的茶叶，潘振承在茶产地武夷山拥有大量的茶园。在当时的欧洲，只要贴有潘家"同文行"以及后来"同孚行"字样的茶叶，就是品质的象征，可以卖出高价。直到今天，潘家后人仍保存着当年用于长途运输的茶叶箱。这些箱子都是当时海外运输的标准尺寸，具有坚固、密封、防潮、防虫的作用。百年后，它们依旧保持着当年的质地。

潘家同孚行茶叶装箱

在当时的欧洲，只要贴有潘家“同文行”以及后来“同孚行”字样的茶叶，就是品质的象征，可以卖出高价。

潘振承家乡——福建漳州龙海的闽南民居建筑

伦敦来的汇票

随着输出商品数量的加大,外洋驶来的船只常携带大量的白银以购得中国货,外商日渐感到白银的紧缺。为了筹措在中国购物的资金,18世纪60年代以后,英国公司开始行使早期的银行职能,在广州签发伦敦银行汇票,这种汇划的金融手段,可免去携带大量现金的不便。

潘振承一直同外商有大量的资金往来,他逐渐认识到了形势的变化,要拓展事业,必须接受新的事物。1772年,英国公司在与潘振承做一笔巨额的生丝贸易时,提出使用伦敦汇票支付货款,潘振承大胆地接收了这样的交易,这对当时只知以白银为支付手段的中国商人来说,是不可想象的。直到1810年,美国商人才开始使用这种票据在广州投资。到1823年以后,异地汇票在英美对华贸易中普遍使用,不再需要大量远距离地携带现银,而潘振承正是对外贸易中,最早使用汇票的中国商人。

潘振承拥有雄厚的资本和广泛的商业联系,他在对外贸易上的强大优势,到18世纪70至80年代达到了顶峰。货物定价或商业事项基本以他的意志为转移,然后通过粤海关下达执行,这实际是一种形式,因为海关官员并不懂贸易。1776年,潘振承主持在公行中创设行佣基金,从进出口贸交易中抽收款项,作为替宫廷购买洋货和资助薄弱行商的费用。

东印度公司看好潘振承过人的运筹能力及官场地位,他被认为是最可信赖的商人。潘振承的垄断地位,也不时地让外商感到一种忧虑。1785年,英国公司订购一批高级武夷茶,他们诱劝行商免收已成惯例的茶叶预付款,行商中只有潘振承一人不肯接受这个条件,使英商无可奈何。外商评价潘振承说:“他是公行中有大才干的人物,是行商中的巨头。他善于玩弄权术,有能力消除困难,多年来曾给大班以极多的帮助与麻烦。”

在外贸上享有垄断地位的广州行商,和官府一直保持着一种微妙的关系,他们必须时时面对官员的勒索,同时也在不断地用行贿的方式维护他们享有的特权。广州的行商虽然家财万贯,富甲一方,但在重官抑商的传

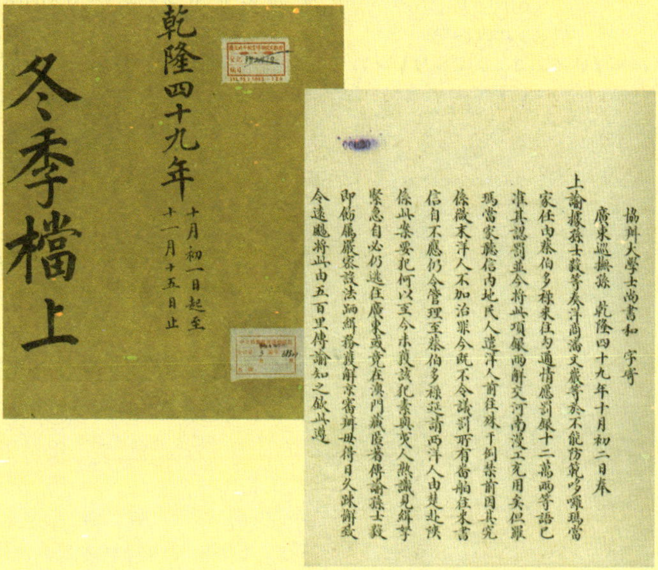

大学士和珅传乾隆帝谕旨：洋行商人潘振承任由洋人传教，罚银十二万两充公

乾隆四十九年十月初二日（1784年11月14日），中国第一历史档案馆藏。

统体制下，他们仍要以巨款捐买官衔荣誉。为了达到既富且贵，潘振承通过官吏品级商品化的捐纳制度，几次向清政府捐献银两，得到三品顶戴，这是当时的商人捐纳所能达到的最高官阶。

在清宫档案中，每年都有广东洋行向宫廷解送银两的记录，这个惯例就是从潘振承时期开始的。1785年，江浙等七省灾荒，潘振承请求向朝廷捐银30万两，被财大气粗的乾隆帝以国库银两充裕，“何用此商人些微捐助”而拒绝。第二年，潘振承给广东巡抚和粤海关监督写信，情愿每年缴银5万5千两，作为粤海关备办贡品银两，得到乾隆帝的默许。这个常规竟然一直延续到清末，而从档案中可以看出，作为皇室的经费开支，这笔款项都是由皇帝掌控。洋商团体通过这种方式，秘密地为耗银无数的皇家，提供着常年固定的资金。虽然潘振承可谓经营有道，但面对朝廷、官府，他也承受着说不清道不尽的压力。

广州十三行同文街的店铺

为了严格划分华洋界限，对于进入广州十三行的外国人，清政府只允许他们做生意或进京效力，不准他们与华人来往，更不能在中国传教。但是，1784年发生了寄居十三行的西洋人与华民私通，在内地秘密建教堂传习天主教的事件。据军机处档案记载，大学士和珅以600里加急传达乾隆皇帝密谕，令已启程赴京参加千叟宴的广东巡抚孙士毅"兼程回粤，查办一切"。此案波及10多个省，共逮捕西洋传教士18人、中国教徒数百名。传教士们平时都是出入十三行商馆，当下出了大事，作为首席行商，潘振承责任重大。清政府认为，潘振承与洋人来往频繁，一定早知道此事，他被罚了12万两白银。

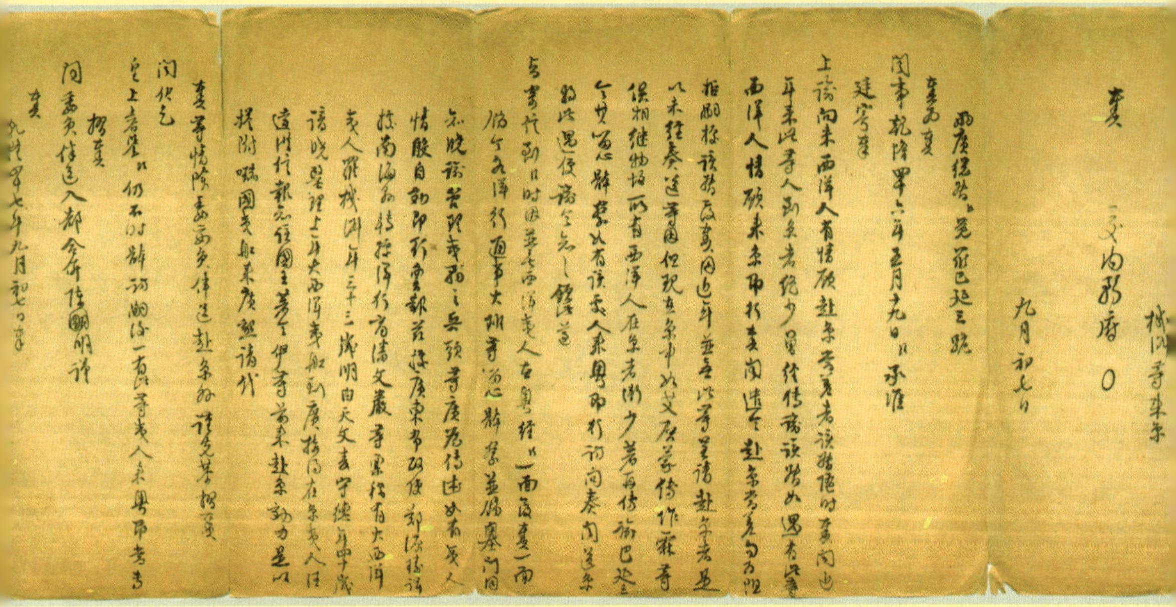

两广总督巴延三奏折：广州洋行商人潘振承推荐西洋人进京当差

乾隆四十七年八月初二日（1782年9月8日），中国第一历史档案馆藏。

乾隆朝后期，在宫中当差的西洋人相继故去，广东官员多次奉到圣谕，年势已高的乾隆帝要求洋行商人留心寻找西医。两广总督向皇帝发出这份奏折，报告洋行商人潘振承找到了宫廷急需的西洋医生和天文学家。文中提到的潘文岩，实际是潘振承在户部注册时所用的官名。

商道

1788年，潘振承病逝，终年74岁。潘氏家族祖孙经商，权势显赫，炙手可热，人们都相信，他的儿子一定能继续维持商行的经营与信誉。的确，在事业鼎盛的时候，潘振承已为其家族日后的兴盛打下了坚实的基础。在外国人的圈子里，最有名气的当属潘振承的三子，后来成为潘启官二世的潘有度。

潘有度在洋商世界里是个佼佼者，他是一个颇有个性，从不爱夸耀展示其身份与财力的人。1793年英使马戛尔尼访华，在广州期间，他分别与行商潘有度和石鲸官见面。英使的观察说明了这两大洋商的处事风格：

> 我与此间的主要洋商有一些谈话。潘启官是一个精明有概念的人物，石鲸官年轻率直。从重要性来说，石鲸官排名居次，但从富有的程度来看，则毫不逊色。潘启官的帽子上戴了一个白色透明的顶子，而石鲸官则戴着一个水晶顶子。看上去石鲸官比潘启官高一级，但我很快就知道了其中的缘故。潘启官比较审慎，而石鲸官则较爱炫耀。据说潘启官还有一个象征二品官衔的红帽子，但他绝不在公开场合戴出来炫耀，只是在与家人聚会的时候偶尔戴一下。这是为避免官老爷借此向他勒索，因为一个能付出万两银子换得红顶的人，一定会被认为很有钱。

潘有度是一个进取好学的商人，他对世界知识和海事活动有着高度的兴趣。在他的洋行内，保留了当时最好的世界地图和航海图，甚至有些地图是探险家刚完成，还没有在欧洲出版的。潘有度还曾和他的外国客人谈论拿破仑战争，他知道英国的国力强盛，并且在印度开疆拓土。他对欧洲时事的了解程度，在当时的国人中是极为少见的。1819年，潘有度被美国麻省农学会吸收为会员，这个荣誉头衔正是美国人对潘有度求知精神的肯定，这当然不仅是有助于获取与外国人来往时的谈资。商场如战场，潘有度开阔的眼界，使他比同时代的其他洋商更能敏锐地洞察时势的脉动，从而成功地做出应对。

潘氏家族存在百年，当别的行商纷纷倒闭时，潘家行号却屹立不倒。其长盛不衰的秘诀何在呢？

这其中有两点奥妙，一是潘家几代行商都讲求诚信，他们向外商提供的货物都具有最佳的品质。尽管同文行提供的茶叶价格高于其他行号，但仍十分畅销。二是潘家行商在经营中十分谨慎地挑选贸易对手，不追求利润丰厚但风险很高的投资。

潘有度担任行商领袖时期，正是18世纪末至19世纪初欧洲风云多变的年代。国际局势跌宕起伏，使洋行的经营面临许多不可预测的风险。法国大革命引发欧洲战争、拿破仑战争波及英美，交战各方在海上拦劫对方的船只，为中西贸易注入了许多不稳定的因素。欧陆商人衰微，英国公司独霸欧洲贸易，以及港脚商人、美国商人的兴起，都使得潘有度所面临的贸易环境迥异于他父亲的时代。潘有度一方面透过与外商接触获得见闻以增加应变力，另一方面采取一种审慎的作风。

在潘有度担任行商时，世界各地有许多新兴的商人来到广州口岸，这些自由商人固然给行商带来更多的生意，但他们具有流动性、投机性，与他们做生意要冒很大的风险。有些外商往往航行中国两三次所赚得的财富，就已足够在国内经营而不再来华，许多商行倒闭都因急于寻找贸易机会而上当受骗。在潘有度的合作者名单上，几乎看不到那些自由商人的名字，他谨守父亲留下的传统，只与英国东印度公司以及瑞典、丹麦等在广州立足较久的外商做生意。他尽量维持与英国东印度公司最大的交易额，而避免与美国和印度的商人做生意，既确保了稳定获利，又回避了风险。正是他父亲奠定了稳固的基础，使他有充裕的资金和良好的信誉作后盾。

潘有度行事十分谨慎，他从父亲那里接管同文行，一开始就力图回避与这个头衔伴随而来的麻烦。潘有度担任行商领袖的年代，正是行商团体遭遇官方强大勒索的时代，尽量避开官府的敲诈，是他事业经营中更大的课题。1788年，他以自己新任洋商为托词，故意把同文行的排名拉到第二位。然而，同文行无论在财力上或是运营上都是所有洋行中最好的。

在与官方的关系上，潘有度善于适时地送礼，但不是一味地忍让，他

广州十三行同文行第二代商人潘有度

关作霖约 1800 年绘。

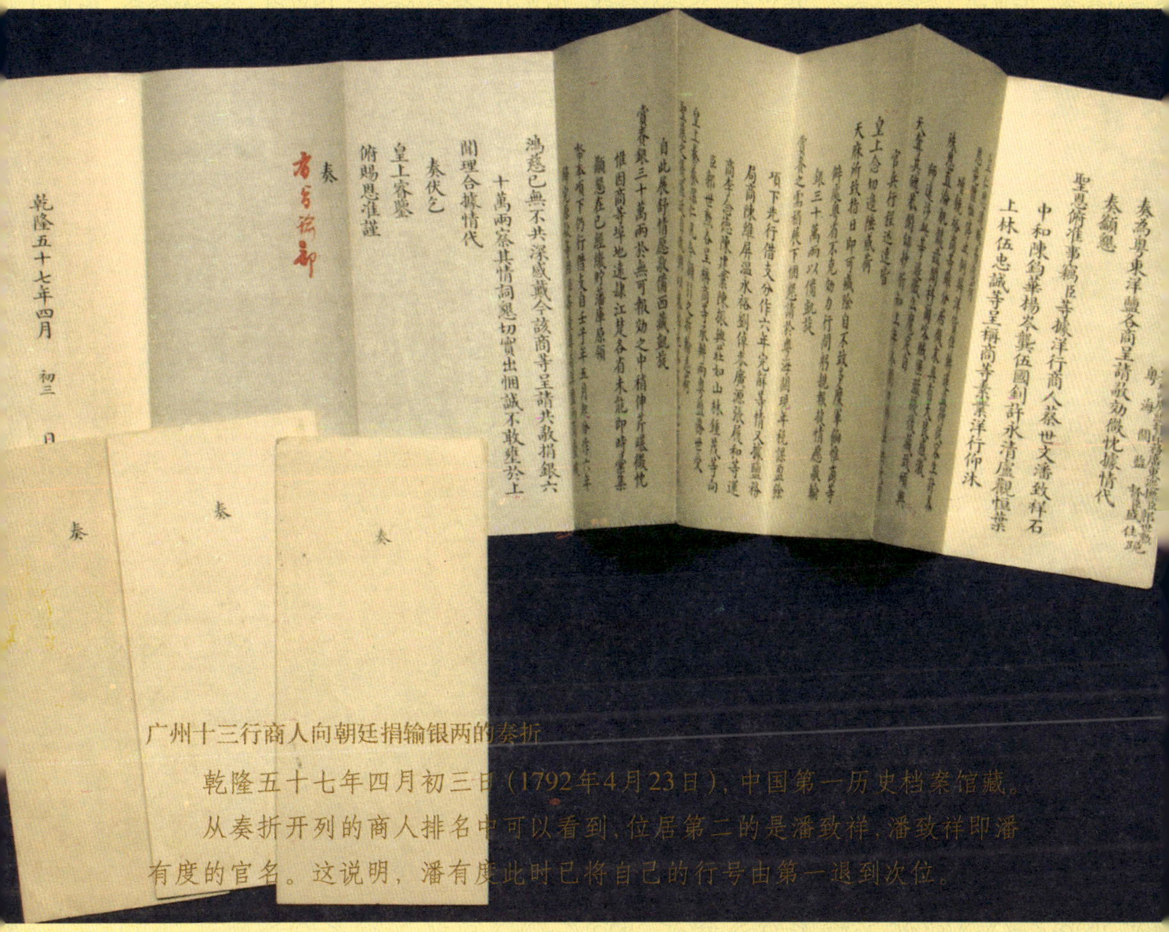

广州十三行商人向朝廷捐输银两的奏折

乾隆五十七年四月初三日（1792年4月23日），中国第一历史档案馆藏。

从奏折开列的商人排名中可以看到，位居第二的是潘致祥，潘致祥即潘有度的官名。这说明，潘有度此时已将自己的行号由第一退到次位。

有坚定的态度，甚至敢于与顶头上司粤海关监督发生冲突。

广州洋行的公行组织是由潘家组创，它被粤海关视为牟利的工具。以横征暴敛著称的粤海关监督佶山，对潘有度的富有充满敌意，嘉庆六年(1801年)十月，已经任职两年的佶山，提出责成潘有度一商承保英国东印度公司商船，并且为了避免潘家同文行独揽货物，要求当时的八家商行共同分售英船货物。佶山还奏请皇上，把行商每年上缴5.5万两备办贡品银，增到15万两。潘有度此时是首席行商，面对海关监督的刁难，他拒绝执行。不久，北京永定河水灾，恼羞成怒的佶山找到了报复的借口，他向皇帝上奏："潘致祥充商年久，每年夷船进出，获利原属丰厚，实系著名殷商，非寻常富户可比"。请皇上批准，让潘有度捐银10万两。

身在京城的嘉庆帝觉察到这远在南国边陲的官商纠葛，他认为佶山办事过于苛细，吩咐两广总督吉庆和新任粤海关监督三义助查明此事。至于让潘有度捐的那10万两银子，上谕中说："此次所捐，殊可不必"。佶山的强行勒诈受到广东大吏的指责，吉庆和三义助在回奏中说出实情："潘致祥势难一人承保夷船"。嘉庆帝最后发下谕旨："佶山以商力有余意存苛刻，殊不知该处洋商向有十三行，现只存八行，其积年消乏可知。且该商等捐输报效已非一次，自当培养商行，令其家道殷实，方不致稍形疲累。所有关税等事，照旧定章程办理，不必更张。以后每年备贡银五万五千两，毋庸加增。"佶山的盘剥被皇帝全部否定了。

纠纷最终随新的粤海关监督上任而了结。佶山离开广州时，地方大员从总督到巡抚没有一人前往相送，这与中国官场的礼节大相违背。这次与海关大员的冲撞，竟以潘有度的"胜利"而告终。

佶山的离任，固然让潘有度侥幸躲过了一次官府的敲诈，但身为商总，潘有度很清楚自己的处境，在官、洋之间巧妙周旋，麻烦与危机时时如影随形挥之不去，不免有如履薄冰的感觉，只怕幸运之神不会时时眷顾。在接下来的几年中，退出洋行界的计划萦绕于他的心中。经过长时间

昔日的粤海关，现在为广州海关大楼

1910年拍摄的位于十三行联兴街的粤海关衙署

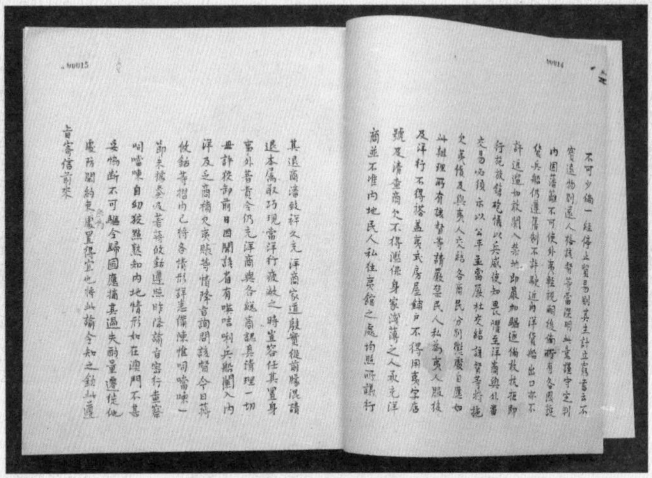

不可少倘一經停止貿易則其生計立窮言云不
實遠物則遠人格致皆當深明此意謹守定制
內固藩籬不可使外夷輕視嗣後所有各國夷
貨兵船仍遵舊制不許駛近內洋貨船出口亦不
許逗遛如敢闌入禁地即嚴加驅逐倘敢抗拒即
行施放鎗砲懾以兵威使知畏懼至洋商與外番
交易必須示以公平至嚴杜交結蔣攸銛等將拖
欠夷債及與夷人交結各商民分別懲處自應如
此辦理所有該督等請嚴禁民人私為夷人服役
及洋行不得搭蓋夷式房屋鋪戶不得用夷字店
號及清查商欠不得濫保身家淺薄之人承充洋
商並不准內地民人私往夷館之處均照所議行

其退商潘致祥久充洋商家道殷實從前朦混請
退本屬取巧現當洋行疲敝之時豈容任其置身
事外著責令仍充洋商與各總商認真清理一切
毋許狡卸前日因閩語者有嘆咭唎兵船闌入內
洋及逗留欠夷賬等情降旨詢問該督今日蔣
攸銛等摺內已將各情形詳悉備陳惟咦咭唎一
節未據奏及著蔣攸銛遵照昨降諭旨密行查察
咦咭唎自幼狡黠熟知內地情形如在澳門不甚
安帖斷不可驅令歸國應摘其過失酌量遷徙他
處務關約束處置得宜也將此諭令知之欽此遵
旨寄信前來

嘉庆帝令退出商界的潘有度重新充任洋商的上谕

嘉庆十九年十二月初二日（1814年1月11日），中国第一历史档案馆藏。

上谕称：潘致祥（即潘有度）“身家素称殷实，洋务最为熟练，为夷人及内地商民所信服。从前退商本属取巧，现当洋行疲敝之时，何得任其置身事外，私享厚利，应饬仍充洋商”。

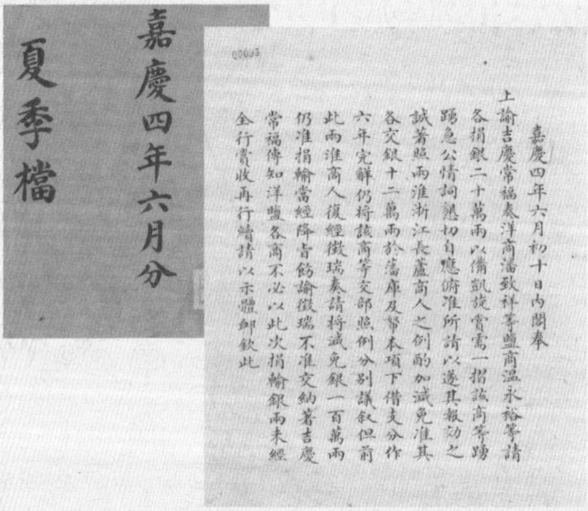

嘉慶四年六月分

夏季檔

嘉慶四年六月初十日內閣奉

上諭吉慶常福奏洋商潘致祥等鹽商溫永裕等請
各捐銀二十萬兩以備凱旋賞需一摺該商等踴
躍急公情詞懇切自應俯准所請以遂其報効之
誠著照兩淮浙江長蘆商人之例酌加議叙准其
各交銀十二萬兩於藩庫及節本項下借支分作
六年完繳仍將該商等交部照例分別議叙但前
此兩淮商人復經徵瑞奏請將議免銀一百萬兩
仍准捐輸當經降旨飭諭徵瑞不准交納著吉慶
常福傳知洋鹽各商不必以此次捐輸銀兩未經
全行賞收再行續請以示體卹欽此

嘉庆上谕：广州洋行商人潘致祥等捐输军需银两，准照例奖叙

嘉庆四年六月初十日（1799年7月12日），中国第一历史档案馆藏。

的准备，1807年，潘有度不惜代价花了50万两银子，终于从粤海关衙门那里买到了退商的许可。

潘有度行事坚定而有弹性，他个人的风格与智慧，使他既善致富又能保富。在他退出商界不久，洋行就有5家倒闭、7家陷入困境。在大多数行号处于极度艰难的情况下，潘有度却能成功地保存实力，平安地渡过了一个多变而困难的阶段。他过人的能力在众洋商中虽属异数，但绝不是意外。

对政府而言，广州洋行流失有实力的业头是不能容忍的，清政府不愿意豪商巨贾游离于他们的控制之外。在嘉庆帝的亲自过问下，潘有度在福建泉州老家未享满7年清福，便被两广总督蒋攸銛重新召回充商。1815年，潘有度再度出山，与伍秉鉴共同负责洋行事务。

由于潘有度退出洋行时与兄弟分了家，此番复出，他给自己的行号取了个新名字叫“同孚行”，以区别于同文行。潘有度有4个儿子，他未曾培养其中的任何一位接办洋行事业，即使这样，在他去世之后，其幼子潘正炜还是挂名当上了行商。

从账房先生到世界首富

如果说19世纪初以前，广州商界是潘家同文行独领风骚，那么随后不久，伍家的怡和行则后来居上，成为首富。伍氏似乎更精于投资之道，很快积累了巨额的财富。伍家拥有自己的房产、茶山、店铺和巨款，1834年，伍家的财产已有2600万银元，相当于今天的50亿元人民币。而在这个时期的美国，最富有的人资产不过700万元。用美国学者马士的话说，“在当时，这是一笔世界上最大的商业赀财”。在西方人的眼中，伍氏商人就是当时世界上最富有的商业巨头。

伍怡和家族和潘同文家族一样，都是来自福建，康熙年间进入广东发展。论加入到行商中的时间，伍家要比潘家晚。伍怡和的创业者伍国莹，早年是潘家同文行的账房。同文行的经历，使伍国莹积累了经验与财富，在没有担任行商之前，伍国莹与英国东印度公司已有商业往来。到了1783年，伍国莹得到英印公司的扶植，建立起自己的怡和行，这意味着伍家在起步之初便与外国资本结缘。伍国莹被外商称为“浩官”，这个商名也为其子孙所沿用，成为了19世纪前期国际商界一个响亮的名字。

1801年，伍国莹的儿子伍秉鉴继承伍家怡和洋行的业务。他就是我们前面所提到的那位世界首富。到了1806年，伍秉鉴就已经和同文行潘有度、广利行卢观恒并列为高级行商。当潘有度退出行商之后，伍秉鉴便登上了总商的位置。此后的数十年间，伍秉鉴一直居于行商领袖地位，以其经济实力和特殊身份，对中国社会的变化发挥着特殊的作用。

对于伍秉鉴，西方人认为他“诚实、亲切、细心、慷慨”，又说他“天生有懦弱的性格”。他真实的性格，我们现在已很难说清，但正是由于这复杂的特性，让他成为了历史上一个极具争议的人物。

伍秉鉴把自己庞大的行号管理得井井有条，他从不花费不必要的开销。虽然他身材瘦小，但为人却落落大方。他的趣闻逸事在外商中辗转流传，其中一个故事，使他成为中国商人慷慨大方的象征。

一个美国波士顿商人和伍秉鉴合作经营一项生意，由于经营不善，欠了伍秉鉴7.2万银元的债务一直没有能力偿还。欠款在身，虽然离家多年，美商仍不能回国。伍秉鉴听说后，马上叫人把借据拿了出来，他对波士顿商人说："你是我的第一号老友，你是一个最诚实的人，只不过不走好运。"说着，伍秉鉴把借据撕得粉碎，表示他们之间的账目已经结清，对方可以随时离开广州回国了。

要知道，7.2万元在当时是一笔巨大的财富，那时，一艘远渡重洋的中型海船所携带的货物，总价值也不过10万元左右，7.2万元就这么一把给撕掉了。伍秉鉴毫不犹豫就取消了对方的债务，确实是与人们印象中锱铢必较的商人大相径庭。这个举动让伍浩官豪爽的名声在美国脍炙人口达半个世纪之久。

位于广州市海珠区的伍家祠道

世界首富伍秉鉴像

[英] 钱纳利绘。伍秉鉴（1765—1843年），广州十三行怡和行商人，19世纪前半期广州商界的领袖人物，西方人称之为浩官。他在国际商界享有极高的知名度，被认为是当时世界上最富有的商业巨头。鸦片战争前后，伍秉鉴成为广东大吏沟通华洋的官绅。

在经营中，伍秉鉴是工于心计的，他能够从存放在英商行号的百余万元的期票中，心算出自己的利息，与英商兑付时的数目不差分毫，这让当时的外商极为惊讶。外商都把怡和行看成最可靠的贸易对手，尽管伍秉鉴生意太忙，收费较高，外商仍乐意同他交易，因为怡和行的货物在时间和质量上都有所保证。

与潘有度不同的是，伍秉鉴身上的文人气息并没有那样浓重，不过，他在商业上的才华比潘有度却是毫不逊色。伍秉鉴非常讲究信誉，1805年，外国商号按照与他的约定，运至广州一批棉花，货到港后发现是陈货，别的行商都不肯碰一碰棉花包。末了，伍秉鉴还是收购了这批棉花，他本人却因棉市滞销而亏了一万多元。

行商是在夹缝中生存的弱势群体，有些人能变成巨富并长享富贵，有些人则破产遭放逐，其中很多时候取决于行商与官府的关系，伍家巧妙地

广州怡和商行伍秉鉴向朝廷捐献巨资购置美式战船的档案记录

道光帝在折子上批示："该部速议具奏"。道光二十二年十月十九日(1842年11月21日)，中国第一历史档案馆藏。

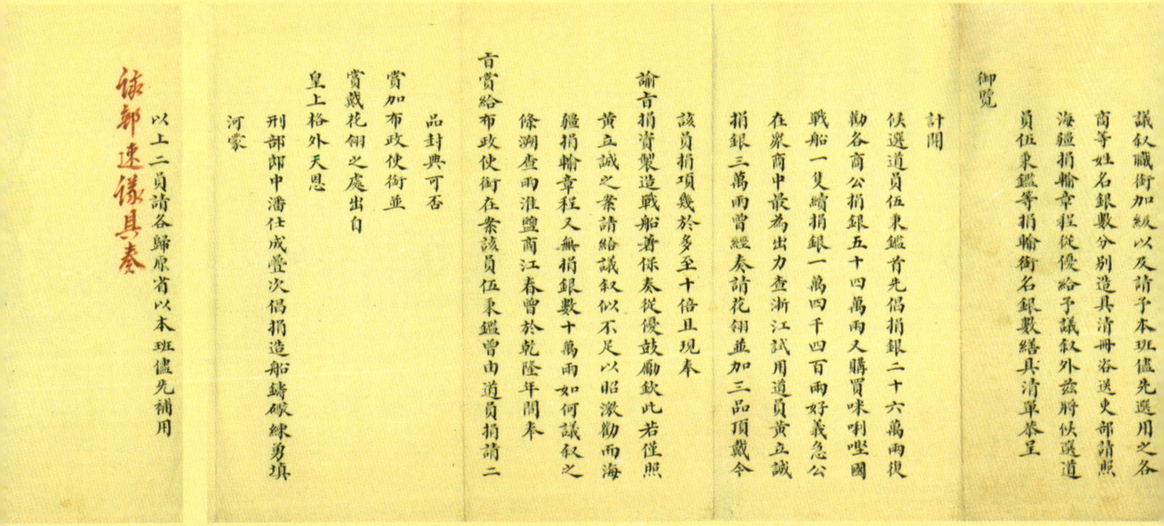

阮元像

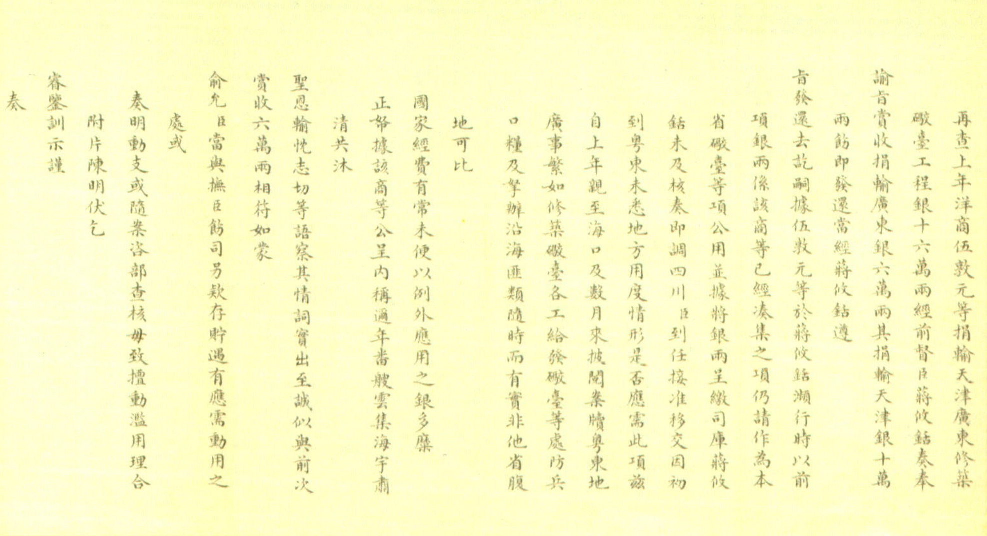

再查上年洋商伍敦元等捐輸天津廣東修築
礮臺工程銀十六萬兩經前督臣蔣攸銛奏奉
諭旨賞收捐輸廣東銀六萬兩其捐輸天津銀十萬
兩飭即發還當經蔣攸銛遵
旨發還去訖嗣據伍敦元等於蔣攸銛瀕行時以前
項銀兩係該商等已經湊集之項仍請作為本
省礮臺等項公用並據將銀兩呈繳司庫蔣攸
銛未及核奏即調四川臣到任接准移交因初
到粵東未悉地方用度情形是否應需此項茲
自上年親至海口及數月來披閱案牘粵東地
廣事繁如修築礮臺各工給發礮臺等處防兵
口糧及拏辦沿海匪類隨時而有實非他省腹
地可比
國家經費有常未便以例外應用之銀多糜
正帑據該商等公呈內稱適年番艘雲集海宇肅
清共沐
聖恩輸忱志切等語察其情詞實出至誠似與前次
賞收六萬兩相符如蒙
俞允臣當與撫臣飭司另款存貯遇有應需動用之
處或
奏明動支或隨案咨部查核毋致擅動濫用理合
附片陳明伏乞
睿鑒訓示謹
奏

两广总督阮元奏折：洋商伍敦元捐输天津、广东修筑炮台银16万两

伍敦元是伍秉鉴在户部注册时用的官名。嘉庆二十三年三月二十七日(1818年5月1日)，中国第一历史档案馆藏。

掌握了这个秘诀，他们的成功，除了精明过人、能财善贾的商业才能之外，更有沟通官府、迎合朝廷的手段。

伍秉鉴特别善于利用自己的关系在官场上来往，1838年，他曾介绍商馆的美国医生伯驾为南海知县看病。在禁烟运动中，请伯驾给林则徐治病，也是伍秉鉴居间作介。

伍家通过捐输报效的巨款，同清廷和广东官府建立了密切的关系。据统计，从1801年至1843年，伍家以各种名目送出的捐款共有12项，达160万两。《广州府志》中称："伍氏先后所助不下千万，捐输为海内之冠"。伍秉鉴曾捐得相当于布政使头衔的二品顶戴，伍家由此成为通达朝廷、既富且贵的官商，可以称得上"一门朱紫，顶戴辉煌"，连皇帝都知道伍怡和有钱。

到美国投资去

历史文献称，伍秉鉴“多财善贾，手握货利，枢机数十年”。英国东印度公司的大班说，伍秉鉴“拥有大量的资本及高度的才智，是广州商场上的一个重要分子”。伍家的致富，很大程度上是凭借同西方商人的贸易关系，能在英国公司、散商和美商中左右逢源。

伍家与外商每年贸易数额达百万，伍秉鉴还是英国公司的“银行家”和最大的债权人。公司大班在每年结束广州的交易前往澳门暂住时，总是将库款交给伍秉鉴经营。公司有时资金周转不灵，也向伍家借贷。伍家同英国散商行号也有密切的关系，查顿于1832年开设的洋行，其中文名字就是继承伍怡和的老字号，称“怡和洋行”。

与潘有度选择贸易对手时的小心谨慎不同，伍秉鉴很愿意和广州口岸外商中的新锐——美国商人以及来自印度的港脚商人往来。18世纪末至19世纪初，欧洲陷于拿破仑战争，对华贸易多由美国人转手。美国人在广州最大的商号，先有柏金斯洋行，接着是旗昌洋行。伍秉鉴对新来的淘金者总是特别眷顾，在伍家的帮助下，19世纪20年代，柏金斯行成为在华贸易的四大洋行之一，占美国对华贸易的一半。1830年，柏金斯行关闭，取而代之的是旗昌洋行。伍秉鉴一直为旗昌作担保，美商戏称他为“教父”。美商1824年在广州开设的旗昌洋行，更是名噪一时。

十三行没落后，伍氏便附股于美国旗昌洋行。1856年，旗昌在上海船舶公司50万元资本的总额中，来自伍家的长期贷款就占30万元，以至于当伍氏抽提资金时，旗昌的业务便十分紧绌。伍氏是最早将其资本附骥于西方资本的中国商人，这就是“诸行多衰落，伍氏巍然存”的奥妙所在。伍家所采用的附股办法，为19世纪50年代开始勃兴的买办阶级开了先河。

1833年，东印度公司从广州退出，伍家也逐渐退出与一般外商的交易，专与美国旗昌洋行合作，他的外贸商品全由美国旗昌洋行代理。伍秉鉴在武夷山拥有大片茶园，每年从这里出产的功夫茶，通过旗昌洋行运销世界各地。当时，以伍家怡和行号为商标的箱装茶叶，在伦敦、阿姆斯特丹、纽约和费城等世界著名城市十分畅销。在国际市场上，凡带有伍怡和图记的茶叶，就能卖得出高价。伍家与旗昌的密切关系在广州逐渐形成了一种势力，以至于许多商人为了获利就要争取伍家和旗昌的支持不可。

伍秉鉴的交易额很大，全部由代理人办理。他非常信任他的代理人，放手让他们去做。1837年，24岁的美国商人约翰·穆瑞·福布斯回国，8年前他前往中国时还是一名学徒。在中国，福布斯以贩卖茶叶为生，还认了伍秉鉴为义父，这层关系让他回到美国时，口袋里多了50万墨西哥银元。福布斯利用这笔钱开始了一门新生意——修铁路，并成为横跨北美大陆的泛美大铁路的最大承建商。

上海外滩的旗昌洋行

伍家怡和商行与美国旗昌洋行有着密切的关系。图为水彩画，周官约1875年绘，美国麻省萨勒姆皮伯第·伊赛克斯博物馆藏。

从广州的美国商馆内看窗外景色

伦敦的亚洲物品交易市场今照

伍家很愿意尝试各种投资，伍秉鉴曾投资于美国的保险业，买有美国的证券。他的儿子伍绍荣颇有其父风范，曾向美国的铁路建设投下火辣辣的资金。独到的眼光，多方面的投资，可以失之东隅而收之桑榆。有资料表明，伍家在美国投资的利息，每年达20余万两白银，怡和行成了一个名副其实的跨国财团。

伍氏商行从乾隆年间开始，在半个多世纪的时间里，经过三代人的经营，成为富甲天下的豪商。到19世纪中期，伍浩官在西方商界已享有很高的知名度，甚至美国一艘商船下水，亦起名为“浩官”。伍秉鉴的富有在当时举世瞩目，西方人称：“广州十三行洋商伍浩官不仅是广州首屈一指的富商，而且还是天下第一大富翁”。

1868年华工在美国修筑铁路的情景

怡和商行的伍氏商人曾向美国的铁路建设投下火辣辣的资金。

黄埔村的大宅门

潘家的成功归于他们能审慎地规避体制的缺陷，伍家的鼎盛则因为他们更能适应新的贸易格局。同文行及怡和行的创始人都是从福建走来的“过江龙”，而在嘉庆、道光年间，广州豪商巨富中，除了潘、伍两家之外，就要属广利行的卢氏家族了。

广利行的创始人是卢观恒，他的从商背景与潘、伍两家有所不同。卢观恒是广东本地人，籍贯在新会，至今卢姓在新会仍是个大姓。卢观恒早年到广州城下帮人看守歇业的店铺，外商托他代售积压品。卢观恒经营有术，将洋货卖光，取得外商的信任。以后，外商陆续运洋货到广州，托他代为出售，卢观恒便逐渐致富。1792年，粤海关正式发给卢观恒行商执照，他被称为“茂官”。卢氏创设的广利行，在今天广州市文化公园一带。

广利行的生意越做越大，卢观恒在行商中的排名，在1796年居第三位，次年便跃为第二位，仅次于同文行潘有度，其后又与潘有度同为行商首领。1808年潘有度隐退后，卢观恒一直占据行商首领的地位，与伍秉鉴共同掌管行务。

西方商人多次提到卢家的富有。1806年夏，英印公司特选委员会的报告称:“茂官要求购买公司所有棉花和檀香木，以前他也习惯大量购买这样的货物，在众行商中他出价最高。1812至1813年的贸易季度，卢茂官和伍浩官独占了棉花的买卖”。可见，茂官和浩官一样，是当时英国公司最大的交易对手，茂官的富有已无可置疑，但他始终不肯透露私产情况的信息，所以，至今我们都无法知晓他财产的具体数目。

1812年卢观恒去世，以后他的儿子卢文锦、卢继光先后主持广利行商务，直到鸦片战争十三行解体后，卢氏子孙继续在广州经营茶行。

在今天的黄埔村，保留着一座名叫“梁氏宗祠”的宅院，虽然年久失修，仍不失当年的华美，一梁一柱皆是精雕细刻。这个象征着家族风

广州十三行的广利行商人卢茂官像

油画，啉呱约 1746 － 1812 年绘。

黄埔村梁氏商人的宅院旧址

曾任清朝驻美公使的十三行梁氏家族后裔梁诚

促成美国退还庚子赔款的清朝驻美公使梁诚（右三）

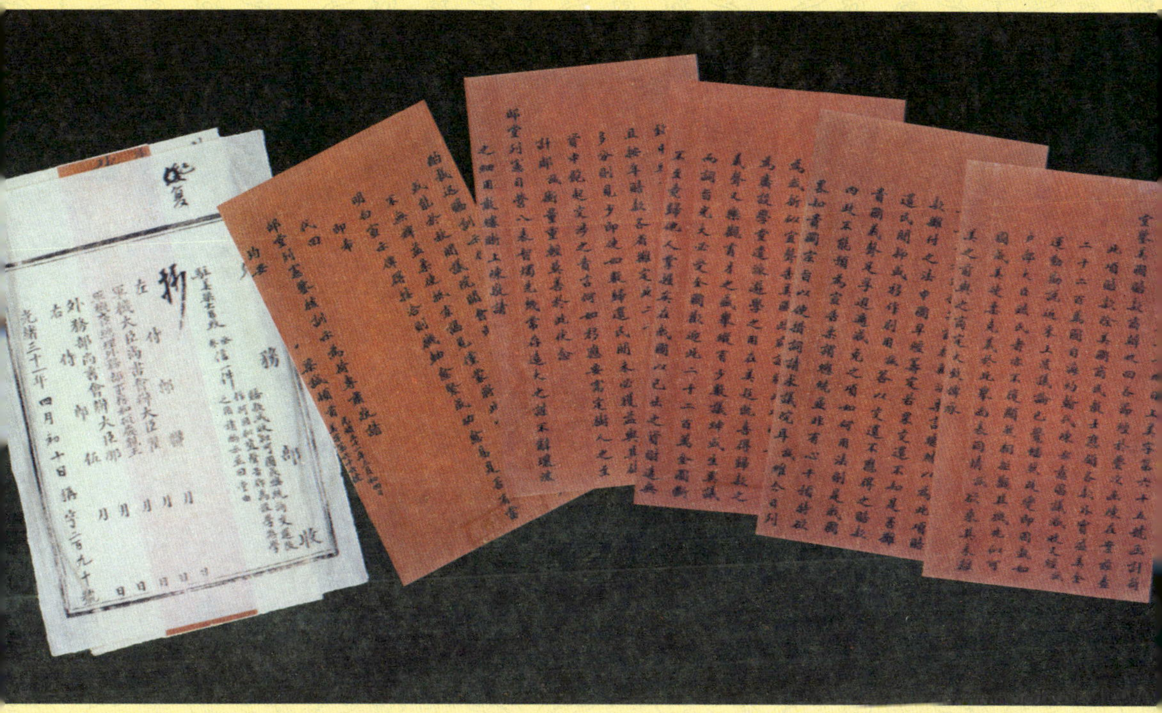

驻美公使梁诚致外务部信函：收回美国退还计算多余的庚子赔款用以遣派留学生

光绪三十一年三月初四日（1905年4月9日），中国第一历史档案馆藏。

1905年，梁诚时任清朝驻美公使，他获悉美国从中国获得的庚子赔款已超出应得数额，随即开始与美国政府交涉，力争收回余款。在这封致外务部的信函中，梁诚建议“马上声告美国政府，请将此项赔款归回，以为广设学堂遣派游学之用”。后来，促成了美国退还庚子赔款。这笔退款用于设立游美学务处派遣留美学生，并设立清华留美预备学校，这就是清华大学的前身。

光的祠堂，是十三行天宝行梁氏商人的故宅。天宝行的经历，在十三行中也是颇为典型的。

天宝行创立于十三行的后期，它是在中英关系恶化，及洋行纷纷倒闭的厄境中创建起来的，这为行号的发展注入了挑战性的因素。商号创办人梁经国，19岁时进入十三行的冯氏洋行，在那里服务前后达28年。在冯氏远赴外洋的10多年间，梁经国一人独掌行务，颇有盈余。待冯氏从国外回到广州，梁经国将洋行的账目如数向冯交代，冯氏为他诚实能干又毫无私心而感动。

1808年，47岁的梁经国准备创办自己的行号，虽然这时他已具有丰富的商务经验，但按清政府的规定，加入洋行必须“身家殷实”，对此他还不够格。在冯氏的资助下，官府破例批准梁经国承充行商，行名叫“天宝行”，行址在今天广州市人民南路与仁济路之间。

就在这时，发生了英法军队争夺势力范围，英军强行占领澳门的事件，梁经国成功地帮助广东官府居间调停，最终使英军从澳门撤出。梁经

1909年，清政府第一批退还庚款留美学生合影

清政府第二批退还庚款留美学生合影

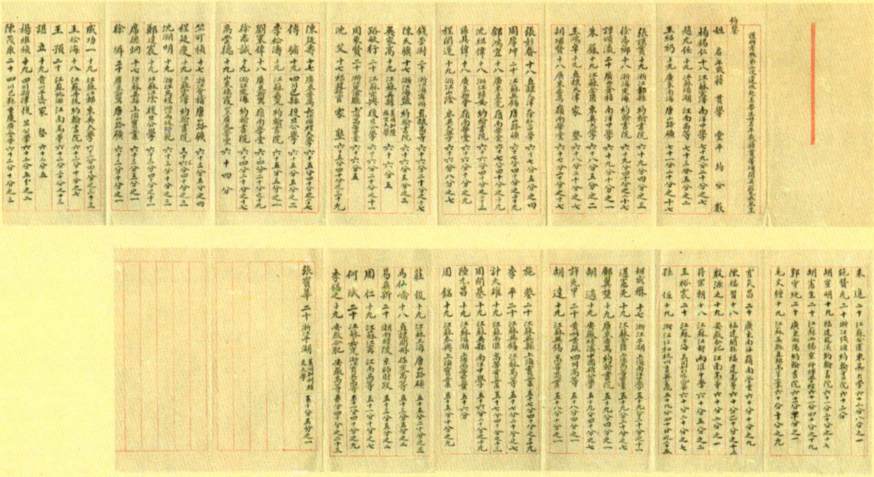

清代外务部档案：清政府用美国退还庚子赔款派出的第二批留美学生名录

宣统二年（1910年），中国第一历史档案馆藏。

清政府利用美国退还的庚子赔款，派遣了三批学生赴美留学，但经严格考试后，合格人数未能达到预定的100人。在这份第二批庚款留学生一览表中，列出了被录取的70名学生的姓名、年龄、籍贯、毕业学堂、平均分数。其中广东籍幼童有10名。名录中还有19岁的胡适和17岁的竺可桢。

美国杂志上描绘美国退还庚子赔款以资助中国学生留美的漫画

民国时期广州天宝商行梁氏家族的全家合影

国因此获得二品顶戴，成为广州商界又一位红顶商人。梁经国刚刚建立天宝行，就懂得巧于在中外夹缝中求发展。不仅如此，在各商行债台高筑纷纷倒闭的形势下，天宝行以其实在诚信的经营风格独树一帜，打开局面。天宝行在行号中的排名不断攀升，1811年，在创立三年的时候还排名倒数第一，以后逐年上升，生意越来越兴隆。到1830年时，天宝行已稳居行号第五位。

当十三行衰败时，行商们各奔前程，纷纷转业他途，天宝行的后人则走上弃商从政为官和从学为士的道路。梁氏家族先后出过清朝国史馆总纂官、湖南学政、江宁布政使、顺天府府尹等高级官员。第五代梁氏兄弟中，梁方仲是经济学家、梁嘉彬是海内外闻名的历史学家，梁嘉彬还专门写了一部著名的《广东十三行考》。梁家遗存比潘、伍两家要丰富，梁经国在家乡黄埔村开办的“左垣家塾”，至今仍保留完好。

西洋人绘制的广州商业街一角

黄埔街区民居

广州黄埔村的岭南民居——锅耳房

19 世纪后期广州商人家庭旧照

庭院·祠堂·花园

1859年3月26日，伦敦发行的《时事画报》曾对广州富商潘庭官和伍浩官的私家花园作了描绘，称这两座庭院是个迷人的地方。在当时的欧洲，许多没有到过中国的人都以高度的热情谈论着广州富商豪华的庭院。

时过境迁，整个行商群体所留下的遗迹已经极其有限，从这些留下的建筑中，我们可以想象这里曾经有过富甲天下的行商，有过他们极尽奢华的庭院。那么，这些行商原有的庭院又是什么样子的呢?

洋行商人的行号在十三行街附近，但他们的住处却是比较分散的。行商拥有了财富后，便对自己的住宅投以重资。

行商在引入西方装饰元素的同时，也将中国的园林风格传往西方。欧洲人模仿中国园林于方寸间见大千的风格，修建了不少中式花园，这与行商住宅的描绘在海外广为流传不无关系。

潘振承致富后，1776年在广州珠江南岸海幢寺西侧购置了一块地，用来营建园宅。潘家原籍福建漳州龙溪乡，潘振承在福建泉州府同安县栖栅社出生。在广州新建的潘宅，四面环水，取名为“龙溪乡”，此名表示不忘故乡。今广州市海珠区龙溪首约、龙溪新街、栖栅街、潘家祠道等地，均为潘家旧宅的遗址。潘家所建的祠堂名为“能敬堂”，至今这里仍住着潘家的后人。

与潘家祠道一街之隔就是伍宅。行商们的住处分布在广州各地，而潘、伍两家却是近在咫尺，因为潘家和伍家同是福建老乡，再加上他们是儿女亲家，所以毗邻而居。

从伍家大宗祠旁的小路，可以走到万松园。在园门旁有一座假山，山旁是文昌庙，进门后，沿路有若干处亭台楼阁。园子的右方是荷花池，西面就是红棉山馆，这里非常幽雅。

伍家的宅院是外商在广州游览的一道风景。他们到海幢寺时，常可以信步到伍家一游，即便主人不在，管家也会引导他们周游一遍。参观者都认为，这是最值得一看的地方。到过伍宅的外国人中，地位最显赫的要算是英使马戛尔尼了。曾随英国使团下榻伍家万松园的特使斯当东，在他的回忆录中写道：

> 馆舍房间陈设为英国式样，有玻璃窗及壁炉。广州虽然接近热带，但对英国人的生活习惯来说，在屋里生一点火感到特别舒服。馆舍四周是一所大花园，有池塘和花坛，另一边是个高台，登台远望，广州全城景色及城外江河舟楫俱在眼前。

外商在伍家园林参观时，看到有许多妇女偷偷地窥探，显然她们对外国人也很感兴趣。见过她们的外商说，这些妇女都十分漂亮。

伍家追求半城半郊式的生活，既不脱离世俗的生活，又享受田园的惬意，因此，除了广州城珠江南岸的老宅和祠堂，在城外泮塘一带还建造了花园别墅。伍秉鉴长子的住宅园林位于当时广州最豪华的街市，四子的别墅在珠江南岸万松山麓，五子伍崇曜在城西白鹅潭所建的远爱楼，是座绿

富有岭南园林特色的广州商人府第

广州官商的豪华生活让西洋人着迷，被记录在这幅西洋绘画中

广州珠江南岸：小河、流水、人家

著名的广州洋商潘、伍两家仅一墙之隔

摄于广州市同福路潘家宅院。

广州同文行商人潘振承在广州海幢寺西侧营建的庭院

1776年，潘振承在广州海幢寺西侧买了一块地，开始营建“龙溪乡”，经过三代人的经营，终于形成极尽奢华的庭院。

西洋画家笔下的伍家花园别墅

伍氏商人于1803年在广州海幢寺西侧置地而建，民国时期毁于战火。

海山仙馆，道光年间岭南第一名园

纸本水粉画，庭呱19世纪中叶绘。

道光年间雕版印行的《海山仙馆丛书》

由海山仙馆主人潘仕成主持编纂。书中收录了当时先进的军事技术、自然科学等书籍，被推为岭南善本，是具有学术价值的丛书，广东省立中山图书馆藏。

西洋人眼中的潘庭官家人

广州丽泉行商人潘长耀在郊外的家园

丽泉商行潘长耀家园

岭南名园清晖园一角

陈家祠庭院一角

陈家祠建筑群屋顶的陶塑戏曲人物故事脊饰

陈家祠建筑群屋顶的人物故事砖雕

砖雕是岭南建筑中的一种装饰艺术，其制作工艺几近失传。

颇具岭南文化特色的陈家祠

祠堂位于广州市区，当年这里是外商经常光顾的庭院。它集中了广东民间的木雕、砖雕、石雕、灰塑和陶塑等装饰工艺，是岭南建筑的典范。

广州市内古老的石板街

街面仍保留着具有岭南民居特色的通花脚门。

瑞典斯德哥尔摩“中国宫”今照

野名堂式的建筑，常常是接待洋人的地方。

浩官家的园林也是画家们时常驻足的地方。广州著名的外销画画家庭呱等，都曾绘有伍家的园林图。那参天的古树，亭台楼阁错落有致，水面波光粼粼，主人的情趣，主人的富有，在画家笔下生动形象地展现出来。直到20世纪初，香港的旅游指南上，依旧把伍家的宅第作为广州的重点景点来推荐。这里园林的精美，足以向外国人展现中国富人的典型生活。

在1860年4月11日的《法兰西公报》上，曾登载过一名法国人游览广州潘庭官私家园林的观感，文章写道：

> 这处房产比一个国王的领地还要大，整个建筑群包括30多组建筑物，相互之间以走廊连接，走廊都有圆柱和大理石铺的地面。花园和房子可以容得下整整一个军的人。房子的周围有流水，水上有中国帆船。

这就是建于道光年间，号称岭南第一名园的海山仙馆，那个潘庭官就是行商潘仕成。

海山仙馆，位于珠江岸边十三行商馆西面的泮塘与荔枝湾之间，是一处大型的古典园林建筑。在十三行居住的外商们，每每以进园一游为宠遇，庭院风景成了画家竞相描绘的对象，外商在参观潘园别墅时无不惊叹。现在我们依旧能从200多年前广州外商留下的文字中，看到当年的奢华：

> 这是一个引人入胜的地方。外国使节与政府高级官员，甚至与钦差大臣之间的会晤常常借这里进行。这里到处分布着美丽的古树，有各种各样的花卉，如柑橘、荔枝以及蟠桃。园子里还养了鹿、孔雀、鹳鸟以及羽毛美丽的鸳鸯。
>
> 潘家俨然是高门大户，其内眷外人当然不能窥见，她们要消遣，就待在房子里看戏。庭院里有一个戏台，可容纳上百个演员。
>
> 他的私人宫殿有大批仆役，名厨技艺高超，外商在此出席晚宴，感到赏心悦目。散宴时，主人吩咐脚夫打着写有他家姓氏的大灯笼，护送客人返回商馆。

海山仙馆的主人不愧是沟通华洋的商人，中式的园林，配以洋气十足的室内装饰，再加上典型的中国生活方式，这就是富商潘仕成的家庭。

西关大屋的趟栊和通花脚门

西关大屋的正厅

广州的外贸富商从清代乾嘉年间开始，在城西十三行附近建起了一座座豪宅，这就是典型的岭南庭院建筑——西关大屋。适应南方湿热的气候，那特有的小院、天井、青云巷、脚门、趟栊与正厅浑然一体，构成完美的通风系统，盛夏季节仍然格外凉爽。西关大屋体现出广州古城建筑的精髓。

西关大屋内吉祥典雅的满洲窗

西关大屋的书房和闺房

楼上是西关小姐的闺房。

西洋人绘制的广州老街巷

1850 年时的广州街景

中国的园林艺术，影响了欧洲上层社会的生活方式和装饰模式。曾经随清朝使团出访欧洲的译员张德彝，在他的海外见闻录中描述过一个惊喜的发现：使团行至瑞典首都斯德哥尔摩郊外的皇家别墅群，“忽见中国房一所，恍如归帆故里”。询问后得知，中国式房舍里的陈设品全部是运自广东。

这座著名的中国阁，落成于1753年，是瑞典国王送给王后的生日礼物。这座宫殿不但在建筑上模仿中国，里面的装饰陈设也带有岭南风格。紫檀木的中式家具、绘有端午节广东赛龙舟场面的屏风、图案为粤海关的漆画壁板，以及各种身着清代服装的瓷人，无不显示出主人的东方情趣。这个华风西渐的景致，是当时中国文化热风靡欧洲宫廷的缩影。

财运亨通的黄金旺地，引来殷商巨贾置地建园。广州城西十三行附近的荔枝湾一带，成为那些精于打算盘的商人们，休闲享乐的后院，这里至今依然保留着具有岭南民居特色的西关大屋。那特有的趟栊、脚门、小院、天井、青云巷浑然一体，构成完美的通风系统，盛夏季节仍然格外凉爽。它与吉祥典雅的满洲窗、纵身格局的中轴线、层层叠叠的石板路一起，构成了广州古城建筑的精髓。

十三行外贸造就了中国的顶级富商，那么在中西贸易的另一端，那里的商人又是如何致富的呢？

第三篇　西来欧风

二〇〇六年的七月，这个时节在清代十三行时期正是贸易旺季，瑞典的一艘重建的仿古商船『哥德堡号』，经过十个月的航行，再次来到它两个多世纪前航行的目的地——中国广州。这次航行之所以会引起全球关注，是因为它让整个世界又重新回忆起当年那段充满传奇色彩的对华贸易历史。而那艘老『哥德堡号』，则完全可以称为传奇的代名词。到底二百六十多年前的『哥德堡号』有着怎样的经历，这艘新的仿古商船将为我们揭开怎样一段历史隐秘呢？

瑞典“哥德堡号”传奇

1743年3月，一艘名叫“哥德堡号”的木帆船从瑞典起航，开始了它对华的第三次航行。这是一次非同寻常的远航。

“哥德堡号”出发时共有141名登记在册的水手，航行开始后，又发现了3名偷偷上船的男孩，所以船上应有144人。10个月后的1744年1月，当船航行到爪哇时，随船的牧师霍尔穆兹在日记中已经登记了21名船员的死亡。许多船员因缺乏维生素而得了白血病，有些人掉光了牙齿。航行中，这只商船不断地变换国旗，包括英国、荷兰、法国和瑞典本国国旗，以避免遇到敌对船只可能引起的麻烦。恶劣的环境和伤病，以及随时出现的风暴和海盗袭击，让整个航程充满了艰辛。1744年9月，在航行了18个月后，“哥德堡号”终于来到了它此行的目的地——广州。

18世纪，瑞典的造船业堪称世界一流，瑞典东印度公司从1731年到1813年存世80余年，共组织了132次亚洲航行，其中只有3次到过印度，其余都是到达广州，因而有人说，瑞典东印度公司应该叫“瑞典中国公司”

1793年的瑞典哥德堡市

左边是瑞典东印度公司建筑，它建于1750年，坐落在哥德堡市河岸边，堪称是当时市区最壮观、最豪华的建筑物。

商船常受到风雨、海盗的袭击且食物淡水匮乏

“哥德堡号”随船牧师霍尔莫兹的航海日记

其中记录了1739年瑞典商船“哥德堡号”首航广州的船员名单，在死亡人员的名字旁标有特殊的记号。

广州的瑞典商行

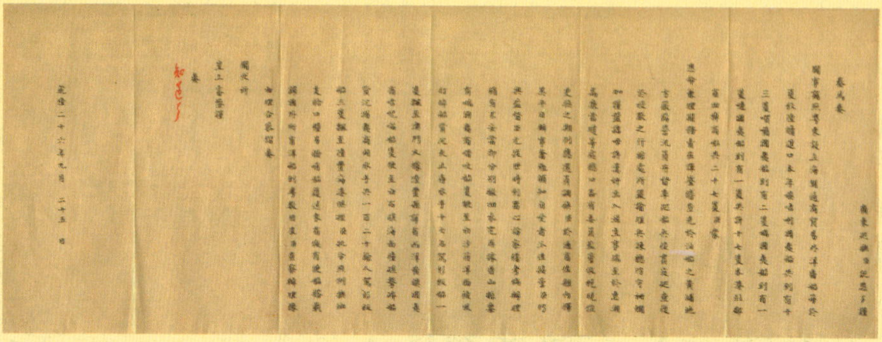

广东巡抚托恩多奏折：洋船停泊黄埔，瑞典商船遭风货沉

乾隆二十六年九月二十五日（1761年10月22日），中国第一历史档案馆藏。

描绘广州瑞典商行的珐琅彩瓷碗

苏州市博物馆藏

1760年瑞典东印度公司从广州运茶用过的箱子

瑞典东印度公司的大班

瑞典船员在卸货

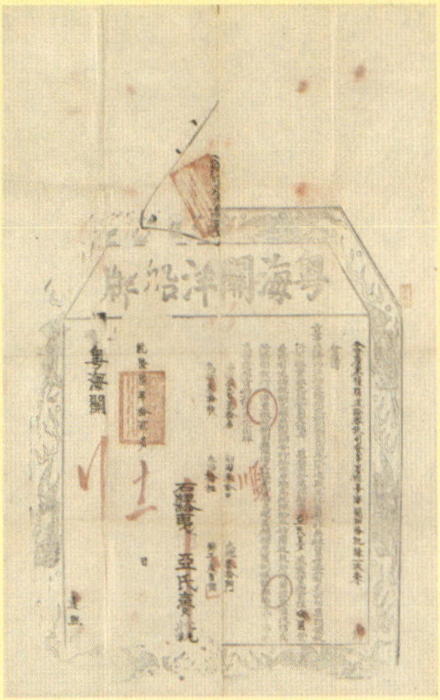

粤海关为瑞典商船离港颁发的出关通行证

乾隆六年十二月十一日(1742年1月17日)，瑞典哥德堡市图书馆藏。

中国货在瑞典交易

瑞典油画：1745 年瑞典商船“哥德堡号”最后一次从广州返航

更为确切。瑞典东印度公司成立的第二年，第一艘瑞典商船便首航广州。

瑞典商人一进入广州便表现得非常活跃，他们和广州行商进行了大笔交易，贸易进行得相当成功。1732年，广州的瑞典商行正式建立，从此，这个遥远的梦想之国，便与清朝建立起了稳定的通商关系。清代文献中明确地记载道：

瑞国通市始自雍正十年（1732年），后岁岁不绝。每年春夏之交，其国人以诸物来广，由虎门入口，易买茶叶、瓷器诸物，至初冬回国。

“哥德堡号”是瑞典东印度公司排名第二的远洋商船，它建于1738年，也就是与中国通商后的第六年。商船全长42米，排水833吨，装有30门大炮。它三桅四帆，不用任何动力，全靠季风和水力作为驱动。“哥德堡

“哥德堡号”触礁遇难地

1745年9月12日，经过9个月的航行，“哥德堡号”上的船员终于看到了离别两年半的故土。在距哥德堡市码头不到一公里的海面上，“哥德堡号”竟然莫名其妙地撞上了一块水下的暗礁，船在人们的注视下很快沉没。“哥德堡号”沉船之谜被埋在了大海，它离奇的经历和长眠海底的货物，在以后的二百多年里，不断吸引着探险家、考古学家对它进行一次又一次的打捞，每次打捞都会兴起一股研究东方的热潮。

当年被打捞上来的“哥德堡号”沉船碎片

瑞典仿古商船“哥德堡号”下水盛典

瑞典人酷爱航海，在他们的心目中，“哥德堡号”代表着一段光荣的历史。2003年6月6日，在瑞典国庆日的这一天，经过10年建造的仿古商船“哥德堡号”成功下水，瑞典国王卡尔十六世及皇室成员出席了盛大的典礼。

新“哥德堡号”起航重访广州

在二百多年前先人的航路上重温那段充满挑战的航行。整个航程以风力和水力作为驱动，大约35000海里。帆船沿用大量传统工艺建造，船上所需的橡木全部来自原始森林，大量铁钉、绳索以及1900平方米的船帆，全部是由人工制成，瑞典人力图使新老“哥德堡号”从外形到神韵都如出一辙。

瑞典国王卡尔十六世夫妇在庆典上为新“哥德堡号”剪彩

号”一次航行的利润，相当于瑞典一年的国民生产总值。由于对华贸易保持了较高的商业利润，促进了远洋贸易的能力，所以瑞典东印度公司的商贸，带动了整个哥德堡市的发展。这个公司被认为是工业革命前，瑞典最成功的企业。

“哥德堡号”共有三次广州之行，第一次是1739年1月至1740年6月；第二次是1741年2月至1742年7月；第三次是1743年3月至1744年9月。每次航行，都需要六至七个月才能到达广州。这第三次航行，令人魂牵梦绕。

这是“哥德堡号”第三次前往广州。这一天的早晨，水手们终于眺望到远处的琶洲塔，他们欣喜若狂，因为目的地广州就在眼前。“哥德堡号”停泊在黄埔古港，水手们忙于补充淡水和食物，并且品尝广州人饮早茶的美妙。商人们却马上带上他们的白银奔向黄埔直街和十三行等多处集市。经过一番讨价还价，终于购回茶叶、瓷器、丝绸、珍珠等欧洲人梦寐以求的货物。当1745年1月11日他们准备启程回国时，船上已经装满了700

清代油画：瑞典商船停泊在广州黄埔港

吨经济效益颇丰的中国商品，总价值相当于250万西班牙银元。但谁都没有料到，这将是一次充满灾难的航行。

1745年9月12日，在东北季风的帮助下，经过9个月的航行，“哥德堡号”上的船员终于看到了离别两年半的故土，岸边拥簇的人群正准备着迎接东方财富的到来。就在岸上企盼英雄归来的欢呼声中，一个意想不到的事情发生了。

在距码头不到一公里的海面上，“哥德堡号”竟然莫名其妙地撞上了一块水下的暗礁，礁石完全击穿了船首，船在人们的注视下很快便沉没了。在船沉之后，人们对水下的货物进行了打捞，但也只打捞上不到1/3的货物。据说就是这1/3的货物，不但收回了远航中国的全部投入，剩下的钱还足够再重建一艘“哥德堡号”，可见中国货远渡重洋后，便价值不菲。

“哥德堡号”沉船之谜被埋在了大海，它离奇的经历和长眠海底的货物，在以后的二百多年里，不断吸引着探险家、考古学家对它进行一次又一次的打捞，每次打捞都会兴起一股研究东方的热潮。在瑞典国王的支持下，“哥德堡号”基金会和新的瑞典东印度公司相继成立。一个梦幻般的设想，在一群热心人的讨论中酝酿成行，那就是要以老“哥德堡号”为原

2006年7月，瑞典仿古商船新“哥德堡号”驶进广州市

“哥德堡号”在广州

型，建造仿古商船，并且要沿着先人的航线，重新抵达中国的广州，使“哥德堡号”成为瑞典与世界交流的“旗舰”。担当“哥德堡号”重建项目监护人的是瑞典国王卡尔十六世。

瑞典东印度船厂位于哥德河北岸，它在欧洲造船史上曾经声名显赫，从1994年开始，船坞里敲打声、锯木声再度响起。瑞典人酷爱航海，在他们的心目中，“哥德堡号”代表着一段光荣的历史。2003年6月6日，在瑞典国庆日的这一天，经过十年建造的新“哥德堡号”成功下水，瑞典皇室成员一起出席了盛大的典礼。

2006年7月18日，“哥德堡号”重访广州，停泊在它当年下锚的黄埔港，这个时候正是清代十三行的贸易季节。此次“哥德堡号”在中国的寻访活动，于2006年9月12日结束，这一天，也就是老“哥德堡号”触礁261周年的纪念日。“哥德堡号”的整个航程大约35000海里，相当于绕赤道1.66圈。这真正是一次跨越时空的航行。

法兰西国王路易十四的中国情

在浩瀚无垠的大海上，西方商船往来穿梭，它不仅联系了中西贸易，还是文化艺术交往的纽带。早在明末清初，西来的海风就徐徐吹进北京紫禁城坚固的大门，大批西洋传教士带着向东方传播福音的理想航海而来。当时，赴华旅行是一种极大的冒险，许多人丧生大海，但这并不能阻挡传教士们的热情。他们大多学有专长，有天文历数家、医生、画家、建筑师、手艺人等等，登陆广州港后，希望以自己的才华取得进入皇宫的通行证，十三行为他们构筑了一条通向京城的桥梁。

西方人初来，十三行商馆是他们下榻的客栈，行商是他们拜见官吏的媒介。在得到进京旨令之前，十三行就是他们休整学习的场所。一些在宫廷效力的洋人得到皇帝的特别赏识，成为皇宫中的重要人物。皇帝身边出现了一批金发碧眼、穿清朝服饰、讲中国语言的西洋人，他们的到来，为古老的中华帝国吹进了一股清新的西来欧风。

对于康熙朝廷的法国远臣来说，“安菲特里特号”商船具有不同寻常的意义。1693年，酷爱西学的康熙皇帝，派出宫中的法国传教士白晋回到法国，目的是拜访在欧洲处于极盛时期的法王路易十四，同时聘请科学人才来华。当时中法之间尚无专门的海船通航，白晋一行搭乘英国东印度公司商船回到巴黎。

白晋绘制的中国达官贵族服饰图，在法国宫廷引起了一股模仿华夏衣饰的热潮。在康熙赠给路易十四的礼品中，有49册装订精美的中国经典书籍，现今成了法国国立图书馆汉文藏书的珍品。法王路易十四看到他当年派出的传教士在中国的皇宫受宠，兴奋不已。白晋对康熙帝大加褒扬，说中国皇帝以看到法国船为快乐，力促路易十四开展对华通商。

康熙开海贸易延揽西士之举，与路易十四试图打开东方大门的期望两相契合。为了回访康熙帝，这个法国太阳王下令建造远洋商船。1698年，载重500吨的“安菲特里特号”首航中国广州。船上有数十名海军军官以

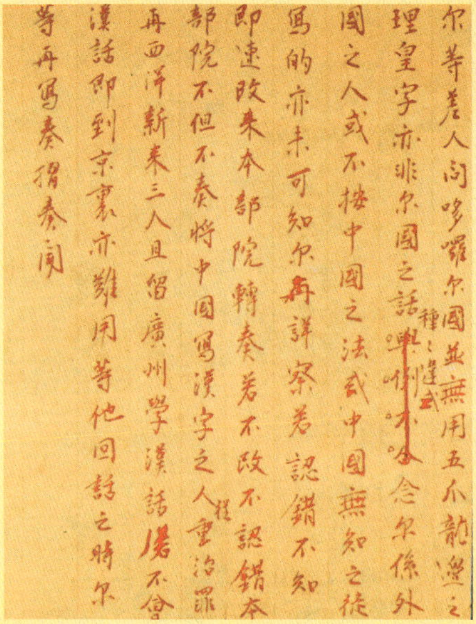

康熙帝手谕：西洋新来之人留广州学汉话

康熙帝读书像

康熙四十九年（1710年），中国第一历史档案馆藏。

每当洋船泊靠，随船而来的西洋人便会被安排到十三行商馆学习汉语。这一年，意大利画师马国贤、法国地理学家山遥瞻等人登陆广州，康熙帝亲笔写下朱笔谕旨："西洋新来之人且留广州学汉话，若不会汉话，即到京里亦难用他。会话之时，尔等写奏折奏闻"。后来，马国贤进入皇宫供职达十三年，山遥瞻在参与皇家舆图《皇舆全览图》测绘工程中，殉职于云南。

广州的石室，远东最大的石结构天主教堂

广州商馆前的集市

拉维涅绘，撒巴提亚刻，香港艺术馆藏。

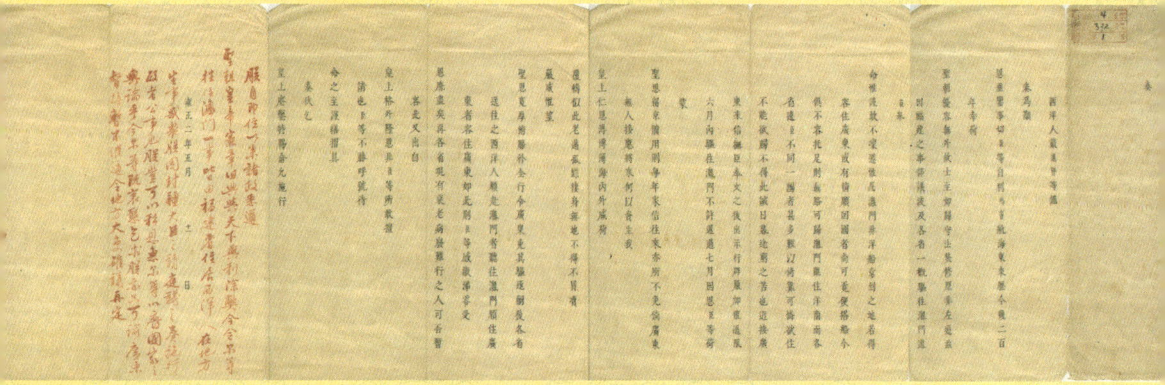

雍正帝朱笔批示过的德国传教士戴进贤关于请准洋人留住广州城的奏折

雍正二年五月十一日（1724年7月1日），中国第一历史档案馆藏。

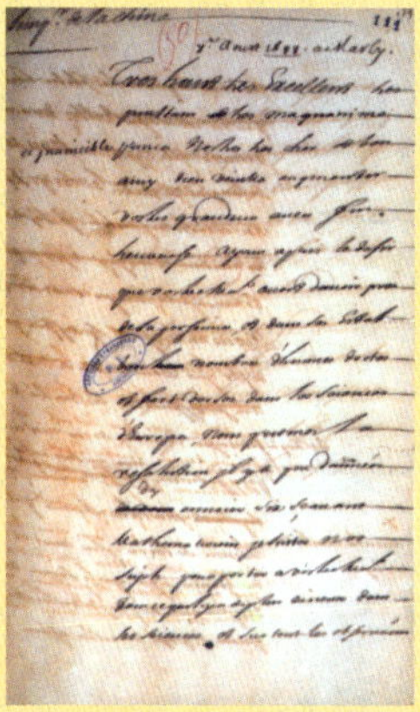

法兰西国王路易十四致康熙皇帝的信

信中说，法国耶稣会是传播法兰西科学知识及宗教信仰的最佳使者。水墨纸本手稿，1688年8月7日，法国外交部藏。

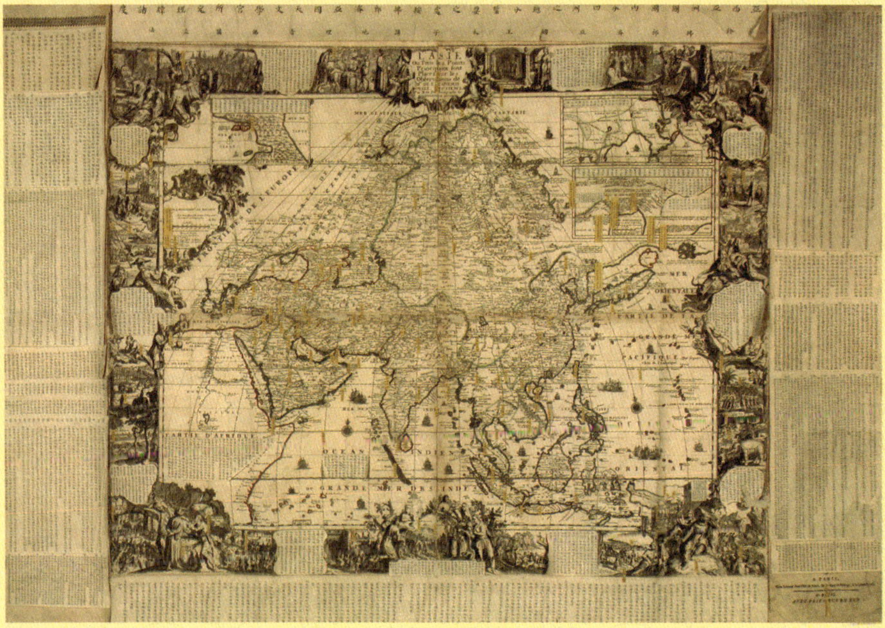

法国传教士进呈给康熙皇帝的《亚细亚洲图》

铜版印制，纵93厘米，横120厘米，法国科学院巴黎天文台1698年绘制，中国第一历史档案馆藏。

该图是法国传教士进呈给康熙帝的五幅铜版地图之一。图中空白处绘有亚洲各国的人像，四周配有图说。原文用法文记述，进入清宫后被译成汉文，用黄色和白色浮签贴于原文之上。

北京西什库天主教堂的前身曾是康熙帝为法国传教士修建的园地

金胎画珐琅西洋少女图耳盅

乾隆年间制作，通高15.8厘米，杯口径4.5厘米，盘口径14厘米，故宫博物院藏。

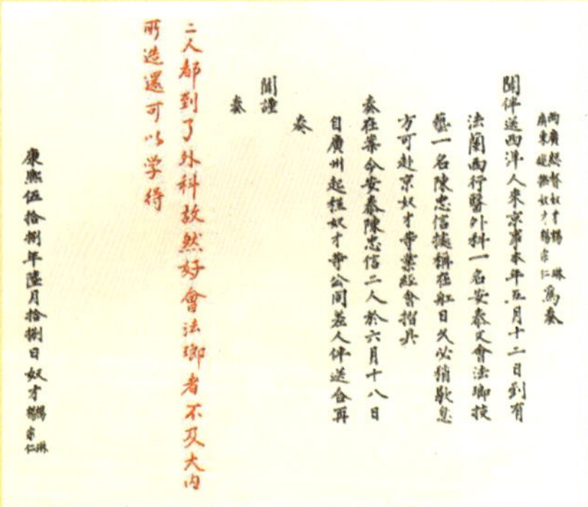

两广总督奴才杨琳
广东巡抚奴才杨宗仁 為奏
聞伴送西洋人來京事本年五月十二日到有
法蘭西行醫外科一名安泰又會法瑯技
藝一名陳忠信據稱在舡日久必須歇息
方可赴京奴才等業經會摺具
奏在案今安泰陳忠信二人於六月十八日
自廣州起程奴才等公同差人伴送合再
奏
聞謹
奏

二人都到了外科故然好會法瑯者不及大内
所造還可以学得

康熙伍拾捌年陸月拾捌日奴才楊琳 楊宗仁

康熙在两广总督杨琳的奏折上批示：法兰西外科医生及珐琅艺人已到京

康熙五十八年六月十八日（1719年8月3日），中国第一历史档案馆藏。

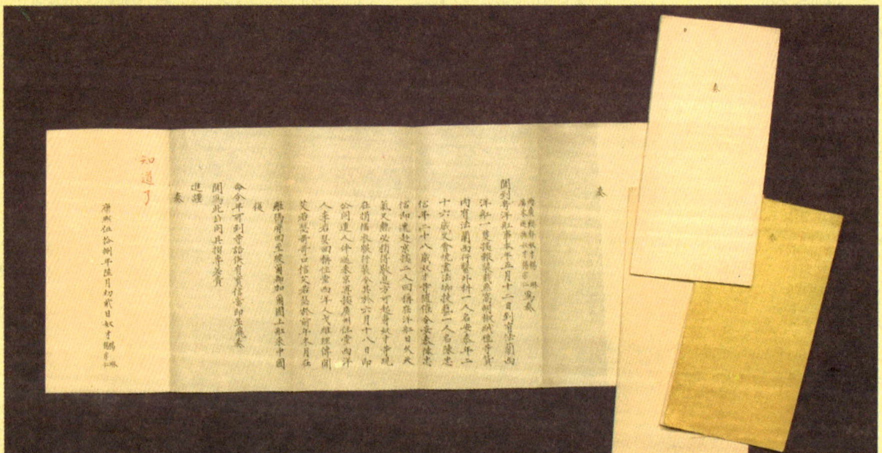

两广总督杨琳奏折：法兰西商船到广州，内有外科医生及珐琅匠师

康熙五十八年六月初二日（1719年7月18日），中国第一历史档案馆藏。

及白晋精心招募的10位法国学者，其中包括后来向康熙建议绘制中国全图的巴多明，有翻译《易经》的雷孝思，以及翻译《元曲》的马若瑟。船上还装有大量送给康熙帝的礼品，包括路易十四所赠华丽的铜版画。由于是法国官方的船只，清政府豁免了全部税银。这一年，法国商馆在广州出现，这是欧美各国在广州设立商馆的开始。

在法船首航之时，路易十四曾要求船员了解中国的海岸商埠，显然是要考察中法贸易的可行性。法国向广州派驻贸易代理人比英国要早70年。1700年，路易十四命他的宰相马扎兰创立中国公司，这一君一臣都是中国货的收藏家。

在与中国交往的过程中，法国与英国适成一种有趣的反差：法兰西民

18世纪广州的法国商馆

法国“太阳王”路易十四（1619-1690年）肖像

路易十四在凡尔赛宫前

油画，56厘米×56厘米，亚当·法兰·冯·德·牟伦1669年绘，法国凡尔赛宫藏。

珠江民生图

族富有浪漫色彩，注重精神层面，多吸纳华夏文化；不列颠民族讲求实际效用，重视物质利益，多索取中国物产。二者的差异，耐人咀嚼。尽管当时法国对华贸易规模不大，但它却在中西文化交流中扮演着全欧领头羊的角色，真正使中国学在欧洲蔚成大观的正是法国人。西方学者认为，法国东印度公司主要是政治性组织而非经济性团体。

为了吸纳更多的人才，在“安菲特里特号”商船回航法国时，康熙又派出在华的法国传教士洪若翰回国。洪若翰回国后，许多法国人都向他打听如何前往中国。首航中国以来，法国人对中国的一切都着了迷，颇有一种雾里看花的感觉。当“安菲特里特号”再次复航东来时，船上出现了杰出的数学家杜德美等八名巴黎学者。1700年，《安菲特里特号航行中国记》在巴黎发行，极大地满足了欧洲人的好奇。书中叙述了法国传教士到中国后的最初印象，并把广州与巴黎两相比较：

我们从法国出发，经过八个月的航行，11月终于踏上了中国的土地。我们进入珠江以后，就开始看到中国是什么样了。珠江两岸，一望无际的水稻田，绿油油地像美丽的大草坪。无数纵横交叉的大小河流，把水田分成一块块的，只看到远处大小船只穿梭来回，看不到船下的河水，似乎它们就在绿草坪上行驶似的。远处小山丘顶上，树木郁郁葱葱，山谷被人工修整得就像法国王宫里的花园。船上像普通住房一样，也有各种用途的房间。天一亮，住在这种流动营房里的小老百姓就散向四方去捕鱼，或下稻田去了。

广州不仅仅是一座城市，而且是一个各种民族杂居的世界。它的地势很好，有一条大河穿越而过，通过它的支流又可以通往其它各省。广州比巴黎大，有许多城门，街道由大块平坦坚硬的石块铺成，人们不坐马车而是坐轿子。夜幕降临时，每个人都必须回到自己居住的街区，这种制度使得许多大城市在夜里也可以平安无事，好像城里只住了一户人家似的。

我们住在官办的驿站里，中国人把这种专门接待来往朝廷命官的驿站称为商馆。从到天朝的那一天起，我们就必须在外表上变成中国人，我们穿上中国衣服，取了中国名字，因为中国人不会叫我们的欧洲名字。根据这个帝国的习俗，一个欧洲人必须从头到脚改变成一个中国人。

天朝的地方官在一个公馆里接见我们，当天晚上按中国方式设宴，上了四十多

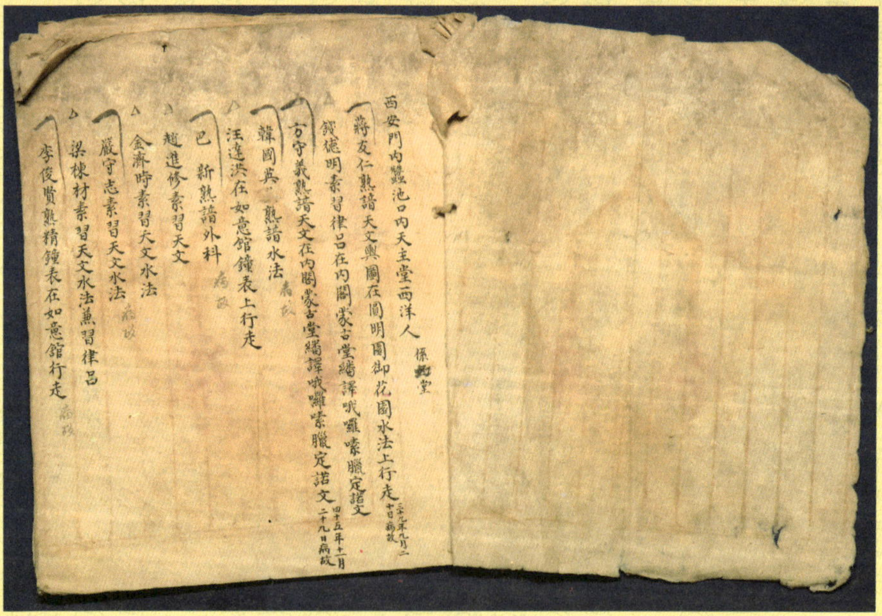
西安門內蠶池口內天主堂西洋人
蔣友仁熟諳天文輿圖在圓明園御花園水法上行走 三十九年九月二十日病故
錢德明素習律呂在內閣蒙古堂繙譯哦囉嘆臘定諾文
方守義熟諳天文在內閣蒙古堂繙譯哦囉嘆臘定諾文 四十五年十一月二十九日病故
韓國英熟諳水法 病故
汪達洪在如意館鐘表上行走
巴新熟諳外科 病故
趙進修素習天文
金濟時素習天文水法
嚴守志素習天文水法 病故
梁棟材素習天文水法兼習律呂
李俊賢熟精鐘表在如意館行走 病故

乾隆年间住北京各天主教堂西洋人的登记清册

清官造办处藏。

表现在华传教士的挂毯

羊毛真丝，320厘米×410厘米，法国博韦手工工厂18世纪早期制作，法国勒布朗·迪韦努瓦博物馆藏。

郎世宁绘制的乾隆帝《大阅图》

绢本，故宫博物院藏。

郎世宁为皇太后60寿辰进献贡品的宫中进单

乾隆十六年十一月十六日（1752年1月2日），中国第一历史档案馆藏。

种不同的菜。至于官员的府邸，有点令人感到神秘莫测。必须经过好多道门才能进到他们的客厅。他们的排场很大，总督出巡时，至少有一百人跟着他。这里是魔鬼最能背天主之道而行之的地方。

总督派了两个官员来运送我们给北京的礼品，每副担子上都插有一面黄色小旗，旗上的中国字警告老百姓避让。对于中国人来说，没有比皇帝的东西更神圣的了，即使是一件微不足道的东西。这是中国传统教育的结果，他们深深地尊敬属于皇帝的一切东西。伟大的康熙皇帝继续善待教会，他在送洪若翰神父回法国去之前，在他自己的皇宫里拨出一大块土地建造一座教堂，他提供了够造四座教堂的经费。

法国传教士以其训练有素、知识渊博并能入乡随俗而进入北京宫廷，供职于康熙皇帝御前，成为在华西洋人中举足轻重的人物。十三行接待的这两批先后到来的法国传教士，是康熙年间全国范围内大地舆图测绘工程的主要参与者。康熙花费十余年精力主持制作的一部《皇舆全览图》，制成后，作为宫廷秘件藏于内府，但其副本却被法国传教士带回巴黎，而得以在世界上广为流传。当时，这部舆图被称作是世界上最精确的制图。“安菲特里特号”实在是一条文化商船。

在那个交通和资讯都不发达的时代，从未谋面的两个文明古国君主，建立起相互渗透的文化关系。法国贵族极其痴迷中国的生活，他们发明了轿子式的马车，路易十四也曾在一次大典中化装成中国人。清朝皇帝别墅圆明园中的畅春园，全部是仿照路易十四时的法国宫殿风格而建。

清宫铜版画：《平定西域战图》画册之一

纸本，册页，每开纵55.4厘米，横90.8厘米，郎世宁、王致诚、艾启蒙、安泰1764年绘，中国第一历史档案馆藏。画面上方的题字是乾隆御笔。

平定伊犁受降
乘時命将定條
枝
天佑人歸捷報
馳無戰有征安
绝域壺漿簞食
迎王师
兩朝締搆敢云
繼百世寧綏有
所思好雨優霑
土宇拓敬心那
為慰心移
乙亥仲夏月作
御筆

从巴黎运回来的铜版画

1715年，十三行商馆出现了一位年轻的传教士。广东巡抚杨琳报告，一位27岁的意大利画师，经一年多的海上航行到达广州，康熙帝在奏折上批示:“西洋人着速催进京来”。这位青年修士在广州给自己起了一个汉语名字叫郎世宁，他在十三行商馆学会了中国的语言和礼仪之后，进入北京宫廷供职，后来成为名噪康、雍、乾三朝的宫廷洋画师。

郎世宁在清宫画院处供职一生，不仅为皇家绘制了赏心悦目的艺术精品，而且用绘画记录了清廷的重大历史事件。他和法国画师王致诚等四人绘制的《平定西域战图》，将纪实绘画推向了高潮。在今天的中国第一历史档案馆，依旧珍藏着这套画作。

1757年，清朝中央政府平定新疆准噶尔部叛乱获得辉煌胜利。为了给自己的文治武功留下生动的形象资料，乾隆帝决定用绘画形式记录这次平叛战况。1764年，由十六幅分图组成的绘稿画毕，为追求逼真效果，乾隆帝听取郎世宁的建议，决定送往法国制成精美的铜版画。北京和巴黎相隔万里，这在当时可以说是一种大胆的设想。那么，是谁在紫禁城与巴黎之间架起了这座艺术桥梁呢?

在法国巴黎国家图书馆保存着一份契约，那是广州十三行代表与法国东印度公司大班在1765年签订的“《平定西域战图》刊刻铜版合同”。其中写道：行商先付银5000两，如风水不顺，其费用由行商支付。因为是“钦定”之画，合同中特别强调，务须雕刻精致按期带到。落款是同文行潘振承等当时广州十三行的全体行商。据清宫档案记载，为了避免海上不测，潘振承等将16幅组画分散在不同的商船运抵巴黎。十三行的行商们精心操办了这一康乾盛世的中法文化合作项目。

《平定西域战图》底稿送达法国后，巴黎皇家艺术院亲自挑选极负盛名的雕刻家参加制版。巴黎至广州的海路上，洋船往返迟误莫测，使这项工程历时11年之久。据法国资料显示，广州行商为铜版画的制作，向法国东印度公司支付款项，总共达20万镑。令人遗憾的是，当组画全部制成送抵紫禁城时，参与起稿的郎世宁、王致诚二人已先后去世，未及见到成品。

《平定西域战图》这套组画，用西洋绘画形式描绘中国的历史场面，既有很高的艺术品位，又具独特的史料价值，被视为200多年前东西方艺术合作的经典巨作。铜版画这个外来画种，今天已几近绝迹。

康、雍、乾三朝，西洋人从广州口岸进京不绝于途，他们中间除了参加《皇舆全览图》测绘工程的巴多明和杜德美，还有供职乾隆御前的法国画家王致诚、官至钦天监监正的德国天文学家戴进贤、成为宫廷医

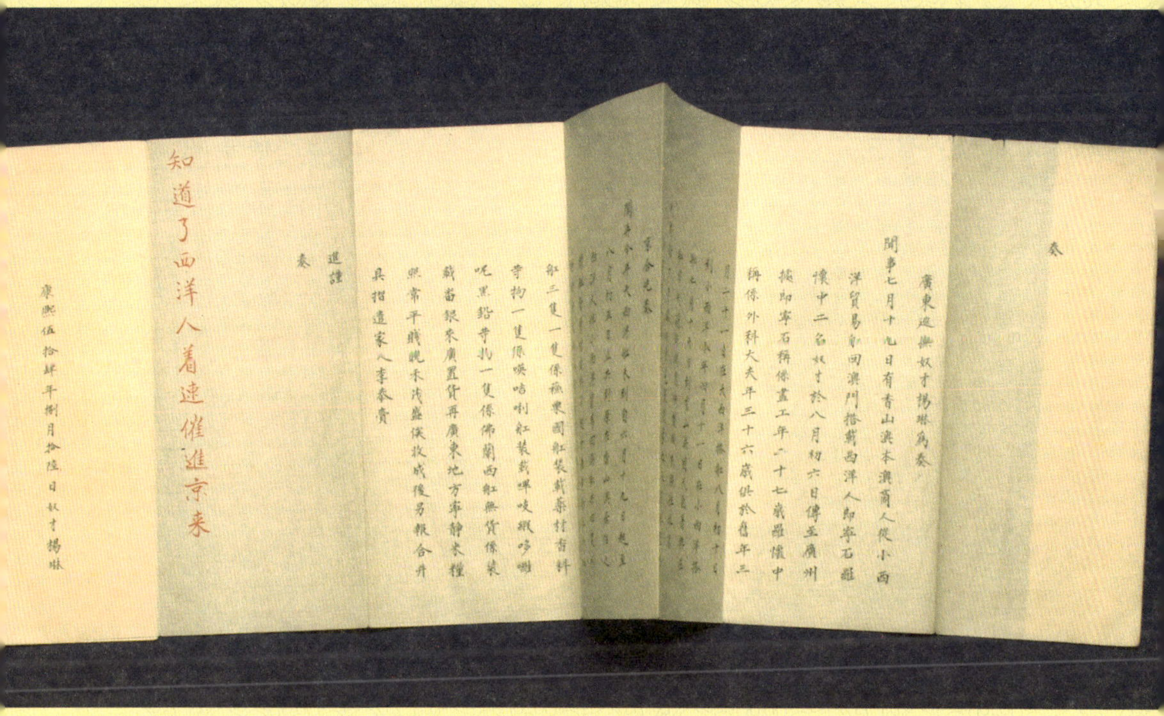

广东巡抚杨琳奏折：西洋画师郎世宁搭商船到达广州

康熙五十四年八月十六日（1715年9月13日），中国第一历史档案馆藏。

生的罗怀中、主持建造圆明园大水法殿的蒋友仁等等，中西交流进入空前繁荣的时代。

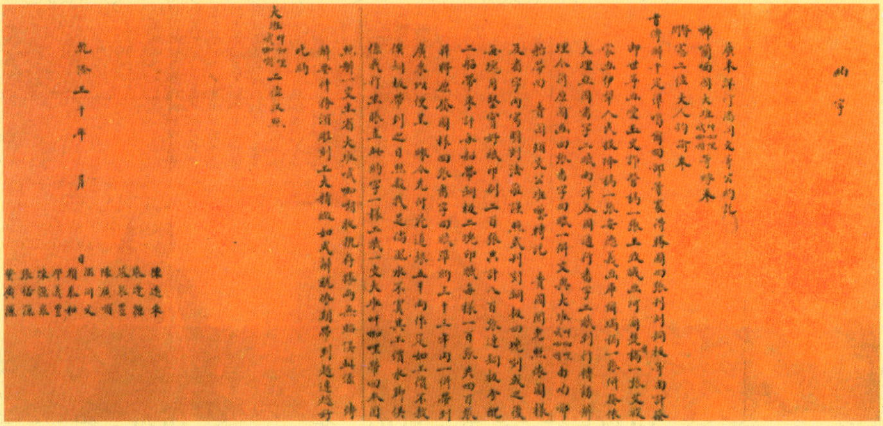

《平定西域战图》刻制铜版合同

广州十三行商人与法国东印度公司大班1765年签订，法国巴黎国立图书馆藏。

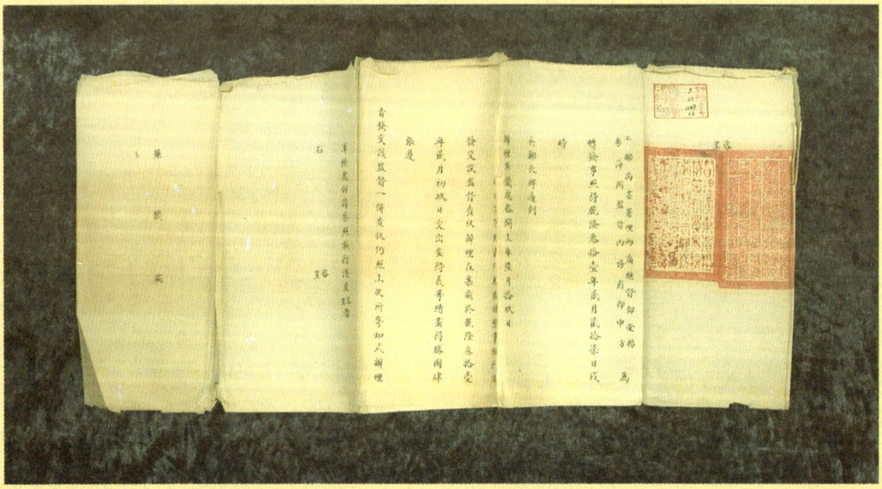

两广总督杨廷璋致军机处的咨呈：法国承做《平定西域战图》铜版画

乾隆三十一年（1766年），中国第一历史档案馆藏。

郎世宁绘制的《午瑞图》轴

绢本设色，纵140厘米，横84厘米，故宫博物院藏。

郎世宁在广州时绘制的《羊城夜市》组画之一

美国木帆船——“中国皇后号”

1784年2月22日这一天，正是美国首任总统乔治·华盛顿的生日，几个美国商人合资购置了一艘载重360吨的木质帆船，船上装满大量花旗参、皮货。船从纽约起航，去一个名叫Canton的遥远口岸。

当这只即将远航的帆船解开缆绳驶入河道时，还可以听到码头上人群的欢呼声。停在附近的船只，都将各自的旗帜升上船桅表示祝愿。这艘木帆船，穿行大西洋，绕过好望角，跨越印度洋，驶入南中国海，行程1.13万海里，历时188天，于8月28日缓缓驶进了它此行的目的地——广州黄埔港。帆船自豪地鸣炮13响，代表当时美国的13个州向其他船只致敬，停泊在黄埔的各国船只也鸣炮回礼。对于已经有多年外贸经验的行商来说，这艘挂着星条旗帜的商船来自于一个新的国家，从商船的英文标记上人们读出它叫“中国皇后号”。这艘当时看来并不起眼的木质帆船，在中国海域升起了以前从未见过的第一面美国国旗。

“中国皇后号”从美国国会那里获得了一张海上通行证。辽阔海域的势力范围全被英、葡两国所控制。“中国皇后号”为防范海盗和保证安全，都是原封不动地保留了海军装备，作为护航的全部武器。

帆船载着供给清朝官员缝制长袍的皮毛和宾夕法尼亚州的人参、胡椒、酒和松脂等，总价值有12万美元，全船一行43人，货物管理员是29岁的山茂召。“中国皇后号”在中美航路上划出第一道水线，建立起东西方最年轻与最古老的两个帝国之间的直接联系，开启了中美贸易的先河。

18世纪70年代以前，美国是英国的殖民地。这时英国东印度公司通过法令，要垄断进入美国的中国茶叶，美国民众组织了许多秘密社团，希望冲破垄断，直接从中国进口茶叶。1773年12月16日，化装成印第安人的“波士顿茶叶党”成员，秘密登上了东印度公司的茶叶货船，将成箱的茶叶倒入大海中，这就是著名的“波士顿倾茶事件”。这一事件成为北美殖民地人民反英起义的导火线。1783年9月，英美《巴黎和约》的签订，标志着北美13个州经过8年的浴血奋斗，摆脱英国殖民统治而独立。来自中国的茶叶，在北美居然引发了一场革命的狂潮，这个小小叶片，其威力似乎不可思议。

当美国的孩子们尚未懂事时，大人们就告诉他们，如果在地底下直挖一个穿过地球的洞，从另一个洞口出来就是中国。只要不离开地球，中国是所能到达的最远的地方。对于那时的中国而言，新生的美国还是一个开发有限的穷国。当时美国流行着这样一个传说：在美国西海岸，以6便士购得的一件海獭皮，在广州可以卖得100美金。来自关外的清朝贵族们，

美国第一艘远航中国的帆船“中国皇后号”，停泊在广州黄埔港

圣路易斯：美国密西西比河畔18世纪毛皮贸易口岸今照

签署《独立宣言》

1776年7月4日，北美十三个州的代表在费城通过《独立宣言》，宣告要摆脱英国的殖民统治。

油画：广州的美国商馆

广州成了美国沿海商人发迹的重要场所。啉呱约1830－1835年绘，美国麻省萨勒姆皮伯第·伊赛克斯博物馆藏。

从头到脚穿戴着价值昂贵的毛皮，简直就是裹在皮毛里过日子。到遥远的中国去寻找财富，成了当时美国商界的迫切要求。随着造船技术和航海知识的迅速进步，美国商人远涉重洋的梦想终于可以实现。美国独立的第二年，第一艘远航的“中国皇后号”便从纽约放洋。

油画：1855年广州商馆区的美、法、英国商馆及教堂

美国大西洋沿岸的古港

华盛顿总统的订单

1785年5月11日，“中国皇后号”回到纽约，船长山茂召的航行日记在波士顿发表轰动了全美，船上的货物被抢购一空。其中，有一只绘有中国飞龙图案的茶壶，被美国开国总统华盛顿选中。华盛顿如获至宝，予以珍藏。这把茶壶现已成为美国一家博物馆的珍藏品。在美国新泽西州的博物馆中，我们至今还可以看到专门从十三行订购的，绘有“中国皇后号”的瓷器。

首航中国的成功，犹如为刚刚取得独立的美国经济注入了强烈的兴奋剂。华盛顿就任总统之后，便宣布对华通商予以优惠和保护，美国国会给“中国皇后号”的全体船员授予了崇高的荣誉。纽约的报纸长篇报道“中国皇后号”的远航，街头上出现了推销中国红茶、绸缎和瓷器的大型广告。

当“中国皇后号”第二次开赴中国时，起锚前收到华盛顿开来的一份订单，要求为他的夫人采购中国的“白色大瓷盘、白色小瓷碗和好看的薄棉布”。一纸订单，透露出美国总统和第一夫人对中国瓷器、纺织品的情有独钟。据说，“中国皇后号”一个来回，可以获利3万美元，利润高达1500%，这实在是让美国官方和民间喜出望外。

巨额利润的诱惑，使美国掀起了远航中国的热潮，在通往广州的航线上，从几十吨到几百吨的木帆船，纷纷举帆远航，络绎于途。“每一个沿海村落的人，都在计划到广州去”。美国远航广州的第三只船“实验号”只有84吨，乃至到达广州时，被误认为是近海帆船，这充分体现出美国人“愿意为可能获得的利润冒最大风险”的精神。美国学者乔治·斯蒂华特在一本研究美国地名的著作中提到，在美国的23个州里，都有以广州(Canton)命名的城镇或乡村。美国的第一个“广州”出现在1789年，这是马萨诸塞州东部诺福克县的广州镇。俄亥俄州东北部的广州市，是美国最大的“广州”。

中美通商给美国带来了巨大的经济利益，美国南北战争时期，美商赴华贸易每年所得利润高达3000万元之多。对于纽约、费城和波士顿的商人与金融家来说,这东西间新的贸易无疑是个巨大刺激,广州成了美国沿海商人发迹的重要场所。在美国历史上的第一代富豪中,因对华贸易而显赫一时的大有人在,"金融巨子"摩里斯的发家之路就是从广州贸易开始的。1824年,美商在广州开设的旗昌洋行更是名噪一时。

"中国皇后号"首航后的40多年里,美国的对华贸易迅速超过许多老牌的欧洲国家。1786—1833年,美国来华的船只就达到了1004艘,是英国来华船数的一半,超过了欧洲其他国家来华船只总数的四倍。由大西洋沿岸的大商埠纽约、波士顿、费城等直航广州的对华贸易圈逐渐形成。1792年,中美通商不到10年,美国在中国的贸易额便跃居第二位,仅次于英国,而此时,英国在华通商已经历了100多年的时间。

1858年广州珠江南岸停泊的美国船

水粉画,庭呱绘。

美国大都会艺术博物馆内景

1789－1797年连任两届美国总统的华盛顿

纽约的唐人街

清代广州珠江

美国旧金山唐人街的绸布店

约 1875 年摄，美国加州大学分校图书馆藏。

美国旧金山唐人街

外销画：中国风物的手绘照片

西方画家和油画作品随商船进入广州，为广州的画人开辟了一个全新的视野，他们发现，在中国的卷轴丹青之外，还有油画、水彩画、水粉画。18世纪，广州街头出现了一批绘制西画的中国人，他们的画如同今天的明信片一样，被销售给来中国做生意的外国人，在当时被称为“中国贸易画”。在粤海关的货物税单上，把这类洋画叫做“油漆画”。在摄影技术尚未发明之前，善于模仿和再造的广州职业画师，以西画的材料和技法，真实地记录了当时的中国，尤其是珠江三角洲地区的社会风俗，广州城郭、十三行洋楼、巨商大贾、黄埔古港、虎门要塞、澳门海景等都是画家倾情的对象，是难得的历史图录。这些画被后人称为“外销画”。外销画以一

清代外销画：广州商馆区一角

油画，73厘米×100厘米，关作霖约1807年绘。

作为中国大陆少见的欧式建筑，面临珠江的十三行商馆，是当时广州的一处风景名胜，也是广州外销画家十分喜欢表现的对象。这幅作品描绘的是中国官员巡视十三行商馆的场面，为我们留下了19世纪初期商馆的原貌，具有珍贵的历史价值。从艺术的角度来讲，该作品堪称中国早期油画的精品。

种独特的魅力，很快便成为备受外商、海员青睐的观光纪念品，也成了广州输往世界各地的一种文化艺术商品。它随着广州口岸的繁盛而存在了100多年。这些独具风格的外销画，现在大量保存在欧美、日本及港澳众多艺术馆、博物馆，被外国人视为“中国风物的手绘照片”。

十三行街区出售外销画的店铺一家接着一家开了起来，当时这些画铺大多数都开设在十三行的同文街和靖远街，外国人称之为新中国街和旧中

清代外销画：黄埔帆影

油彩布本，41.5厘米×73厘米，煜呱约1850年绘。

煜呱活跃于1840－1870年，擅长画商埠风光。广州、黄埔、虎门、澳门被称为“海港四景”，是外销画的主要题材。该绘画表现了黄埔的港湾、水道及洋船，这道风景在当时是一幅海港奇观。

国街。到19世纪初，这一带已有近30家外销画店铺。画铺的主人本身就是画师，他们雇佣一些画工和店员。当时，从事这一行业的人数多达两三千人。

活跃于乾隆、嘉庆年间的油画家关作霖，是广东南海县人，少年时家境贫寒，希望能够学到一门手艺来谋生。广东《南海县志》中记载，关作霖乘海船遍游欧美各国，见油画可以传神，便学就回归，这使他成为我国最早赴欧美学习西画的留学生。作为中国西画历史的开拓者，他把国人出洋学习西画的记录从20世纪初向前推移了一二百年。

嘉庆、道光时期，广州西画家中首屈一指的，是那个被称为啉呱的

清代外销画：广州的新十三行商馆

油画，75厘米×185厘米，新呱约1855－1856年绘。

新呱活跃于1830－1870年间。该画描绘的是第一次鸦片战争后重建的新商馆。珠江岸边的洋楼从右至左分别是：怡和洋行（悬挂丹麦旗）、英国馆、法国馆、美国馆及俄国馆。商馆前为公园，矗立着一座建于1847年的基督教堂。在珠江美丽的河道上，可以看到那艘来往于香港与广州之间的著名客轮“河鸟号”。该画的幅长较为罕见，背后有新呱的签名，尤为珍贵。

人。他原有的中文名字或有争议，或已湮没，所留下的这个名字，实际是他作品上英文名称的译音。这个“呱”字，相当于行商名称里的“官”字，是外商对画者的习惯称呼，其他人还有庭呱、新呱、煜呱等。有关研究认为，啉呱的原名叫关乔昌，早年在澳门随英国画家钱纳利学习西画，学成之后，啉呱又将技艺传授给四弟庭呱，兄弟二人都在十三行开设画店经营外销画。他们擅长水彩、水粉画，活跃在广州十三行和香港的画苑，是当时中国外销画的主要代表人物。

啉呱画室

啉呱活跃于1830－1860年间，他的画室开在十三行靖远街，是一幢三层木质的中式楼房。大门上黑色的牌子上写着“啉呱·靓像画师”。在这里，艺术、作坊和商业浑然一体，就像我们俗称的前店后厂。房子的一层是商店，楼上是画室。店铺雇佣了二十个青年画工，随心所欲地作画。到画店参观过的人，都不得不赞赏他们作画的干净利索。他们对画纸的选择有难以置信的挑剔，某些图画在细节上的精细程度，画笔完成之轻巧，无不令人惊叹。一些只有米粒大小的小人，刻画之精细，简直可以数出衣服上的线条。这道微雕的效果，是一个灵敏的机械动作的奇迹。

啉呱最擅长的就是肖像画，他的主顾很多，除了行商、外商、名流，还有普通市民。在照相术没有流行的年代，他作品的销路是很可观的。啉呱与他的英籍洋画老师钱纳利有着密切的关系，同时又进行着激烈的竞争。钱纳利在广东生活了二十多年，是当时岭南地区影响最大的西方画家，他的才华远远高于啉呱，但啉呱创作带有本土风格的作品，售价仅是

啉呱画室

啉呱活跃于1830－1860年间，他的画室开在十三行靖远街，是一幢三层木质的中式楼房。

啉呱自画像

油彩布本，30.5 厘米 × 24.5 厘米，1854 年，美国萨莱姆博物馆藏。作品表现了一个广州外销画家怡然自得的神态。画框背面写有“咸丰四年啉呱 52 岁时自己照镜写的”。

啉呱的英籍洋画老师钱纳利

伦敦国家美术馆内景

老师的1/10。便宜的价格使越来越多的买家光顾画店。啉呱的作品曾在英国皇家美术学院展出十年之久，也曾赴纽约、费城和华盛顿参展。当代国画大师刘海粟先生曾指出：“中国西画真正的先驱，应当是这些无名的大家，啉呱就是其中之一”。

啉呱的弟弟庭呱，原名关联昌，也是十三行街上著名的外销画家，从他的店铺出品的画作，都标以“庭呱·同文街十六号”的字样。庭呱擅长水彩和水粉画，作品既有商港风光，又有乡村小景；既有巨商大贾的肖像，又有市井小民的写照。庭呱画室出品的《制茶》、《制丝》和《制瓷》三个系列组画，极具视觉观赏效果，充满异邦神秘的魅力，是十分珍贵的社会民生历史画卷，堪称中国“不可思议”名产的“手绘照片”。这套画作至今仍藏在英国皇家博物院。

十三行浓缩了海洋文明特有的那种开放、兼容、重商、创新的风范，

广州十三行靖远街入口处

粉本，海因1853年绘。

庭呱的画室

水彩画，庭呱 1840 年绘。

画室位于十三行同文街十六号，从画中可以看到，画室具有浓郁的中国味，宽敞的窗户下，几名画师在作画，墙上挂着许多已完成的作品。从他们握笔的方式来看，是传统中国画家的姿态。画面表现的是二楼画室，看不到楼下的铺面。

外销画随商贸的繁荣从这里兴起。在清代画坛正统中国绘画占优势之时，成群产销西画的自由艺人在广州口岸出现，他们把中外绘画技法兼收并蓄，一反那种以圣像或皇族为内容的宗教和宫廷气息，创作题材直面广阔的世俗社会，独创出带有海洋韵味的画风。广州画人富有市场化的价值理念，对于背负着因袭重任的古老中国的美术来讲，呈现出令人瞩目的超前意识，这在画师生活的年代是十分难能可贵的。

在外销画兴盛的一百多年里，广州十三行的作画人努力追赶世界绘画的潮流，先后接受了荷兰、意大利及英国画派的影响，他们以中西合璧、别具魅力的中国风物画打入西方市场，把舶来的画种经过加工，又反流回西方世界，这在中国西画的历史上是首开先河的。

广州十三行同文街一角

水彩画，[英] 威廉·普林塞普 1838 年绘，香港艺术馆藏。

清代外销画：从广州河南眺望十三行商馆

水粉画，22.5 厘米 × 30.7 厘米，庭呱约 1855 年绘。

珠江南岸，广州人称之为“河南”，当年这里是十三行的货仓区。画面中，几个挑夫在往驳船上搬运箱装茶叶，江心停泊着来往于粤、港、澳的木质轮船“火花号”，远景是珠江北岸十三行商馆区那一幢幢欧式建筑。

但在中国美术界，外销画派及其作者却一直被忽视。关作霖、啉呱、庭呱等少数几个人留下了他们的姓名，此外，还有一些水平很高的佚名画家。在时人的眼里，外销画的创作者们只是重实用的画商，即使是出类拔萃的画师也难以登上艺术的大雅之堂，他们在中国画界默默无闻。更可悲的是，随着十三行的消失和摄影技术的推广，兴盛了百年的外销画，在广州竟消失得无影无踪。国内的博物馆里，外销画收藏是个缺项，然而在欧洲的博物馆中，广州的外销画却被视为收藏珍品，仅英国皇家博物院所藏就有三四千件。长久以来，外销画是墙里开花墙外香，不为国人知晓。

林则徐的疝气与洋医生的妙招

西方人来华之后都会发现，他们在中国的各种事业，只有医学最受中国人的信任，行医施药是解除中国人戒心的最好办法。明末清初，西医通过传教士深入中国宫廷，受到皇家信赖。雍正年间以后，清廷禁止传教，西医转而随贸易活动进入广州。这期间，通过十三行商人的努力，引进了对民生影响很大的牛痘疫苗。

痘症，民间又称天花。这是一种烈性传染病，在古代一直被视为不治之症，令人谈虎色变。元、明两代都曾爆发过大的疫情，在北京甚至出现了无人收尸的局面。清王朝的第一个皇帝顺治帝，恰恰是患天花而死，年仅24岁。康熙两岁那年，因得了天花，被隔离在紫禁城外的福佑宫长达3年之久。这期间，他都未同父母见过面。正因这样，清朝的各代帝王，对于痘症的出现都格外恐慌，几代皇帝都在多方寻求不死的秘方，但都没有行之有效的预防和治疗方式，痘症时有爆发。可以说，清代上到帝王，下到民间，都深受痘症之苦。

而此时的西方，经过了中世纪的瘟疫大流行，接种牛痘已经是一种较为成熟的技术。1796年，英国医生琴纳把预防天花的人痘技术改进为牛痘。1805年，十三行商馆的英国医生皮尔逊从一艘葡萄牙商船上获得牛痘疫苗，开始在广州为儿童接种。一年间，种痘的孩子约有数千人。他写下一本《种痘奇书》，第一次把西方种牛痘防天花的医术介绍到中国。通晓医务的行商郑崇谦主持了该书的翻译出版。在洋行谋生的丘熹，毅然辞去洋行职务而去学习种痘法。以后，洋行会馆又专门设立了洋痘局。

种痘技术相继得到十三行巨富伍秉鉴、潘有度、卢观恒等人的资助，他们不勉强别人又积极推广的做法，使愿意接种牛痘的人越来越多。每月初八日，都有一群群孩子聚在十三行靖远街的行商公所种痘。1828年，行商潘仕成在北京南海会馆设立痘局，北京的医生纷纷前来学习，防治天花的医术由此传遍全国。由于商场上的变迁，潘有度、卢观恒都先后离开广

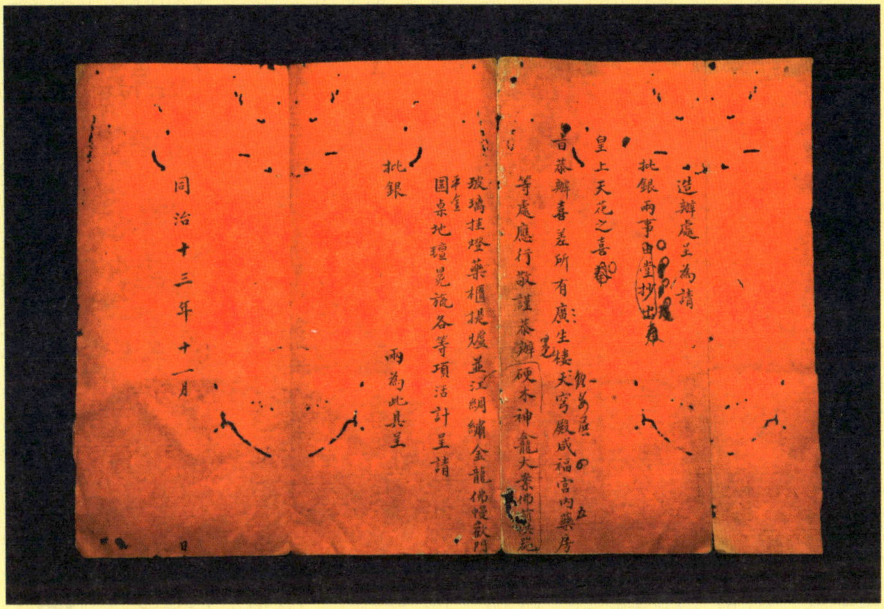

造辦處呈為請
批銀兩事由
皇上天花之喜
旨恭辦喜差所有廣生樓天穹殿咸福宮內藥房
等處應行敬謹恭辦硬木神龕大案
玻璃挂燈藥櫃提燈並江綢繡金龍佛幔
圓桌地氊晃琉各等項活計呈請
批銀　兩為此具呈
同治十三年十一月　日

清宫内务府造办处文稿：同治帝患天花症，请批药房办差所需银两

同治十三年（1874年）十一月，中国第一历史档案馆藏。

州商界，伍浩官家族便独立承担起十三行牛痘局的运转，一直维持到十三行的结束。到光绪年间，全国已经普遍设立牛痘局，痘症得到了彻底解决。种痘的技术又从中国传到日本，日本在50年间人口增长了一倍。

十三行开设的西医院，最早只是外国人用来为自己提供医疗服务的，后来也对中国人行医赠药。被治愈的人多写信表示感谢，以致西医的神奇传遍各处。1825年，十三行新豆栏街的伍怡和行号开设了一所眼科医局，这是美国传教士彼得·伯驾为行医传教所开的诊所。医局把西方医院的管理制度移植到了中国，对病人建立诊断档案并分科治疗。伯驾使用了当时西方最先进的麻醉术，治疗结果使许多人重见光明，一时医局声名鹊起，门庭若市。第二年，一家新的医局又在附近丰泰行7号建起。当时有人把就诊者的病状用绘画形式记录下来，成为一幅幅生动的病历资料，至今英

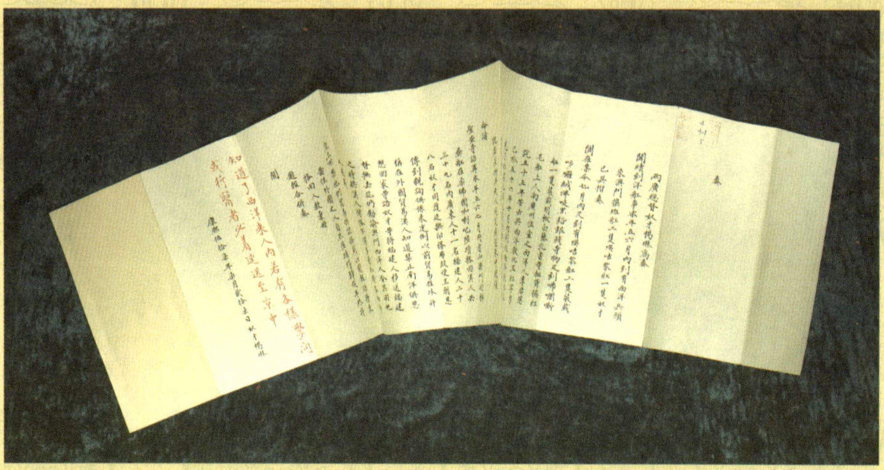

康熙帝在两广总督杨琳奏折上批示：西洋人内若有学问或行医者必着速送至京中

康熙五十七年七月二十七日（1718年8月23日），中国第一历史档案馆藏。

康熙五十七年，65岁的康熙帝处于晚年，从奏折的批示中我们可以看到，年高体弱的康熙对西医、西药充满期待。

紫禁城外护城河

清宫御药房药具

康熙幼年患天花时被隔离居住的福佑寺原址

该寺位于紫禁城西华门外，与皇宫仅一道护城河之隔。

美国医生伯驾和他的中国助手在给患者治疗

油画，啉呱约1839年绘，美国国家肖像馆藏。

美图书馆仍保存有100多幅这样的绘画。英国医生看到西医在中国获得惊人的吸引力，便致书国内，呼吁英美教会派遣医生到中国来。伯驾的眼科医局后来更名为博济医院，并发展成中国第一家综合性的西医院。现在位于广州市仁济路的中山大学附属第二医院，其前身就是当年伯驾所开的眼病赠医所。

在西医行医时，往往需要一些中国助手。1835年，伯驾在广州为自己的三名助手开办了一个医学班，这是中国西医学教育的雏形。以后，一批又一批中国年轻人开始学习西医，这些人大多受过良好教育，又学会了英文，他们在医院既是助手又是翻译，很快就能独当一面。他们的造诣和才华，常让洋医生大加赞叹。后来，他们中不少人离开了医局，去各处独立行医。孙中山先生也曾就读广州博济医院。在那个封闭的国粹年代，西医在中国民间传播，影响了相当一部分国人的心态，使他们对西方科学有了直观的认识。那些最早掌握西方医学知识的中国医生从十三行街产生，他们被称为是“中国西医的先导人”。

西医的神效也吸引了广东的地方官，伯驾的医院刚成立，就有十位清朝官员造访。1838年，行商首领伍秉鉴曾请伯驾为南海县知县看病，粤海关监督也选吉日约请洋医。1839年，患有疝气病的林则徐被派到广东禁烟，经伍秉鉴的介绍，很想试试西医的疗效，但钦差大臣的身份使他不

穿清朝服装的西方传教士

便与外国人接触。伯驾十分重视这个机会，曾几次试图请林则徐到医局看病，都未能成功，于是，伍秉鉴便成为他们中间的媒介。林则徐与伯驾的第一次间接交往不是为看病，而是请伯驾翻译《各国律例》，这个近代的国际法规，就是这样第一次被介绍到中国。之后，林则徐又想了解如何治疗鸦片烟瘾，伯驾十分认真地用中文开列了鸦片戒毒药方。伯驾替林则徐治病的详情，曾刊登在当时的广州教会月刊《中国丛报》上，其中写道：

林则徐通过南海知县和浩官向我索取治疗疝病的药品，我详细说明了这种病的性质，画了一幅病变部位的解剖图，还说明了欧洲人治疗这种病的方法，然后告诉他，为了减轻症状，必须带上一种拖带。在这之后，他立即赴虎门行事，一直拖到秋天才再来求医。疝气带送去给钦差大人之后，健康状况良好，只是当他咳嗽时带子易滑落，从这可以判断，他似乎还有气喘。我给他送去了一些药，为了道谢，他送来了水果等礼物。

“骑楼”与“鬼话”

广州是一块接纳异质文化的沃土。就地理而言，粤北有五岭为天然屏障，远离封建朝廷和传统文化。而面向大海，外通大洋的特殊地域，也使广州在面对异域文化时，体现了开放性、兼容的特性。在历史上，广东是“南蛮”之地、流放之区。因中原的战乱，先后有过三次北方人向南粤移民的高潮。这种独特的历史进程，使南粤的社会人口组成经常处于一种动态的结构之中。这种动态的结构积聚下来，造就了粤人冒险、开拓、创新的性格传统。

广州城商业街那中西合璧的“骑楼”，便是东西方文明交汇的典型杰作。这种骑楼，是由廊柱结构的十三行商馆发展起来的。骑楼既引进西方和地中海国家廊柱式建筑的格局，又适应南方潮湿多雨、商楼密集的特点，被称为洋式店铺。楼上住人，楼下开店，那段跨出街面的部分，既扩大了楼上居室的面积，又为楼下出入店铺的行人遮阳挡雨，给人们的生活带来莫大的方便。那些古典柱桩、拱形门窗、卷铁栏杆和套色玻璃，无不

老照片：广州城商业街中西合璧的骑楼建筑

广州市内旧时的西式建筑

两广总督卢坤奏折：密访黄埔等地代洋人刊印书籍店铺

道光帝的批示是："务要访获代刊之人，不准松懈"。道光十五年七月二十八日（1835年9月20日），中国第一历史档案馆藏。

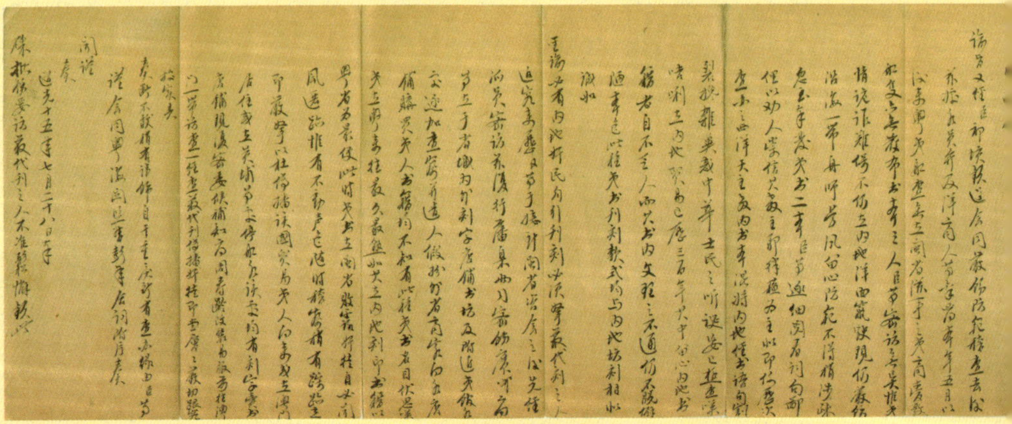

体现出异国的风情。华洋兼备的建筑风格，是西风东来所打下的城市烙印。

洋人的文化生活情趣为广州人所模拟，给这里带来了别样的消闲方式。家庭吃西洋餐，成了广州城的居家时尚。当年在广州城的越华书院曾盖有洋馆式的酒楼，这是在书院就读的商人子弟经常光顾的地方。康熙至道光年间，广州地区创办的30所书院，大胆地开设数学、天文、历法等西方自然科学学科，打破了传统的教育体制，足见西风的潜移默化。

广州屋宇建筑单薄，街道狭窄，人烟稠密，还有无数敞开炉口的火灶，遇到东北季候风盛行期间，时常发生火灾，一有火警，只能用水桶盛水泼向火场。历史上的十三行曾屡遭大火，1773年的大火，焚毁商馆、行号房屋430座；1822年，一家饼店失火波及十三行，大火连续烧了两日，商馆行号变成焦土。1836年，当大火再度光顾时，与火场近在咫尺的怡和行竟得以幸免，在当时被视为奇迹。这是因为商行主人伍浩官吸取以前火灾的教训，引进了五部当时英国最先进的灭火机。

随着商贸活动的广泛开展，语言不通成了一个显而易见的障碍。在长达一个半世纪的十三行历史中，中国商人到底是怎样和外商进行交流的，那些动辄数万的大宗生意又是怎样完成的呢？

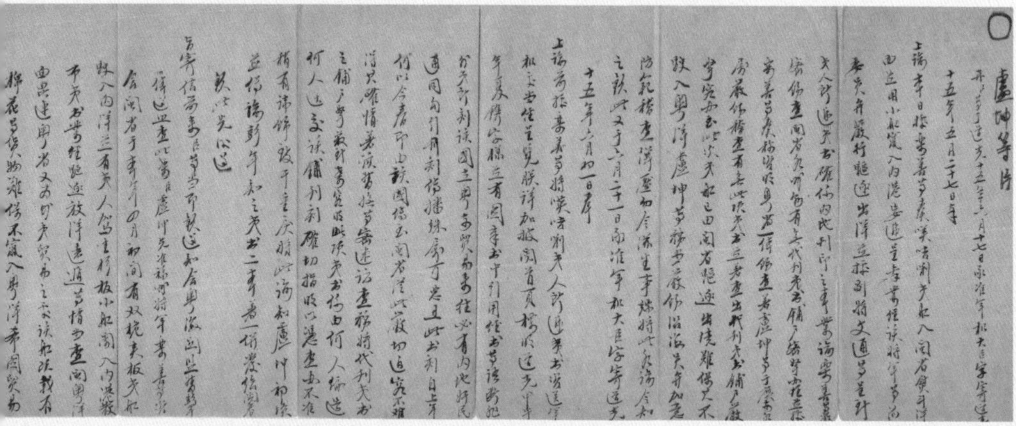

西洋绘画：官商家里的宴会

怡和行商人伍秉鉴在撕掉外商的7.2万元借据时曾说过一段英文，这段话成了广为流传的名言。当时伍秉鉴是这样说的：

You are I No.1 old friend，you be long honest man，only go no chance.

你是我最好的老朋友，人挺实诚，只是运气不好。

语毕，伍浩官撕掉了票据，继续说：

Just now have set tea counter，all finished，you go.

现在债务一笔勾销，你可以回国去了。

伍秉鉴所说的这几句话虽然是英文的读音，但语法却完全是中国化的，这种独特的混合语言，是在当时流行的“广东英语”。

15、16世纪的海洋是西班牙、葡萄牙人的时代，他们的语言文字是沿海贸易的通用语。当17世纪荷兰人称雄海上时，会说荷兰语的华人，在交易场上备受青睐。第一批来华的英国人，除了通过懂中葡语言的通事，几乎无法与中国人打交道，而法国人则往往到处可以找到传教士为他们做翻译。

18世纪，东方贸易的霸主地位，随着实力的更替易手给英国人，英国成了广州口岸最主要的贸易国。在长期的交易需求中，广州商人独创了那种古怪的“广东英语”，渐渐地，它变成中西贸易的通用语在广州流行起来。那么，“广东英语”是怎样产生的呢？

外国人到广州的时间短暂，他们不愿意或不能致力于学习像中文这样一种难学的语言，甚至要学讲一些极普通的话也不容易做到。即使学会了，到其它地方也毫无用处。清政府严厉禁止传授中文，甚至在1759年洪任辉事件中，以“教授夷人读书，代作控词”的罪名，处死为洋人讲授中文并写状词的中国人刘亚匾。洋人要想学习中文，就不得不在晚上，并将房间里的灯光遮蔽，以保护中国教师的安全。

在这种形势下，伶俐的南中国商人便巧妙地创造出奇特的外贸英语。他们运用听惯了的外国单词，依照自己的语法习惯来表达他们的意思。这种语言不讲究文法、句法，混杂着汉语、葡萄牙语、英语、印度语的词汇，

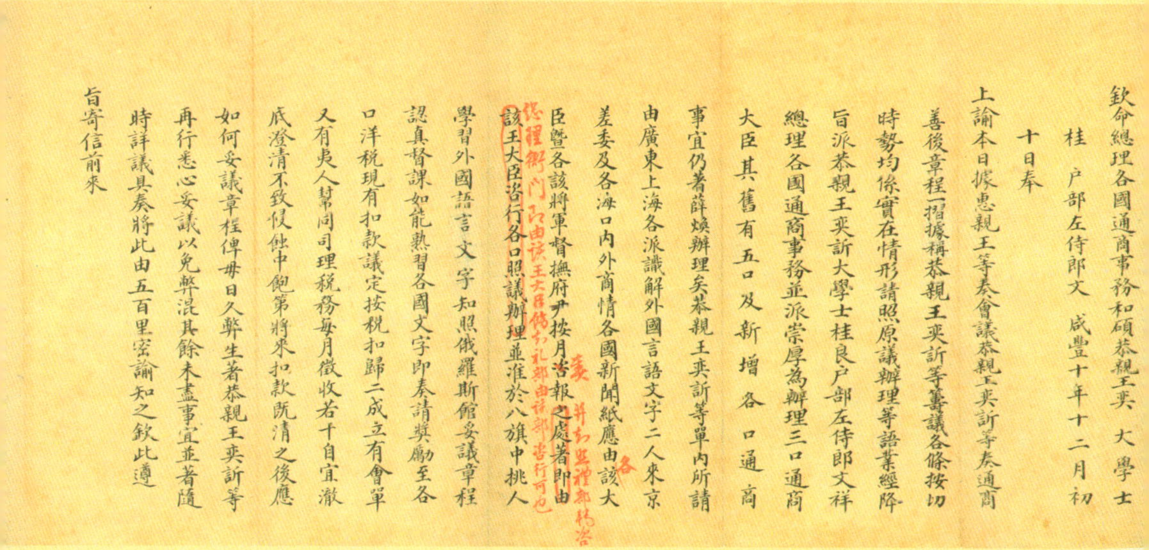
欽命總理各國通商事務和碩恭親王奕 大學士
桂 户部左侍郎文 咸豐十年十二月初
十日奉
上諭本日據惠親王等奏會議恭親王奕訢等奏通商
善後章程一摺據稱恭親王奕訢等籌議各條按切
時勢均係實在情形請照原議辦理等語業經降
旨派恭親王奕訢大學士桂良户部左侍郎文祥
總理各國通商事務並派崇厚為辦理三口通商
大臣其舊有五口及新增各口通商
事宜仍著薛煥辦理矣恭親王奕訢等單內所請
由廣東上海各派識解外國言語文字二人來京
差委及各海口內外商情各國新聞紙應由該大
臣暨各該將軍督撫府尹按月咨報之處著即由
該王大臣咨行各口照議辦理並准於八旗中挑人
學習外國語言文字知照俄羅斯館妥議章程
認真督課如能熟習各國文字即奏請奬勵至各
口洋稅現有扣款議定按稅扣歸二成立有會單
又有夷人幫同司理稅務每月徵收若干自宜澈
底澄清不致侵蝕中飽第將來扣款既清之後應
如何妥議章程俾毋日久弊生著恭親王奕訢等
再行悉心妥議以免弊混其餘未盡事宜並著隨
時詳議具奏將此由五百里密諭知之欽此遵
旨寄信前來

咸丰帝批改过的密谕：令广东、上海选拔通晓外语的人员到总理衙门当差

咸丰十年十二月初十日（1861年1月20日），中国第一历史档案馆藏。

1822年大火熄灭后重建的英国商馆

油画，新呱绘。画面中，昔日广场上的围栏已荡然无存。

广州十三行大火

善官绘，美国麻省萨勒姆皮伯第·伊赛克斯博物馆藏。

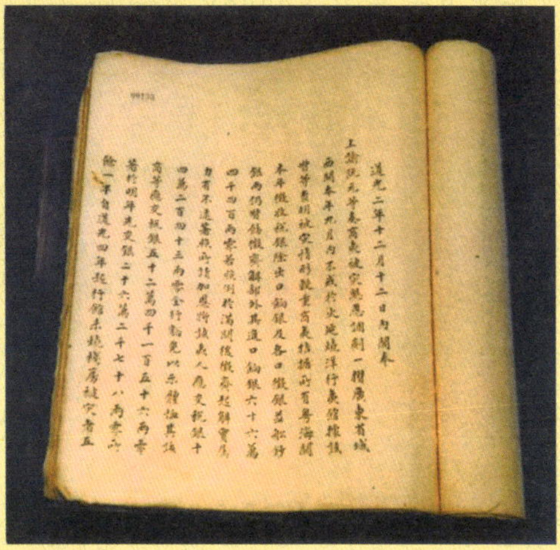
道光二年十二月十二日内閣奉

道光皇帝上谕：广东洋行被烧，外商应缴粤海关税银可以减免

道光二年十二月十二日(1823年1月23日)，中国第一历史档案馆藏。

使用的是语言中最简单的成分，但它却以其特有的活力，合理地流行于广州口岸达100多年，成就了一笔笔巨额生意。不过，有时也发生很大的笑话，比如一位中国米商向英商卖米（rice）而说成卖虱子（licc）。

当时广州人将所有的外国人都叫做“番鬼”，但具体到各个国家，还有更滑稽的称呼：英国人为“红毛鬼”；丹麦为“黄旗国”；法国为“佛郎机”；巴斯人有剃光头的习惯，称作“白头鬼”；葡萄牙人因为最先从大西洋来，所以叫“西洋鬼”；西班牙因长期占领马尼拉，故称“大吕宋”；美国人则为“花旗鬼”。

在十三行商馆附近的书店，畅销过一本名叫《鬼话》的小册子，相当于今天的英汉词典。其中每个英文单词的注释后，都用汉字标出该单词的读音，如“今天”(today)用“土地”表示；“男人”(man)用“曼”表示。在广州的外商惊叹道，这个最早把外国话独具匠心地创化成一种当地语言的人，应该被奉为文字之神而名垂千古。

五口通商之后，“广东英语’被移植到了上海，形成了著名的“洋泾浜英语”。以后，“广东英语”在广州口岸悄然消失，而在香港，直到19世纪70年代“广东英语”才最后退出商业舞台。

到澳门过冬的大班

季节性的互市，使各色人种纷至沓来。在登陆广州的外国人当中，最有影响的人物就是各国商馆的负责人，他们被称为“大班”。

早期的中外通商，没有银行汇兑，也没有通讯机构，购货资金全部装载在船上，大班要负责商船的所有事务。返航商船能赚得多少利润，往往取决于大班的商业智慧。大班要有银行家周密的头脑，熟悉各种外币的兑换率。要有鉴别货物的经验，必须分辨提供给他们的生丝每担值多少两、丝织品的经纬线是否强度相同、不同品质的茶叶每磅应还价多少。他们直接负责买进卖出，判断能否把订货资金交给前来承保的中国商人。为了获得较好的通商条件，他们更要领悟中国的人情世故，具备与地方官吏和商人沟通的外交手腕，既要抗拒勒索，又要忍辱负重。每当黄埔港船员违法乱纪，大班还要通过行商去买通当地官府，为的是简化程序，不误公司贸易和船队乘季候风离港。

要应付航海、金融、商业、外交种种复杂的问题，大班自然是具备良好素质而又机智明断的人。英国大班领取的薪水，在17世纪初是每年80到100镑。令人奇怪的是，这样微薄的收入，如何能使具有多种才干和突出造诣的人忠心热诚地为公司服务呢?

和当时的中国一样，欧洲国家官吏的薪水，只是他们职业收入的一小部分。为了刺激职员的热情，英国公司尽可能给予他们各种优待：只要商船安全抵达英伦，公司保证将利润的80%分配给大班，这被称为“津贴”；准许携带一定数量的银币，用以购买黄金运回，称作“准运”；特许搭载私货，叫“优待吨位”。一只镶满宝石和涂上珐琅质的表，或一个精巧坚硬的器械，会吸引广州的买主；一把高雅的绘扇，一个精美的象牙雕刻，一条华丽的刺绣袍褂，在伦敦交易便会获利200%。公司认为，当船员有私货在船上时，将会更在意航行的安全和抵港的准时。据《东印度公司对华贸易编年史》记载，大班的隐性收入是公司投资总额的1/3。到18世纪

带有西方世界人文特色的澳门海湾

油画，约 1841 年，美国马丁·格里高利美术馆藏。

澳门南湾海滨风景绘画

清代绘画：英国东印度公司在澳门的建筑

两广总督百龄奏折：英、法、荷、瑞等国大班，在澳门居住平安

嘉庆十四年四月初八日（1809年5月21日），中国第一历史档案馆藏。

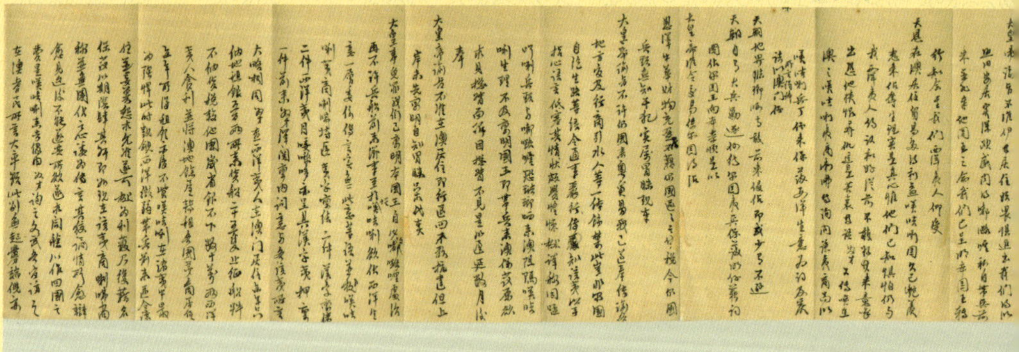

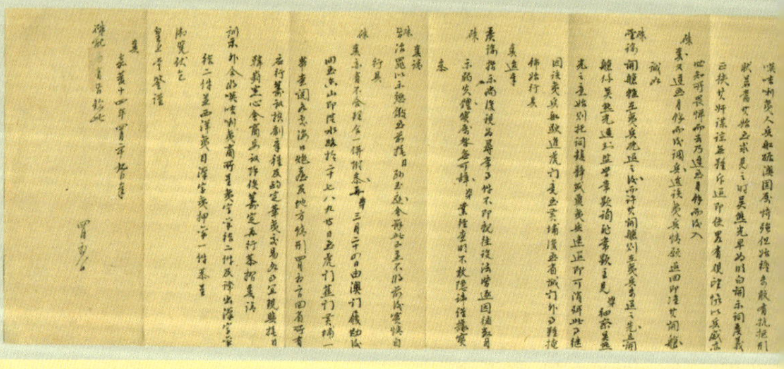

英国东印度公司澳门旧址今照

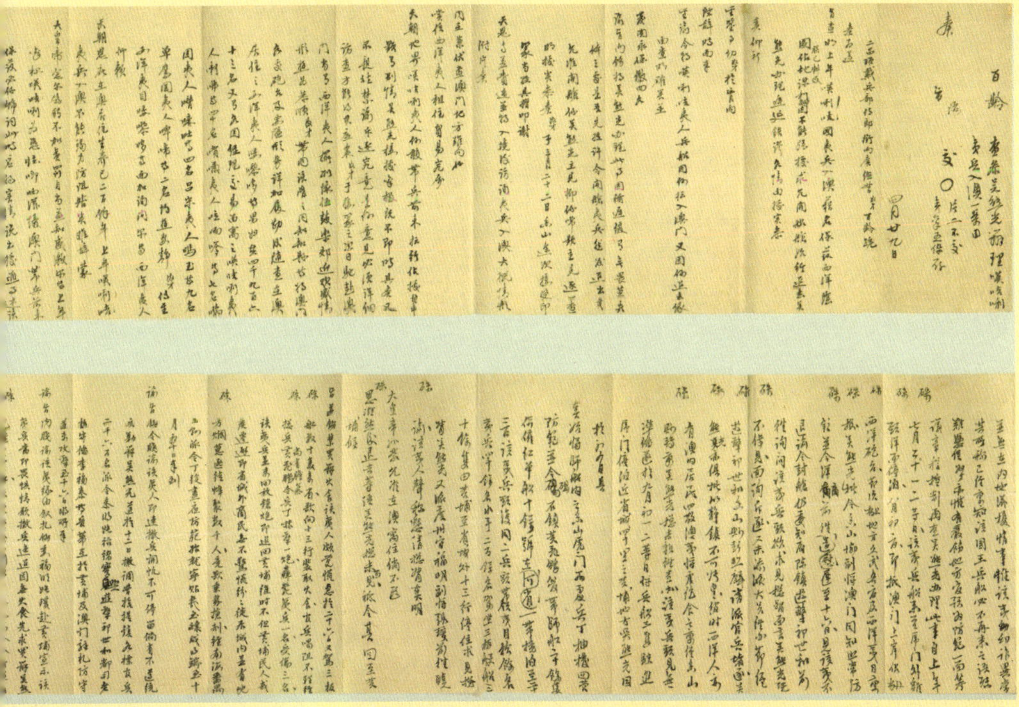

驻广州瑞行的瑞典东印度公司大班龙思泰（Andrew Ljungstedt）

中期，大班的实际年收入达到4000镑。

每次往返中国，大班为公司服务的时间约有3年。期间除海上航行外，在广州从事最紧张的工作有6个月，另有16个月在休息，实际工作时间约为20个月。

从1715年开始，公司大班结束了从前只负责自己那一条船的做法，每艘商船不再独立行动，船队结为一个团体。到达广州时，各船大班共同组成一个管理委员会，所有决策由委员会全体成员共同签署，但船货账目仍是各自分开。

随着商务的畅旺，1770年以后，作为本国商业与外交的代表，大班不再随同船只往返，他们组成了一个固定的管理委员会。每个贸易季度结束后，大班继续留下，为下一个季度的船只订货。这样，大班就成了十三行商馆中长期居住的侨民。然而，从乾隆年间开始，广东官府就把禁止外商在广州过冬作为一条加强防务的措施。那么，在每个岁末年初，洋船起航远去，贸易淡季来临的时候，公司驻华大班的生活又是如何延续的呢？

位于珠江口外，距广州城水路300里的澳门半岛，是个依山环海、风景如画的地方。所有驶往广州的洋船，都要先在这里雇请引水员，取得粤海关的行船执照，才可以进入黄埔湾泊靠。大班在每年的冬天，都要从十三行商馆来到这里，居住休闲半年的时间，等候下一个贸易季节的来临。所以，澳门是广州港的延伸，是西方商人往返广州的驿站。在澳门的南湾海滨，建有东印度公司英国、荷兰、丹麦、瑞典等国的商馆。岛上的教堂、修道院、参议会及欧式别墅，无不带有西方世界的人文特色。1798年到广州瑞行的瑞典东印度公司大班龙思泰，在广州和澳门生活多年，后来被国际史学界公认为研究澳门历史的权威。

广州的十三行商馆前有一条澳门航道，这是珠江上的一条宽阔的支流。据《广州番鬼录》记载：

> 每年外商离开广州商馆，都被当做是一件大事。20只艇艇在锣鼓和鞭炮声中开启，从商馆驶向澳门，船队浩浩荡荡，总人数不下300人。没有什么比在商馆忙完之后，领略那种海上吹来的清新微风更爽快的了。

东印度公司大班在澳门住宅的旧址

“番妇”惹的祸

清政府对外商在广州生活颁布过诸多禁令，但在实际执行当中，有相当一部分成为具文，惟有一条却始终得到执行，这就是“番妇”不得进入广州城。所谓“番妇”，就是指西方的妇女，一般多为大班或商人所携带的女眷。对于每年有一半时间居住广州商馆的洋人来说，不许妻子随同丈夫相伴而居，这是极难接受的戒律。

“番妇”进城，这个似乎不足为怪的事，在一百多年前的清朝，却是一个很大的问题，是一个每每让中英两国走到战争边沿的问题。

广州开埠之初，洋妇就和枪炮一样被拒之城外。当时，远涉重洋而来的西洋妇女并不多，她们可以暂时生活在船上。1746年开始，两广总督准许“番妇”居住澳门，广州城和十三行商馆仍然禁止她们入内。此时正处于四口开放时期，也就是说，清廷在实行“一口通商”之前，就已经厉行对外国妇女的查禁制度。

把洋妇与枪炮等同看待，在今天看来很荒诞。那么，清政府为什么要长期奉行防范外国妇女的政策呢？

首先是一种戒备心理。西方妇女的着装服饰、生活习惯多与中国的传统观念和风俗习惯大异其趣。她们那没有裹缠的天足，那胸部暴露过多的服装，那随意同男人握手的动作，既有伤地方风化，又有损天朝礼教。饱受儒家思想浸染的中国官僚认为，洋妇进入口岸，势必伤风败俗。清政府要用隔离的措施，控制“奸邪”的渗透。

其次是出于限制外商的需要。禁止洋妇入城，以防洋人在广州口岸安家落户，生养子嗣。没有温暖稳定的家庭生活，有意地造成两地分居，必然让“番鬼”对定居广州产生反感，也就不用担心他们长期滞留下去了。清朝的决策者要用这种制裁措施，让想在广州发财的洋人付出代价。

还有就是出于礼节的考虑。西方妇女的奇装异服，常引来好奇市民的围观乃至滋事。当时就有人愿意出钱去观看潜入商馆的白种妇女，以满足

英国东印度公司大班和家人在澳门

18世纪的西洋妇女

被清朝官府认为有伤地方风化的“番妇”，与枪炮一样被拒之广州城外。

好奇心。从这个角度讲，禁令也有保护外国妇女，防止中外事端之意。

1830年10月，有几位英国和美国妇女从澳门来到商馆。他们当中，英国商馆主任盼师的妻子是最美丽的一个，她的穿戴全是真正的伦敦时装。晚上，他们同一群先生走在当时最繁华时髦的十三行靖远街上，并公开违反规定，乘坐轿子进入商馆。白种人无论走到哪里，都有一大群好奇的中国人跟到哪里。惊异的人们在窗畔门户中观看西洋景，各家店铺纷纷打起灯笼。

官员们被洋人这突如其来的公开越轨行为弄得不知所措，命令十三行商人伍浩官严加驱逐，并四处张贴告示，重申禁令。诚惶诚恐的广州将军、两广总督、粤海关监督和广东巡抚联名上奏，认为此事“有违天朝体制”。

禁令对居住广州的男性洋人形成了强烈的约束，他们对此深恶痛绝，屡屡想有所突破，矛盾逐渐凸现。随着商贸交往的不断扩大，广东官府对洋人毫不含糊的高压，和外商对清朝旧体制的挑战，使中英对峙不断升级。面对咄咄逼人的西方贸易者，满怀戒心的清政府作出防范的禁限，不能说是非正当的和没有理由的，但这条“番妇”禁令毕竟有些不通人情了。两相冲突，进而在中外关系史上酿发争端。

英国公司在一份致两广总督的抗议书中，引用了“四海之内皆兄弟”的中国古典名言，并表明大班都是英国绅士，有的还是不列颠国家议会成员。公司人员每年需要六个月以上的时间留在十三行商馆，不准携妇乘轿出入，使他们感到被贬为卑贱种族的侮辱。为了夫人，英国大班盼师从停泊在黄埔的英船上召集武装水手百余人，携带枪炮登陆广州商馆。“番妇”纠纷使中英剑拔弩张，大有一触即发之势。盼师夫人在商馆共住了57天，随着盼师的离任，“番妇”与枪炮的僵局暂时平息。

广东大吏联名上奏：英国大班带西洋妇女进驻广州城违反天朝体制

道光十年九月十二日（1830年10月28日），中国第一历史档案馆藏。

在地方官员的奏折中，像这样四位封疆大吏联名上奏的折子并不多见，这份奏折由四位广东大吏共同上呈，足见西洋妇女进城对大清国的震动是多么的大。

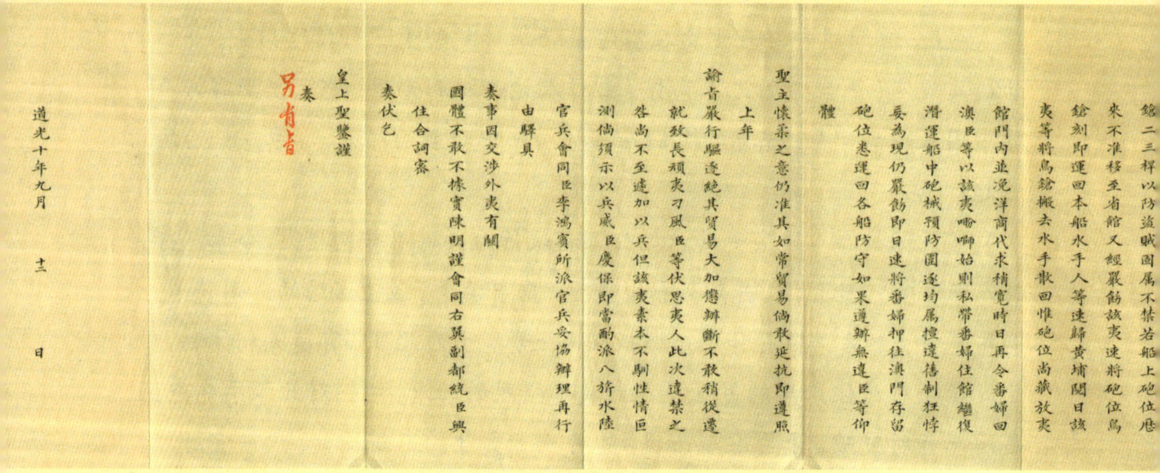
銘二三桿以防盜賊固屬不禁若船上砲位歷
來不准移至省館又經嚴飭該夷速將砲位鳥
鎗刻即運回本船水手人等速歸黃埔閱日該
夷等將鳥鎗搬去水手散回惟砲位尚藏放夷
館門內並浼洋商代求稍寬時日再令番婦回
澳臣等以該夷嘛唰始則私帶番婦住館繼復
潛運船中砲械預防圍逐均屬擅違舊制狂悖
妄為現仍嚴飭即日速將番婦押往澳門存留
砲位悉運回各船防守如果遵辦無違臣等仰
體
聖主懷柔之意仍准其如常貿易倘敢延抗即遵照
上年
諭旨嚴行驅逐絕其貿易大加懲辦斷不敢稍從遷
就致長頑夷刁風臣等伏思夷人此次違禁之
咎尚不至遽加以兵但該夷素本不馴性情叵
測倘須示以兵威臣慶保即當酌派八旂水陸
官兵會同臣李鴻賓所派官兵妥協辦理再行
由驛具
奏事因交涉外夷有關
國體不敢不據實陳明謹會同右翼副都統臣興
住合詞密
奏伏乞
皇上聖鑒謹
奏
另有旨
道光十年九月　十二　日

油画：商馆里的西洋妇女

广州城的限令使澳门对所有来华洋人开放，各国妇女异常之多，成了城市繁华的一道风景。约1840年，美国麻省萨勒姆皮伯第·伊赛克斯博物馆藏。

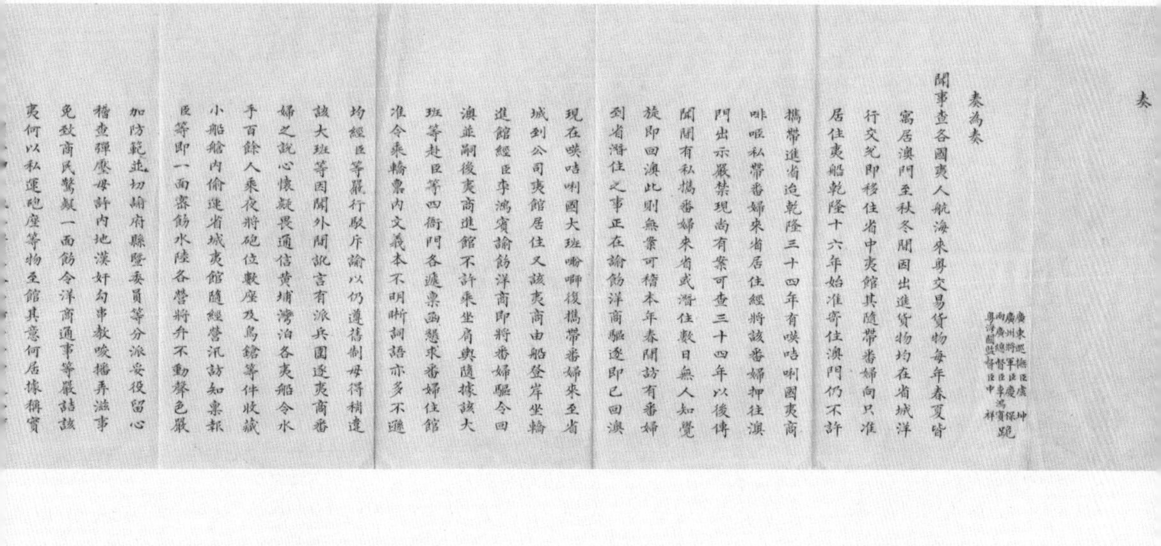

奏

奏為奏
聞事查各國夷人航海來粵交易貨物每年春夏皆
寓居澳門至秋冬開因出進貨物均在省城洋
行交兑即移住省中夷館其隨帶番婦向只准
居住夷船乾隆十六年始准寄住澳門仍不許
攜帶進省迨乾隆三十四年有暎咭唎國夷商
啡咂私帶番婦來省居住經將該番婦押往澳
門出示嚴禁現尚有案可查三十四年以後傳
聞間有私攜番婦來省或潛住數日無人知覺
旋即回澳此則無案可稽本年春間訪有番婦
到省潛住之事正在諭飭洋商驅逐即已回澳
現在暎咭唎國大班嘞啡復攜帶番婦來至省
城到公司夷館居住又該夷商由船登岸坐輪
進館經臣李鴻賓諭飭洋商即將番婦驅令回
澳並嗣後夷商進館不許乘坐肩輿隨據該大
班等赴臣等四衙門各遞稟函懇求番婦住館
准令乘輪稟內文義本不明晰詞語亦多不遜
均經臣等嚴行駁斥諭以仍遵舊制毋得稍違
該大班等因聞外間訛言有派兵圍逐夷商番
婦之說心懷疑畏通信黃埔灣泊各夷船令水
手百餘人乘夜將砲位數座及鳥鎗等件收藏
小船艙內偷運省城夷館隨經營汛訪知稟報
臣等即一面密飭水陸各營將弁不動聲色嚴
加防範並札飭府縣暨委員等分派妥役留心
稽查彈壓毋許內地漢奸勾串教唆播弄滋事
免致商民驚擾一面飭令洋商通事等嚴詰該
夷何以私運砲座等物至館其意何居據稱實

廣東巡撫臣盧坤
廣州將軍臣慶保
兩廣總督臣李鴻賓
粵海關監督臣中祥 跪

“番妇”事件成了英国自由商人煽动反华情绪的口实之一，战争的因子由此在急剧膨胀。鸦片战争之后，英国人可以“带同家眷”寄居通商口岸的条文被明确载入《南京条约》。条约第二款开头的一句话就是：

自今以后，大皇帝恩准英国人民带同所属家眷，寄居大清沿海之五处港口，贸易通商无碍。

洋人不得在广州过冬和“番妇”不能进入省城的限令，使澳门对所有来华洋人开放。正处于贸易衰落的澳门，得以逐渐地繁盛起来。葡萄牙人借出租房屋获取厚利，从中西商贸中截取各种“好处”。澳门从一个单一的葡萄牙人的贸易港，转型为西人居留消费的城市。各国妇女异常之多，成了城市繁华和“吸引力”的主要风景，澳门在世界的“知名度”也因此而提升。由此起步，近代澳门“东方蒙特卡洛”的城市雏形开始奠定。

与澳门群居着大批外来女性适成映衬的是，广州的外国人都是男性，商馆成了外籍单身汉的大本营。据1836年的统计，侨居广州的有307位外国男性，其中有23人的家眷留驻澳门。此禁彼纳，澳门的繁荣是与广东官府的禁令互为连锁的。

“英国人岛”和“法国人岛”

大班和洋妇都不能在省城大行其道，随着一艘艘洋船的到来，黄埔港聚集了几千名身体强壮、桀骜不驯的各国海员。他们的生活又是怎样的呢？

来到这个神秘的国度，外国水手无不对所看到的一切都充满好奇，但他们并不是可以四处闲逛的。清政府从1756年开始，指定黄埔的长洲岛和深井岛分别为英国和法国海员的居住地，两岛因此得名“英国人岛”和“法国人岛”。由于长期航行，上岸的机会又受到限制，水手们便找各种机会狂饮当地的三蒸酒。这种烈性酒，比起其它酒类更易使人狂醉而丧失理智。酗酒、暴乱是水手们对自由生活充满渴望的狂热表现，冲突事件时有发生。

在黄埔这块东方土地上，时时可以触摸到欧洲风云的脉动。1781年，岛上曾发生过丹麦与英国水手互相袭击的事件。1785年，英法战争后第一艘驶华的法国船“多芬号”到港，英国水手200多人违规涌入法国人居住的深井岛，在那里与法国水手发生了一场决斗。18世纪末19世纪初欧

从深井“法国人岛”看黄埔湾

画中欧洲商船在黄埔停靠准备装货，我们可以看到，船只的帆布已经放下，这是清政府的规定，为的是防止船只没有交清税费而提前离港。

传教士在黄埔

［美］乔治·韦斯特 1850 年绘。该画家于 1843 年随美国使团来华，他到过广州、澳门等地，画了 120 余幅绘画，这幅是其中之一。

捕获鲨鱼是外国船员最大的乐趣

黄埔古朴的祠堂

黄埔村落

广东提督张溥奏折：波兰船主在黄埔村伤人，请将洋船泊靠地移至澳门

乾隆元年八月二十九日（1736年10月3日），中国第一历史档案馆藏。

在清廷高级官员中，对于通商口岸是设在黄埔还是开在澳门，一直存在着分歧，最尖锐的是从1732年（雍正十年）到1737年（乾隆二年）之间的一场争论，为时五年之久，封疆大吏都各持己见分别上奏。

广东提督张溥在这份奏折中报告，在黄埔的波兰船主登岸买菜，村民聚众围观，慌乱中，洋人滑倒，枪支走火伤人。黄埔距广州城仅二十里，洋人上岸滋事，有碍省城安宁。为此，张溥建议将洋船停泊地移至澳门。乾隆的批示是：“交与鄂弥达，听其议奏”。鄂弥达是当时的两广总督。最后由乾隆皇帝拍板裁定，黄埔仍作为清朝惟一的通洋商港。

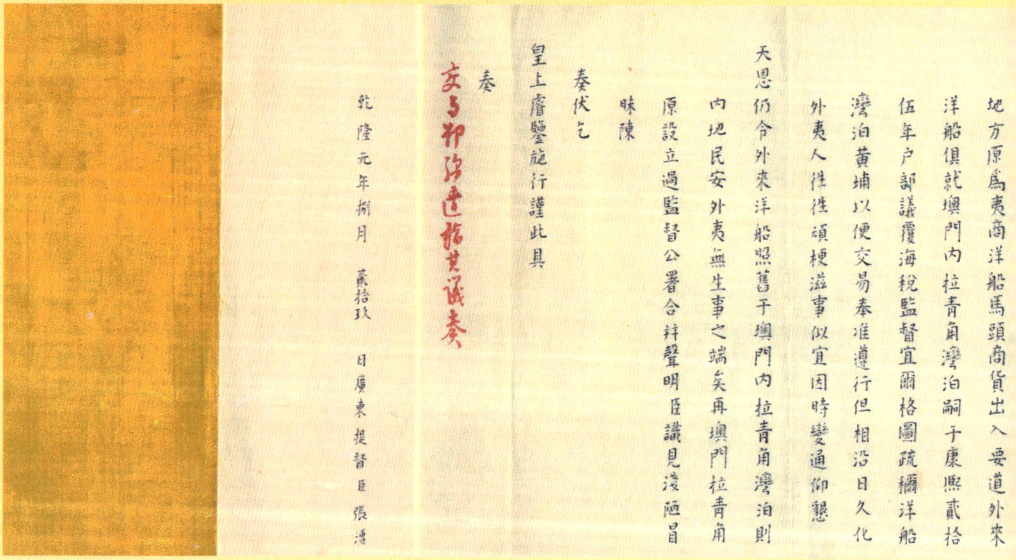
地方原爲夷商洋船馬頭商貨出入要道外來
洋船俱就壙門內拉青角灣泊嗣于康熙貳拾
伍年户部議覆海稅監督宜爾格圖疏稱洋船
灣泊黃埔以便交易奉准遵行但相沿日久化
外夷人往往頑梗滋事似宜因時變通仰懇
天恩仍令外來洋船照舊于壙門內拉青角灣泊則
內地民安外夷無生事之端矣再壙門拉青角
原設立過監督公署合幷聲明臣識見淺陋冒
昧陳
奏伏乞
皇上睿鑒施行謹此具
奏
交與鄂彌達聽其議奏
乾隆元年捌月貳拾玖日廣東提督臣張溥

THE CREW OF A GUN-BOAT IN CANTON RIVER AT PRAYERS

清代西人绘画：英国海员在船上祈祷

广东省博物馆藏。

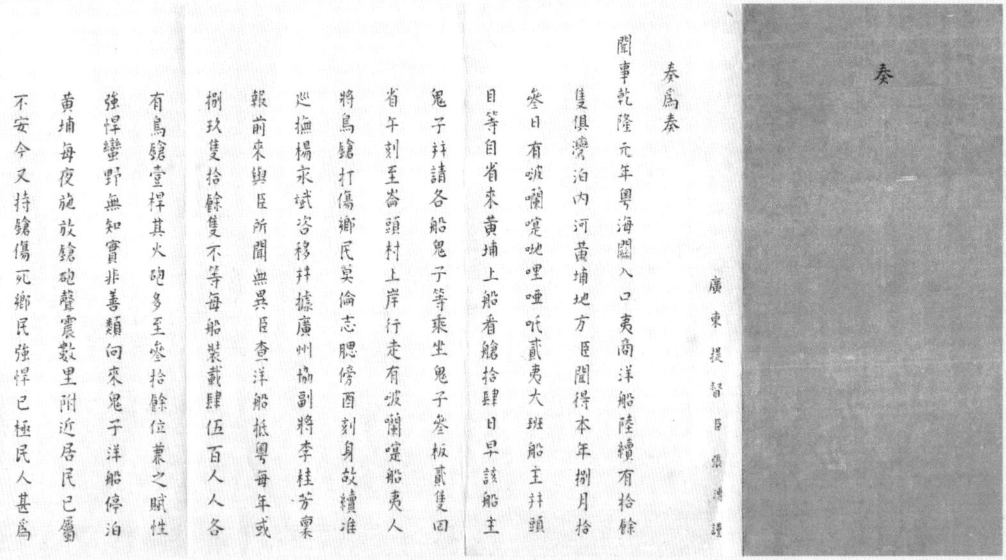

奏

廣東提督臣張溥謹

奏爲奏

聞事乾隆元年粤海關入口夷商洋船陸續有拾餘

隻俱灣泊内河黄埔地方臣聞得本年捌月拾

叁日有嗷囒嚏哋哩唖呏貳夷大班船主幷頭

目等自省來黄埔上船看艙拾肆日早該船主

鬼子幷請各船鬼子等乘坐鬼子叁板貳隻回

省午刻至崙頭村上岸行走有嗷囒嚏船夷人

將鳥鎗打傷鄉民莫倫志腮傍酉刻身故續准

巡撫楊永斌咨移幷據廣州協副將李桂芳稟

報前來與臣所聞無異臣查洋船抵粤每年或

捌玖隻拾餘隻不等每船裝載肆伍百人人各

有鳥鎗壹桿其火砲多至叁拾餘位兼之賦性

強悍蠻野無知實非善類向來鬼子洋船停泊

黄埔每夜施放鎗砲聲震數里附近居民已屬

不安今又持鎗傷死鄉民強悍已極民人甚爲

洲的拿破仑战争，也为黄埔港的各国水手注入了好战的情绪，他们随时对自己国家的敌人宣泄仇恨。英法两国水手经常发生摩擦，法国旗杆常被英国人砍断。西班牙一向是英国的敌人，1799年，一群英国水手扯下西班牙和荷兰国旗帜撕成了碎片。各国水手狂暴的情绪，在黄埔港得到充分释放。不过，交战国间也有为对方提供方便的慷慨举动。1803年英法开战，法兰西商务代理人皮隆手上存有一些茶叶和珍奇物品想带回国，结果是英国船只将物品运回伦敦并代为出售。

为了节制目无纪律的水手，清政府规定他们平时不得进入广州城，每月只有几个游散日可以游览省城和到十三行购物。度假的水手坐上小艇来到广州，海幢寺是他们当年必到的景点，寺内大雄宝殿里的三尊佛像，给外国海员留下了深刻的印象，它们被记录在海员的旅行绘画中。现在海幢寺依旧保持着当年的景象。

来到十三行，钱袋装得满满的水手，绝不会错过这个乐园，常常把用血汗换来的工资花光。他们狂购中国货，狂吃广州小吃，狂饮烈性酒，因

英法水手争斗一案的供词

乾隆二十年六月二十一日（1755年7月29日），中国第一历史档案馆藏。

英法水手在黄埔泊船地经常发生争斗，这份档案记录的是几名英法水手斗殴伤人的自述。

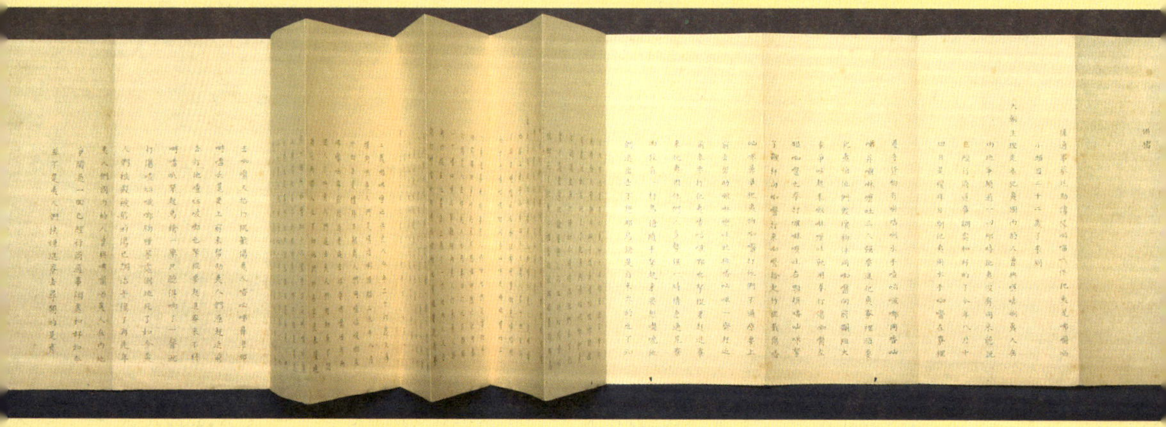

广州城的海幢寺是当年外国海员必到的景点

寺内大雄宝殿里的三尊佛像，给人留下了深刻的印象而被记录在这幅旅行绘画中。

为按规定，天黑之前他们必须回到黄埔岛上去。十三行街区经常可以看到喝得醉醺醺的大力水手在闹事，他们的野性，给这里带来了不少骚乱。

在伦敦皇家亚洲学会的演讲大厅里，曾悬挂着一幅《审讯“海王星号”水手图》，它之所以引人注意，是因为这是西方人第一次被允许正式出席中国公堂的记录。1807年，前去广州度假的英国“海王星号”水手，在十三行码头酒后斗殴，一名中国人在暴乱中丧命。为了找出元凶，广州官府在十三行英国商馆大厅，对“海王星号”曾在广州度假的52名水手进行审讯。

列席的中方代表有：粤海关监督、广州知府、澳门同知、南海县知县、番禺县知县；还有4位行商首领潘启官、卢茂官、伍浩官和昆水官。英国代表有：皇家海军战舰“狮子号”舰长、三名英国公司大班以及翻译斯当东。大厅悬挂红黄相间的帷幕。为了表示向法官致敬，船长罗尔斯提议派一队红制服的英国海军守卫在两旁，但行商以恐惧多于敌意而婉言谢绝。

一连几天流于形式的审讯，没有一名水手承认参与斗殴。最后广东官府选定一名在暴乱中表现得最为活跃顽梗的水手希恩，给了他轻微的处罚，仅仅罚银12两来抵罪，相当于4英镑。为了避免由治安案情发展成为外交事件，影响到大规模的贸易，广东官府只用一笔小小的罚金，就将一起严肃的命案审理玩笑一般地收场了。

广州十三行商人不仅是对外贸易的经纪人，还是洋人行为的责任者。广州的洋人既多且杂，行商要担保他们安分守己，洋人滋事，官方拿行商是问，无法预知的骚乱，给行商带来的便是恐惧。“海王星号”事件对于官府来说是场游戏，对于该船的承保商——广利行商人卢观恒来说，却是一场飞来的横祸。事件一发生，这位卢茂官便知道自己将遇到麻烦。因为

广州法庭内景：审讯“海王星号”水手图

油画，73厘米×100厘米，关作霖约1807年绘。作为西方人第一次被允许正式出席中国公堂的记录，这幅绘画曾悬挂在伦敦皇家亚洲学会的演讲大厅。

广州洋行会馆审讯海盗图

洋人的不法，向来都是官府勒索的借口，这种勒索的强度并不取决于案情的大小，而是在于商人的财力。卢观恒在这次事件中被官府敲诈的巨款有多少，我们不得而知，但大班们却发现，本已打算退休的他，在下一个贸易季节来临的时候，仍在主持行务，直到1812年他去世为止，这显然是迫于生计。据说，茂官为解决这次事件，耗尽了他的财富，以至于没有足够的资金向官府买取退休的许可。然而，在事件发生前，卢观恒却是广州最富有的行商之一。

十三行商人实际上一直生存在中西关系的夹缝之中。繁荣的贸易下，隐藏的却是一场日趋激烈的商战，在角逐中，中西实力的对比悄然发生变化，中国商人能不能成为这场竞争的赢家呢？

第四篇　罂粟悲歌

一八四〇年六月，英国东方远征军到达珠江口外，鸦片战争轰然爆发。战争对中国来说是骤然而至猝不及防，对英国而言却是蓄谋已久势在必发。二百年的通商贸易为何要以兵戎相见？十七和十八世纪东方的贸易中心，何以变成十九世纪中外冲撞的焦点？富甲天下的商人团体，为什么会骤然倒塌？

洋行倒闭为哪般

1716年，广州的贸易季节结束，英国大班就要起程回国。为了避免海上风险带来的损失，他们把一笔剩余的银圆留下来，对广州商人放债生利。此后，放债就成了外商的一个新的利源。1731年，即将离开的大班提出，与其把剩余的银元装进保险箱，不如作为存款交给广州行商，每月可以收回利息。这一年东印度公司的账目上，我们看到“收唐康官及陈官利息2052两”的记录。

18、19世纪，广州口岸借贷的年利率高达20% – 40%，而当时英国银行的利率水平仅在3%左右。轻而易举的暴利，高回报的前景，吸引了不少外商放债渔利，缺乏金融监管机制的中国，成了外商大发横财的地方。18世纪70年代来自印度的巴斯商人，是最精明、最活跃的高利贷者，他们开始大量地涌入广州，专门选择贫困行商来往，放贷成了他们“舒服的生意”。在以后的日子里，借贷如慢性毒药一样，使广州行号陷入恶性经营。明明知道高利贷是火坑，那么行商们为什么还要往里跳呢?

从乾隆末年开始，广州外贸的流动资金出现了匮乏。朝廷视粤海关为各种公私事务的财源，十三行商人也就成了广东官吏和北京朝廷榨取的对象。数额庞大并构成清朝税收重要部分的中西贸易税由行商承担，税收之外，铺张盛行、国用无度的清政府，又以皇帝寿辰、国家战事、河工水利等名目，向行商勒索摊派银两，再加上贪婪的宫廷和官府的索取，仅1773 – 1832年这60年中，以“报效”为名，对行商财产的超经济掠夺就有18次，总数竟达395万两白银。捐献银两、采办洋货使付出的白银不再能够投入到贸易之中。此外，广州行商向内地订购茶叶，也要提前一年预付现银。这样，资金周转不灵就成为行商经营上突出的问题。

任何一个商人都懂得，只有货流运转，才能财源广进。要想维持生意，就要解决资金短缺的问题，这在当时来说，只有借贷一途，侥幸赚钱赢利，是许多贫困行商不得不选择的冒险举动，其结果就是行商大举借

清代油画：粤海关监督视察十三行商馆

远处可以看到商馆前官府的仪仗队。

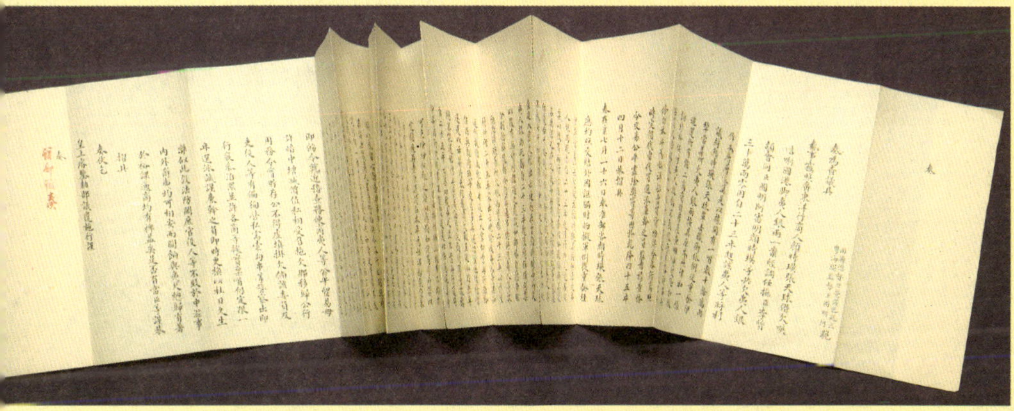

两广总督、粤海关监督奏折：查办洋行商人颜时瑛欠外债案

乾隆四十五年十月二十六日（1780年11月22日），中国第一历史档案馆藏。

盤壹百面
端硯壹拾貳方
洋鼻烟玖瓶
鼻烟盒拾貳箇
千里鏡伍枝
雍正十一年八月 二十九日
萬萬壽

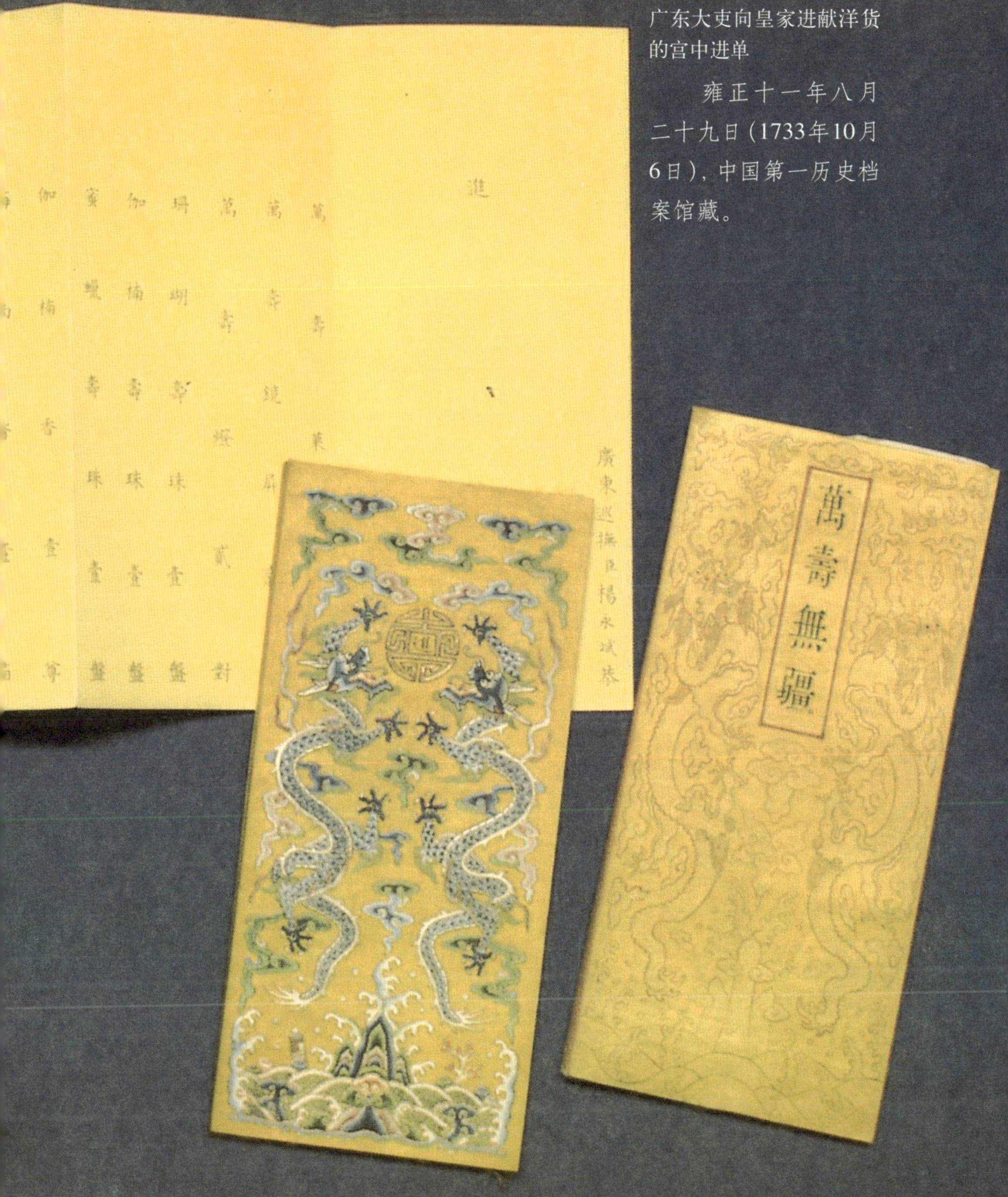

广东大吏向皇家进献洋货的宫中进单

雍正十一年八月二十九日（1733年10月6日），中国第一历史档案馆藏。

清宫藏铜镀金铜人英国钟表

伦敦威廉森（Williamson）1780－1795年制造，54厘米×24厘米×24厘米，故宫博物院藏。

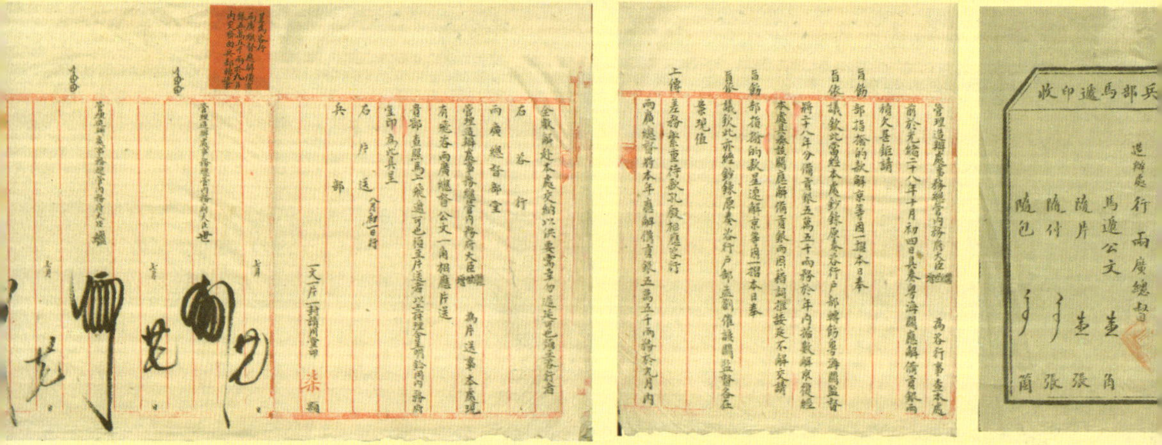

内务府造办处通过兵部驿马传递的公文：催促两广总督解交采办贡品银5.5万两

光绪三十三年八月初一日（1907年9月8日），中国第一历史档案馆藏。

贷，导致商欠倒行。这种厄运，刚开始只是个别行商无法应付而发生，后来逐渐演化成行商团体的危机。

行商因负债而破产的商欠案最早发生在1777年，丰进行商人倪宏文因接受了年利率20%的贷款，造成拖欠税银1万两，被清廷发配伊犁充军，开了行商破产流放的先例。此后，商欠就与行商结下了不解之缘。

1780年，泰和洋行颜时瑛、裕源洋行张天球等四家欠外债380万元。他们原本借的实数仅为107万元，经过利滚利的折腾，竟然翻出三倍多。清廷向来不把中西贸易作为经济活动来经营，在统治者看来，开洋贸易是“招来远人，宣扬圣德”的政治活动。清帝在中外纠纷中，往往喜欢扮演一种“朕统万方，天下一家”的裁判角色，为体现出怀柔政策，有时甚至多偏向于外方。此次，乾隆帝惟恐拖欠银两被外人耻笑，有损天朝尊严。他指示刑部审办，颜、张二人变卖家产,充军伊犁，全部债款照原本加一倍偿还，债务由其他行商分十年还清，外商由此得到了一笔意外的收获。

这是行商分摊商欠的开始,这种由众商共同承担经营风险的连带互保制度,从此成为官府处理商欠的法宝,它实际是中国传统的保甲制度在洋行中的应用，最终使多数行商债台高筑，不堪重负。把对外贸易当做恩赐，只知对外商显示天朝威德的皇帝，对行商的经济利益是不屑一顾的，因为计较锱铢之利，有伤体统。

1795年，在洋行中居第三位的而益洋行商人石中和，因欠下124万元外债而破产。乾隆获悉此案大为震怒，但别无良策，只好规定，以后每年商欠数额不得超过10万两，以免拖欠过多，“实属不成事体”。清政府从1759年就明令禁止商欠，到现在，实际已经默许了它的存在。然而有谁会知道，石中和在此前为官府购买洋钟表、望远镜就花掉了他22万元的赀财。

行商之间承担集体责任，一个行号倒闭，必定要株连到其他行商。在为石中和分摊欠款时,很快就又有一家行号落难,这就是当时的首席行商

清宫藏皇后佩戴的银镀金嵌珠宝钿花

长 15 厘米，宽 14 厘米，故宫博物院藏。

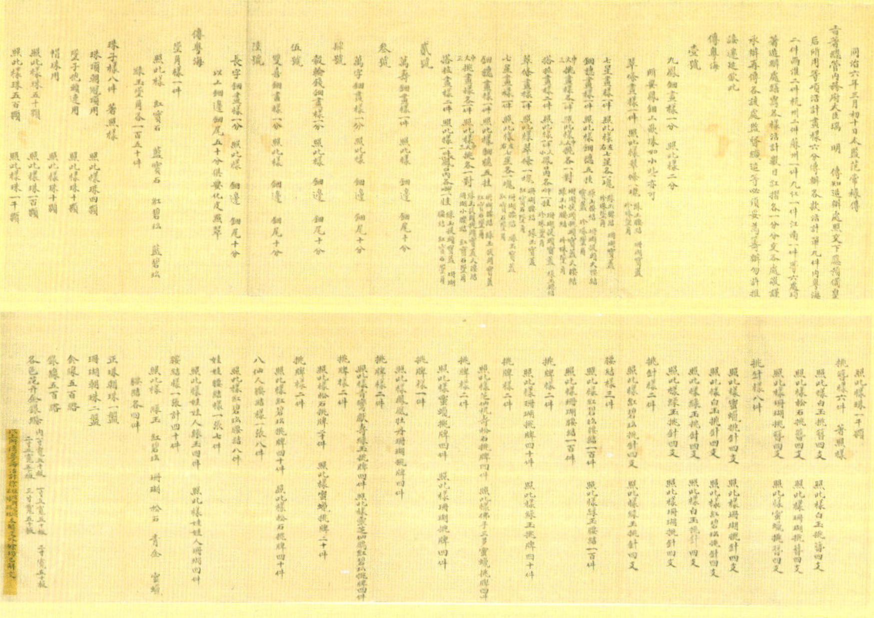

内务府传令粤海关承做皇后穿戴饰物活计的档案记录

同治六年三月初十日（1867 年 4 月 10 日），中国第一历史档案馆藏。

蔡世文。他既受乏商连累，又遭官吏勒索，1796年他积忧成疾而自杀身亡。蔡世文1792年继潘振承接任行商首领，号称殷实富户显赫一时，经营达三十余年。

官府对洋行困境视若无睹，他们不是清查追缴，就是强行收税，并非改善营商环境，而行商却畏官如畏虎，结果商力更加衰疲，商欠恶性发展。1796年，毛皮价格正由高峰跌入低谷，这时，英国毛皮贸易船只“红宝石号”驶入广州港。同文行潘振承等几位行商上船验货后都不愿意订购，结果把价钱压得很低。经过一番讨价还价，达成行商人倪秉发以最高价承包了这批“死货”，同时他得到船主预付的5000元缴税现款。在毛皮贸易无利可图的光景下，倪秉发却以比别人高的价格买下全船货物，其中自有隐衷。

原来,倪秉发接手这桩贸易,仅仅为了获得那5000元现款，以应付官府迫在眉睫的税饷。经营这笔毫无赚头的买卖，无非要使行号苟延残喘，并不能真正缓解他的财政状况。显然，行商为应付官差而筹措现款，已到了饮鸩止渴的地步。最终，倪秉发欠下巴斯商人白银23万两而败落。

在洋行周转不灵急需帮助的时候,他们面临的却是来自官方的强大需索，这对行商无疑是雪上加霜。十三行贸易制度代表着皇室、官吏的私利，粤海关监督从掌管宫廷事务的权贵中简派而来，在洋船上搜购稀世洋玩，是他们为皇家担负的重要使命，也是洋行无法抗拒的致命负担。据东印度公司档案记载，海关监督在测量船钞时，总要参观外商带来的贵重货，择其精美者进献给皇帝。广东大吏每年进贡三四次，总督、监督是不愿意拿自己的银子补上的。这件令人头痛的差事，就被转嫁到每个承保洋船的商人身上。行商每年向皇家内务府缴送办贡银5.5万两，其中一半银两用于广州至北京的长途运输，剩下一半不足以购办精美奇异的物品。行商经手采办，通常只能收回货价的1/4。官员搜罗的物品，有的据为己有，有的送上宫廷。在广州外贸的烟云中，处处是官为刀俎，商为鱼肉的悲歌。

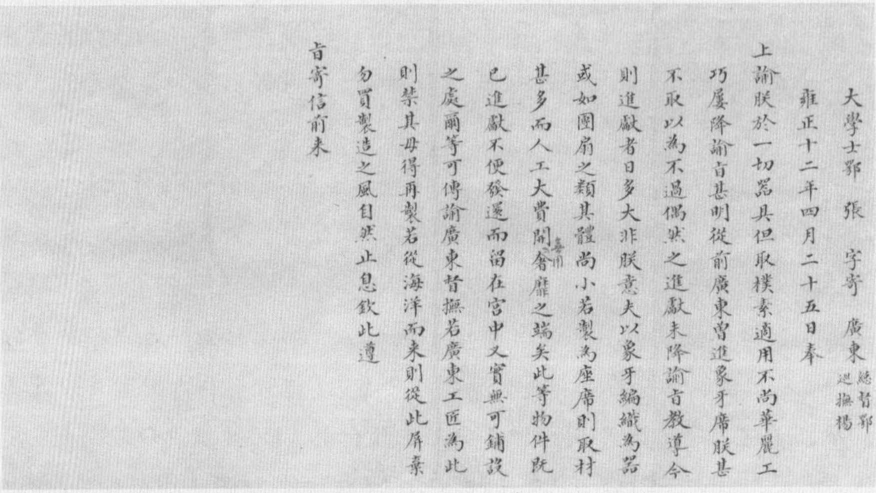
大學士鄂 張 字寄 廣東總督鄂 巡撫楊
雍正十二年四月二十五日奉
上諭朕於一切器具但取樸素適用不尚華麗工
巧屢降諭旨甚明從前廣東曾進象牙席朕甚
不取以為不過偶然之進獻未降諭旨教導今
則進獻者日多大非朕意夫以象牙編織為器
或如團扇之類其體尚小若製為座席則取材
甚多而人工大費開奢靡之端矣此等物件既
已進獻不便發還而留在宮中又實無可鋪設
之處爾等可傳諭廣東督撫若廣東工匠為此
則禁其毋得再製若從海洋而來則從此屏棄
勿買製造之風自然止息欽此遵
旨寄信前來

雍正帝令广东停止进献象牙制品的上谕

雍正十二年四月二十五日（1734年5月27日），中国第一历史档案馆藏。

两广总督舒常进单：进献牙丝宫扇及洋烟等贡品

乾隆五十年四月二十六日（1785年6月3日），中国第一历史档案馆藏。

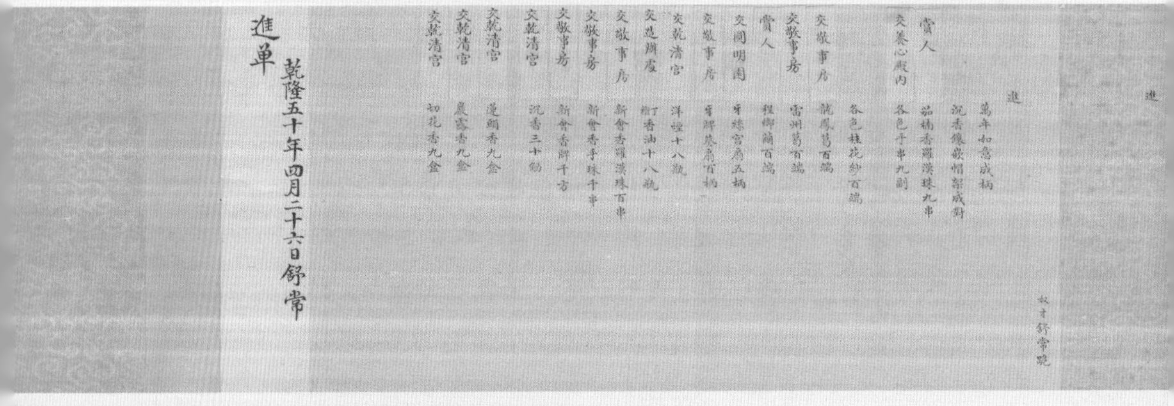
進
奴才舒常跪
進
萬年如意成柄
沉香鑲嵌帽架成對
賞人 品楠香羅漢珠九串
交養心殿內 各色手串九副
各色桂花紗百端
交敬事房 龍鳳葛百端
交敬事房 雷州葛百端
賞人 程鄉繭百端
交圓明園 牙絲宮扇五柄
交敬事房 牙牌葵扇百柄
交乾清宮 洋煙十八瓶
交造辦處 丁香油十八瓶
交敬事房 新會香羅漢珠百串
交敬事房 新會香手珠千串
交敬事房 新會香牌千方
交乾清宮 沉香三十觔
交乾清宮 蓮頭香九盒
交乾清宮 晨露香九盒
交乾清宮 切花香九盒
進單 乾隆五十年四月二十六日舒常

清宫广东贡品：牙丝宫扇

故宫博物院藏。

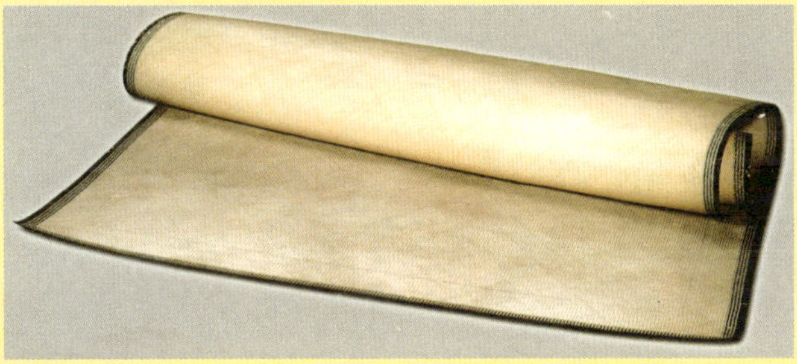

广东进献的皇帝在夏天用的象牙席

牙丝编织席长216厘米，宽139厘米，故宫博物院藏。

广东进献的象牙镂雕套球

外径9.1厘米，故宫博物院藏。

乾隆皇帝或许知道了广州的行商们不堪重负，不知是真心的还是做做样子，1790年，乾隆传谕停止洋行采办洋货，但善于揣摩皇帝内心的内务府官员，最终以“停办方物，究于体制未协”，又恢复了旧例。我们在东印度公司的档案中还看到，1793至1806年间，广州行商替粤海关购置洋货的费用，从每年5.5万两增至20万两。此时，清政府的统计数字显示，行商欠外债达到255万两。行商曾集体致信英国公司大班，不要运来足以让他们破产的自鸣钟、音乐唱机、机械玩具等昂贵的洋玩。

为了避免中外债务纠纷及外商滞留中国，清政府对华商拖欠外债严加处罚。然而，洋人欠下行商债务之后，却可以任意离去。由于广州口岸洋人来去自由，外商欠了中国商人货款后一走了之，中国商人是无可奈何

清宫广东特级牙匠制作的牙雕《月曼清游》图册之一

故宫博物院藏。

的，足见中外商人的较量不是在一个天平上。1814年，丽泉行商人潘长耀忿然将拖欠自己货款100万元的纽约、费城商人告到美国联邦最高法院。这个生性耿直的中国商人，还曾致信美国总统麦迪逊，希望无拘无束的花旗商人在中国能够守信。这封信的中、英、葡文原件，至今仍保存在华盛顿的美国国家档案馆内。由于越洋诉讼的困难，虽然潘长耀最后胜诉，但直到1824年丽泉行倒闭时，被告仍没有偿还欠款。试想，如果清政府能够保护本国商人信贷，如果潘长耀能索回这笔资金，也许行号就会免于倒闭。

来自英伦的陷阱

从1771年开始，英国东印度公司为中国商人设置了一个诱人的陷阱，公司将利润丰厚的茶叶贸易与滞销的英国毛织品捆绑在一起。行商要想取得英商的茶叶订货单，必须承揽一定比例的英产毛织品。为了多销茶叶，行商就要冒险大量购进滞销货，这对于长期苦于打不开毛织品销路的英商来说是个解脱，但对行商而言，却是一种无奈。1772年，行商怀官因购进毛织品而资金冻结，负债私逃。1821年，负债累累的丽泉行商人潘长耀，为了让手中积压的英国羽纱尽快变成现金，不得已而低价出售，亏损18万两白银，致使旧债未偿，又添新债。

1811年，英国公司又使出了一个新的妙计，他们开始向中国行商提供资金援助，条件是行商要为他们代销商品。他们找到了行商谢嘉梧，让他向各地商户推销公司库存。以后，公司经常雇用负债行商做推销，付给他们一定的佣金，中国最早的仰赖外国资本生存的买办制度由此萌发。

为了取得现金，行商不是为外商代销商品就是向其举债。十三行后期，大部分行商的业务已靠借债度日。1832年以后，在行商中排名第二的广利行卢文锦，就是依靠英国大鸦片商查顿、马地臣放债来维持。查顿说道："近来，除去伍浩官和潘启官以外，没有一家行商不负债。如果我们挤倒一家，就可以挤倒全体"。生命线的终端牵在外国人手里，处于风雨飘摇的行商已是身不由己。为求生存，行商对债主唯命是从曲意逢迎，十三行的主人变成了仰人鼻息的附庸，再也担负不起管理外商的责任了，十三行制度也在败落中变质。英国公司正是以此为突破口，掌握了对中国贸易的主动权。

行商担任对外贸易与封建义务的双重角色，顶戴花翎表面上是无限风光，但他们每每为累累债务所困，并且在与外国商人打交道中，倘有闪失，他们就理所当然地成为替罪羊。官府的敲诈，外商的欺凌，其处境之艰难，可谓前有猛虎，后有深渊，让人望而却步。到19世纪，充当行商已不是大把钱财唾手可得的美差了，甚至有人说，只有亡命徒才肯做洋商。

为避免替破产同行摊赔债欠，豪商潘有度曾用10万两白银的代价，在1808年设法脱离了广州商界。天性懦弱的伍秉鉴也感到自己无法与专制的政府官员抗争，1826年，他为了把行务交给儿子伍绍昌，竟向粤海关交付了50万元的巨款。他透露，这是为了保护自己的财产。十三行的后期，行商们都千方百计地逃避这个差事，而一旦加入，是很难再退出这个行列的。他们的出路只有两条：一是破产、抄家、流放；二是效劳终身，父死子继，世代为商。

广州十三行与东印度公司尽管都因政府的特许取得了贸易垄断权，然而，二者是截然不同的商业组织。十三行始终处在清政府的高度控制之下，在抑商与防夷的体制内，清政府只赋予了行商的商贸与防范职责，却没有扶植行商资本的政策。十三行制度有保障海关税饷的规定，有对欠债行商制裁的条文，也有保护外商利益的内容，惟独没有维护行商财产的措

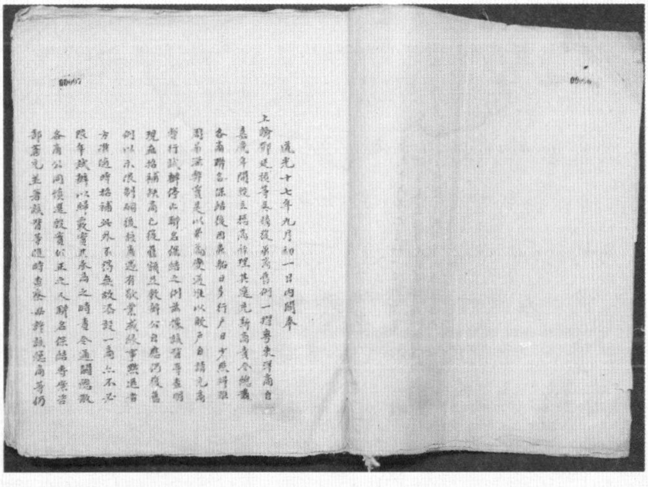

道光帝关于招募洋行商人的上谕

道光十七年九月初一日（1837年9月30日），中国第一历史档案馆藏。

施。行商既要在孤立无援、资金奇缺的情况下交纳海关税，又要垫付发货的预支款，也要面对千变万化的外贸市场，还要蒙受洋货滞销造成的损失，渐渐地落入无法自拔的债网。尽管广州十三行在18世纪60年代，几乎在英国公司大班开始联合经营的同时，也成立了公行组织，但在清政府的制约下，实际都是各自为政的单独经营，没有资本的联合，无法解决融资的困难，在西方缜密的商业组织和雄厚的资本面前，自然是不堪一击。行商资本多为政府效劳，并未形成积累。除了伍氏怡和行曾将部分商业资本投向美国产业，其他行商的资本几乎没有与产业相连。封建经济体制下重农抑商的国策，与西方国家把财富与实力当做 最终目标的观念无法同日而语。这正是封建体制下，十三行商人的历史悲哀。

十三行的主要交易对手东印度公司，则是截然不同的另一种商业组织。东印度公司是欧洲重商主义的产物，与中国封建权利支配商业资本恰恰相反，从它成立的那天起，就表现出了国家与商人谁也离不开谁的特殊力量。尽管公司从国家取得特许权，但其经营却是自主的。公司的商业制度是促使资本积累的原动力，公司建立的金融制度，既能依靠出售股份筹集巨额资本，还可以凭借票据汇划等信贷支付体系吸纳资金、开发财源，充分体现了近代商业制度的优越。而这些金融手段，都是中国行商所不具备的。

西方国家重商时代以海外贸易为生命，英国重商主义代表人物托马斯·孟不但指出海外贸易是财富的准则，而且还提出“远处的贸易对于本国是最有利的”。也就是说，越是航行远的贸易，利润就越大。东印度公司的贸易，就是在这种理论的指导下进行的。

而在中国呢，清朝的对外贸易完全处于有来无往的被动状态，不允许行商出洋，进出口货物全部仰仗外来运输，这就大大地限制了中国商人的创造力和发展空间。不但欧洲市场中国商人无法问津，即使是进口商品，也全部取决于东印度公司。这对西方国家来说是远洋贸易，对中国来说，只不过是本土上的对外通商。中国商人获得的商业利润远远低于欧商，例

漂洋过海的英国商船

18世纪中后期，英国已是世界上首屈一指的海上强国，英国舰队掌握了制海权，他们深信，谁拥有海洋，谁就拥有了世界。

如在外销瓷贸易中，广州瓷商所获得的利润只有15%左右，而经销华瓷的荷兰商人所获利润却高达179%—547%。这就是本土通商与越洋贸易之间的巨大反差。

显然，参与中西贸易的两个商业组织是极其不对称的。一方是大英帝国全力支持的东印度公司以及各国的自由商人，另一方则是内外交困的广州商人，繁盛了一个半世纪的行商团体，到19世纪40年代已是举步维艰，危机重重。

悬在头上的“达摩克利斯之剑”

对于英国人来说，赚钱发财始终是他们来华的目的。1583年，伊丽莎白一世致书中国皇帝，直率地表达了通商的需求。1637年，由船长威德尔率领的英国皇家船队用武力闯入虎门，这是地理大发现后，首次强行抵达中国海域的英国船。威德尔在他的《对华贸易备忘录》中写道：“中国可以提供丰富的贸易，但不准外国人进入其国家。我们谦卑地去敲门，当被享以闭门羹时，则破门而入。”这是一个不祥的预兆，英国人刚刚摸清了中国的大门在哪里，便要杀气腾腾地砸门了！在17世纪30年代，英国东印度公司试图进入中国开展贸易的努力一再受挫。从18世纪开始，英国在华的贸易超过了其它各国的总和，显然，对于广州的通商环境，他们最为敏感。驶华船只与日俱增，贸易在不断扩大，许多问题开始凸现出来。

在外国商人们看来，大清国的对外贸易被少数商业巨头把持，交易对象仅限于广州的几个行商家族，他们有权制定价格，垄断售卖，中国官吏染指其间。虽然行商在报关、接待、订货、代销、交税等环节实行一条龙服务，代外商与中国官府打交道，从而为外商省去了很多麻烦，但毕竟在中外贸易之间横插进个中介，任凭价格上扬，西方商船别无选择。行商被称作是“清朝管理外国人的警察”，外商把行商制度视为“悬在头上的一把达摩克利斯之剑”。“达摩克利斯之剑”是希腊神话中国王宝座上悬挂着的一把宝剑，它与天花板之间仅用一根马鬃连接着。人们常用这一典故来比喻时刻存在着的忧患。英商一直想摆脱广州行商——这把随时有可能掉在头上的利剑。

广州远离内地，专供出口的茶、丝、瓷等物产，从遥远的产地运送到广州，自然大大增加了成本。如茶叶从产地运到广州，平均距离有1200公里，路上要花费一到两个月的时间。东印度公司驻广州商馆的茶叶检验员鲍尔，曾做过这样的计算：把武夷山的茶叶从乡村运到广州，比就近在福州港销售，东印度公司每年要多花掉15万镑。长途贩运肯定比就近开埠价高质损。中国生丝最负盛名的，是长江三角洲湖州府南浔镇的湖丝，广州一口的约束，自然也要远距离地吸纳丝货。

工业革命开始后，英国的制造业者更关心的是英国产品在中国的推销，英商本以为中华帝国是可以吸收他们大量产品的水池，但广州炎热的气候，使英产毛织品无人问津。贸易的增加与市场的狭小不相协调，于是加开口岸，寻找市场，为不列颠王室另开商站，成为东印度公司梦寐以求的愿望。

粤海关掌管着贸易大门的钥匙，广州的外商都称之为“户部”，而户部本是清廷的国家财政部门。外商看到，作为来自皇室的权贵，粤海关监督几乎无一例外地一上任就横征暴敛，这是因为粤海关监督这一利益丰厚的职位，是要每年更换人选的。当时，两广总督的年薪只有2万两，而粤海关监督的年收入可以达到40万两。在《东印度公司对华贸易编年史》中，对粤海关监督有如下的描述：

> 帝国高官的威严与高贵，对待外国人难以用正常的态度。在广州的外贸中，海关监督的人格成为头等重要的事。在位者多是贪婪和暴虐的，充满了粗鲁无知的蛮横。监督滥用职权，智能低下，态度性情恶劣，对任何问题表示萎缩，除非与收入钱财有关。

在小农经济自给自足的国度里，清朝君臣都把与外商贸易看作是对国计民生可有可无的事，行政手段又往往凌驾于贸易之上。用这样的体制来管理国家外贸，其结果是可想而知的。

海关税则没有一定之规，征税数量根据船只大小而定，可随贿赂多少上下浮动。各种缴送礼银多达70余种，它被视为外国商船的进门费，不知数额的隐性盘剥比法定税率还要高4倍以上，它给清朝官吏提供了可滋腐败的土壤。1685年，一艘英船到港，官方丈量人员开始是从船头量到船尾，一经贿赂，就改为从前桅量到后桅。丈量后要缴船钞，官吏首先要价2000两，经讨价还价并送礼320两之后，最后以500两成交。这就是当时中国海关的实际税收状况。税收上的纷乱随意性，不合理的繁难手

伊丽莎白一世特许的伦敦皇家交易所旧址

这幢类似教堂的高大建筑物，建于1571年，当时英国女王伊丽莎白一世授予特许状，允许在此进行一切商业贸易。

黄埔湾风景画

远处是粤海关办事机构的房屋建筑。

英国女王伊丽莎白二世像

粤海关官员在洋船上的丈量仪式

续，使极端重视契约的洋人惊骇不满。

英商在广州贸易，与中国官僚打交道时所遭到的日复一日的挫折，使他们难以忍受。官府粗暴专横，多方为难，把不准卸货或不发进出口执照作为威胁勒索的手段，是官吏惯用的利器，停止贸易的封舱事件时有发生。广州黄埔港经常发生这样的事：满载货物的船队已准备出发，却迟迟得不到粤海关的离港执照，因为官员要索取钟表、唱机等各色礼品。东印度公司的档案有许多类似的记载：

1775年7月，粤海关监督德魁按例为本季度首先到达黄埔港的英国船队举行丈量仪式。保商瑛秀来到"莫尔斯号"上告诉船长肯特说："监督已知道船上运来一些钟表和珠宝，很想看一看"。当听到船长关于船上没有珍品的解释时，监督大怒。他通过行商告之，海关已经获得船上的详细货物清单，如果不让他看这些东西，他将不丈量船只，不准开舱卸货。结果，船长意外地从二副私带的包裹里发现了一些珍宝。监督在甲板上将货品评赏了一番，然后挑选了几件装到了自己的舢板上去。海关监督的猎奇心得到满足，暴怒就这样被平息了。

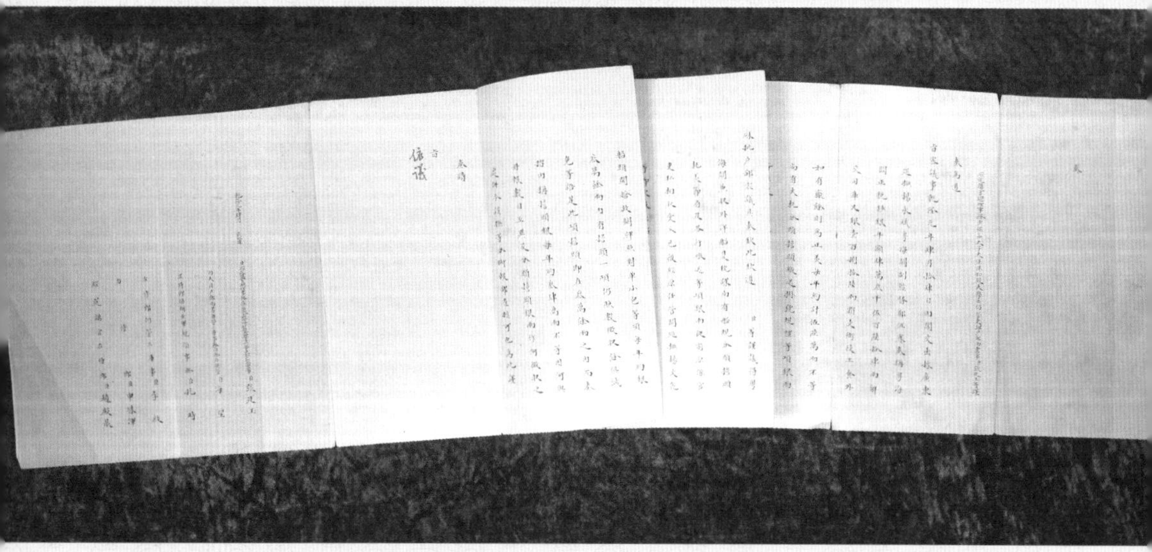

户部遵旨议奏：减免粤海关各稽查口杂税事宜

乾隆元年四月二十四日（1737年6月3日），中国第一历史档案馆藏。

天朝官吏从不与洋人正式来往，中外交涉事件都由行商转达。利用商人管理外贸是清朝的独创，对于大规模出现的西方人，清政府认为他们也和附近藩属国一样，航海远来是向天朝上贡。地方官府索性把接待外商的差使交给熟悉洋务的行商，既显尊贵又少麻烦。粤海关开设之初，总督、巡抚、海关监督还接见外商，后来官员不愿见外商的时候越来越多，于是，一向被官府轻视的行商，便成为清政府“绥怀远夷”的正式媒介和保证对西方限制政策的关键环节。这种间接的外交方式，使行商的功用发挥到极致。华洋秩序的尊卑仪制，使中外隔膜日渐增多。此外，洋人生活的范围被约束在广州城外的商馆区，如同在镀金的鸟笼里，这对爱好运动骑马的英国人来说，是极难接受的。

商务活动、货物税则、居住处所、停留期限等诸多限令，使西方自由贸易原则与广州的通商体制两相冲突。那么，英国的东印度公司将如何去突破这种种限制呢？

乾隆帝给英王乔治三世的信

当年，英国商人洪任辉北上闯关碰壁之时，正值1756年前后英法战争爆发之际，以后的80余年间，英商一直在沉默中积蓄着力量。清朝皇帝禁止外商进入广州以外的海关，却不能挡住中西商战的渗透蔓延，经贸的发展不顾政治的壁垒而顽固地滋生着。

1763年，英法七年战争以英国的胜利而结束，战争使垄断东方贸易的英国东印度公司，由一个商业强权变成了一个拥有领土的军事强权。此后，欧洲近代大机器工业革命在凯歌声中进行，改善东方贸易大国的通商制度，成为英印公司在华的重要使命。他们认为“大王易见，小鬼难求”，粤海关的腐败是地方性的，希望由北京的皇帝来纠正陋规。他们抱怨没有法国传教士用科学和艺术进入北京宫廷的那种有利条件，于是决定派使出访。使团选择了一个容易打动清廷的理由——为乾隆皇帝补祝80寿辰，而掩藏在后面的，却是实实在在的商业要求。

1792年，在东印度公司的资助下，英国政府派遣以马戛尔尼为团长的使团出访中国。马戛尔尼对这次出访充满了信心，在谈妥了金钱、爵位和权利三项条件后，他踏上了来华之旅。离英期间，他的年薪高达1.5万英镑。使团人员包括外交官、商人、画家等等，还有两名在意大利学习的中国学生做翻译。

清政府对远道而来的祝寿者给予了热情的接待，两名行商也被指定北上，为贡使充当翻译和贸易代理。但这个骄傲的东方朝廷，只知有天下，不知有世界，只有传统的贡国宗藩意识，并无近代外交理念，将中西交往纳入周边国家前来朝贡的传统礼仪。在觐见时，因马戛尔尼不肯下跪磕头，使乾隆大为不快。当马戛尔尼提出增开贸易口岸等六条要求，拟与清政府会谈时，乾隆才恍然大悟，这哪里是来贺寿！盛怒之下，乾隆拒绝会谈，只下达了一份措辞强硬的敕谕，重申了不可动摇的闭关意向，两个世界的对话就此成了一场失败的碰撞。

英使马戛尔尼像

马戛尔尼进献的火枪

故宫博物院藏。

西洋绘画：受英王派遣的马戛尔尼访华使团，乘坐“狮子号”帆船到达广州虎门

西洋绘画：马戛尔尼使团抵达天津

西洋绘画：马戛尔尼在北京的住处

英国国王乔治三世致乾隆皇帝的信函

信中说，请允许英国商民进入中国海岸居住贸易。乾隆五十七年（1792年），中国第一历史档案馆藏。

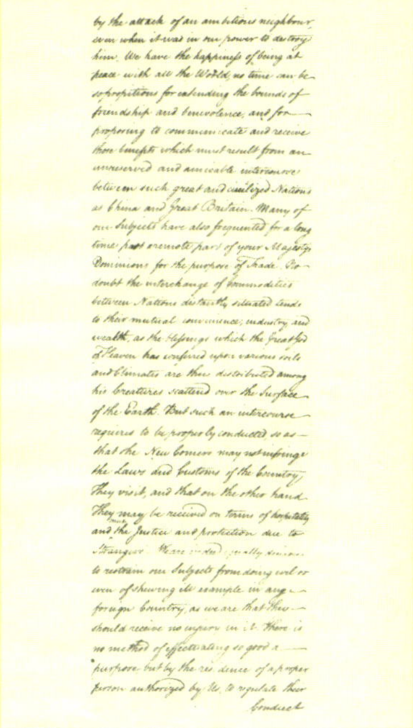

by the attack of an ambitious neighbour, even when it was in our power to destroy him. We have the happiness of being at peace with all the World, no time can be so propitious for extending the bounds of friendship and benevolence, and for proposing to communicate and receive those benefits which must result from an unreserved and amicable intercourse between such great and civilized Nations as China and Great Britain. Many of our Subjects have also frequented for a long time past a remote part of your Majesty's Dominions for the purpose of Trade. No doubt the interchange of Commodities between Nations distantly situated tends to their mutual convenience, industry and wealth, as the blessings which the Great God of Heaven has conferred upon various soils and Climates are thus distributed among his Creatures scattered over the Surface of the Earth. But such an intercourse requires to be properly conducted so as that the New Comers may not infringe the Laws and Customs of the Country they visit, and that on the other hand they may be received on terms of hospitality and meet the Justice and protection due to Strangers. We are indeed [illegible] equally desirous to restrain our Subjects from doing evil or even of shewing ill example in any foreign Country, as we are that they should receive no injury in it. There is no method of effectuating so good a purpose but by the residence of a proper person authorized by Us to regulate their Conduct

紫禁城太和门旧影

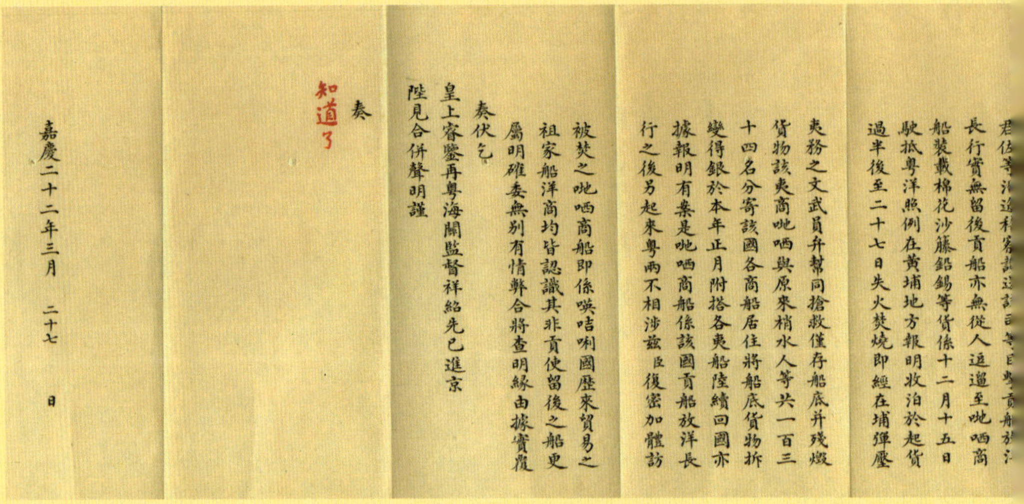
長行貨無留後貢船亦無從入逗遛至吔哂商
船裝載棉花沙藤鉛錫等貨係十二月十五日
駛抵粵洋照例在黃埔地方報明收泊於起貨
過半後至二十七日失火焚燒即經在埔彈壓
夷務之文武員弁幫同搶救僅存船底并殘燬
貨物該夷商吔哂與原來梢水人等共一百三
十四名分寄該國各商船居住將船底貨物拆
變得銀於本年正月附搭各夷船陸續回國亦
據報明有案是吔哂商船係該國貢船放洋長
行之後另起來粵兩不相涉茲臣復密加體訪
被焚之吔哂商船即係嘆咭唎國歷來貿易之
祖家船洋商均皆認識其非貢使留後之船更
屬明確委無別有情弊合將查明緣由據實覆
奏伏乞
皇上睿鑒再粵海關監督祥紹先已進京
陛見合併聲明謹
奏
知道了
嘉慶二十二年三月　二十七　日

两广总督蒋攸铦奏报：英国进京贡使行抵广东即被安置在省城海幢寺

嘉庆二十二年三月二十七日（1817年5月12日），中国第一历史档案馆藏。

1816年，英国派阿美士德使团来华，使团因拒绝行三跪九叩之礼，连嘉庆皇帝的龙颜都未曾见到。这份奏折中，两广总督向嘉庆帝汇报了贡使从北京回到广东及离境的情况。

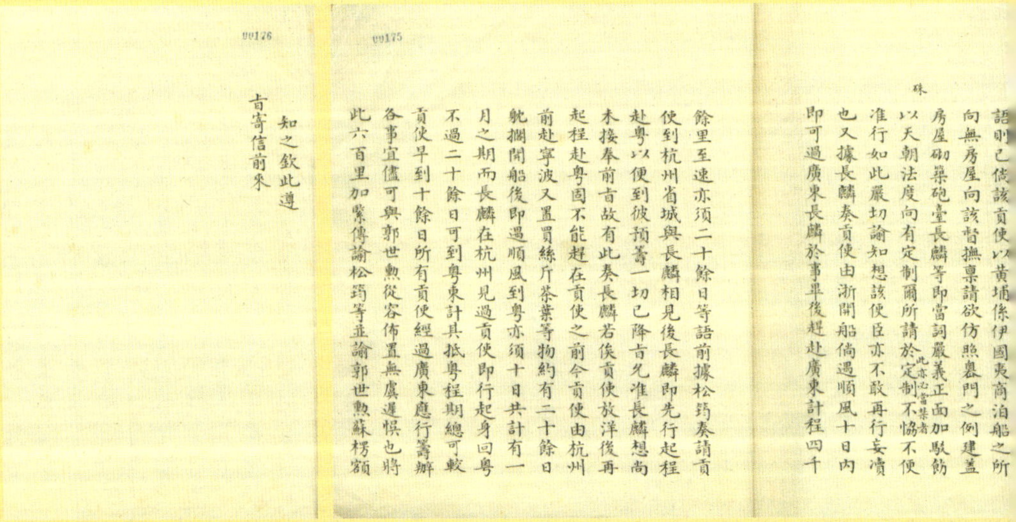
語則已僞該貢使以黃埔係伊國夷商泊船之所
向無房屋向該督撫稟請欲仿照澳門之例建蓋
房屋砌築砲臺長麟等即當詞嚴義正面加駁飭
以天朝法度向有定制爾所請於定制（此亦必當禁者）不協不便
准行如此嚴切諭知想該使臣亦不敢再行妄瀆
也又據長麟奏貢使由浙開船倘遇順風十日內
即可過廣東長麟於事畢後趕赴廣東計程四千
00175
餘里至速亦須二十餘日等語前據松筠奏請貢
使到杭州省城與長麟相見後長麟即先行起程
赴粵以便到彼預籌一切已降旨允准長麟想尚
未接奉前旨故有此奏長麟若俟貢使放洋後再
起程赴粵固不能趕在貢使之前今貢使由杭州
前赴寧波又置買絲斤茶葉等物約有二十餘日
躭擱開船後即遇順風到粵亦須十日共計有一
月之期而長麟在杭州見過貢使即行起身回粵
不過二十餘日可到粵東計其抵粵程期總可較
貢使早到十餘日所有貢使經過廣東應行籌辦
各事宜儘可與郭世勳從容佈置無虞遲悞也將
此六百里加緊傳諭松筠等並諭郭世勳蘇楞額
00176
知之欽此遵
旨寄信前來

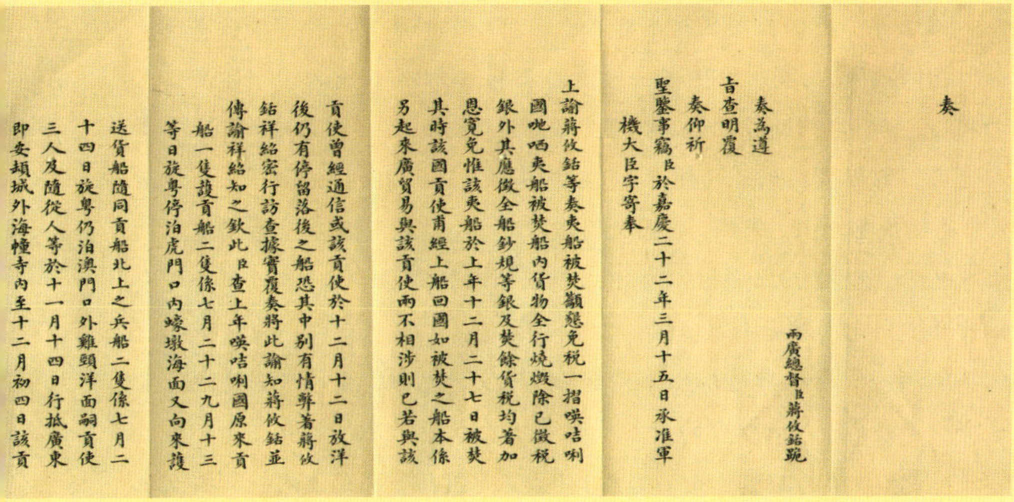

奏

兩廣總督臣蔣攸銛跪

奏為遵
旨查明覆
奏仰祈
聖鑒事竊臣於嘉慶二十二年三月十五日承准軍
機大臣字寄奉
上諭蔣攸銛等奏夷船被焚籲懇免稅一摺嘆咭唎
國吡啞夷船被焚船內貨物全行燒燬除已徵稅
銀外其應徵全船鈔規等銀及焚餘貨稅均著加
恩寬免惟該夷船於上年十二月二十七日被焚
其時該國貢使甫經上船回國如被焚之船本係
另起來廣貿易與該貢使兩不相涉則已若與該
貢使曾經通信或該貢使於十二月十二日放洋
後仍有停留落後之船恐其中別有情弊著蔣攸
銛祥紹密行訪查據實覆奏將此諭知蔣攸銛並
傳諭祥紹知之欽此臣查上年嘆咭唎國原來貢
船一隻護貢船二隻係七月二十二九月十三
等日旋粵停泊虎門口內蠔墩海面又向來護
送貨船隨同貢船北上之兵船二隻係七月二
十四日旋粵仍泊澳門口外雞頸洋面嗣貢使
三人及隨從人等於十一月十四日行抵廣東
即安頓城外海幢寺內至十二月初四日該貢

乾隆帝谕旨：英国贡使赴黄埔看望本国商人听其自便，如请建货栈房屋必当禁止

乾隆五十八年九月二十八日（1793年11月1日），中国第一历史档案馆藏。

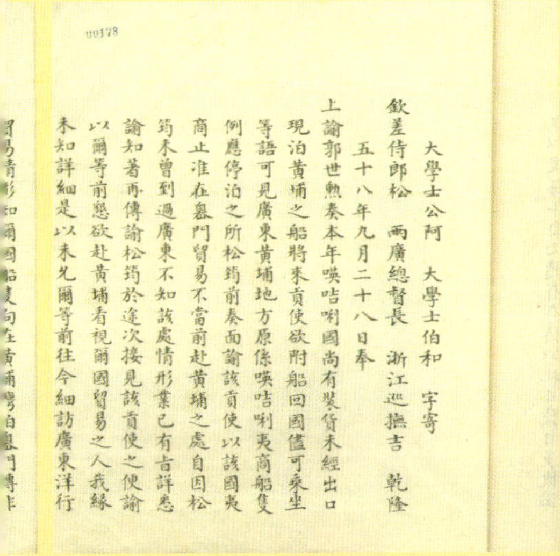

00173

大學士公阿 大學士伯和 字寄
欽差侍郎松 兩廣總督長 浙江巡撫吉 乾隆
五十八年九月二十八日奉
上諭郭世勳奏本年嘆咭唎國尚有裝貨未經出口
現泊黃埔之船將來貢使欲附船回國儘可乘坐
等語可見廣東黃埔地方原係嘆咭唎夷商船隻
例應停泊之所松筠前奏面諭該貢使以該國夷
商止准在澳門貿易不當前赴黃埔之處自因松
筠未曾到過廣東不知該處情形業已有旨詳悉
諭知著再傳諭松筠於途次接見該貢使之便諭
以爾等前懇欲赴黃埔看視爾國貿易之人我緣
未知詳細是以未允爾等前往今細訪廣東洋行

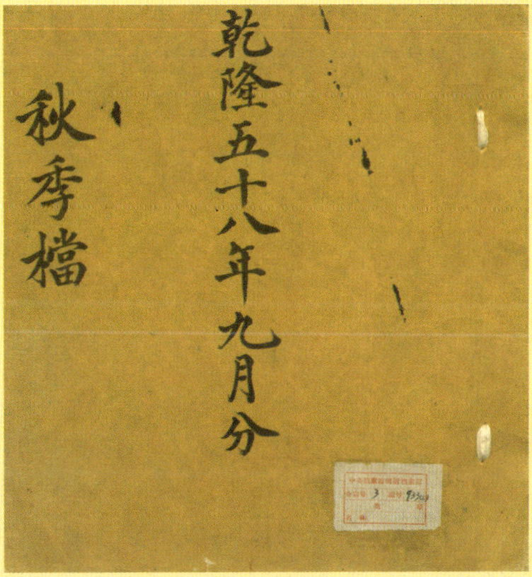

乾隆五十八年九月分

秋季檔

1816年，英国公司的对华贸易已经增加了四倍。战胜了拿破仑后趾高气扬的英国，又提出派阿美士德使团来华，此次同样是为了东印度公司的利益。当时广州商馆的翻译人员为此事被抽调一空，潘启官、伍浩官匆匆赶来，他们提醒到来的使者，“皇上不会欢迎你们到北京的”。王命在身，英使执意北上。果然，使团又因拒绝叩首，这次连嘉庆皇帝的龙颜都未曾见到。交涉均因体制问题搁浅，英国越来越清楚地意识到，靠外交手段打开中国大门难以奏效。

1820年，曼彻斯特商会向英国下院递交请愿书，要求“取消地球上这个物产丰裕、人口众多的国家对大英帝国的通商限制”。邦交途径阻隔不通，垂涎欲滴的需求又无法遏制。于是，英国在贸易范围内绞尽脑汁地寻找回天的武器。

罂粟花下

西方国家东来中国之初，几乎无一例外地发现，他们运来的商品没有一种是中国必不可少的，整船的西式刀叉，在用筷子的中国人看来毫无用处；成批的毛织品，在自给自足的自然经济面前没有出手的地方。在贸易的天平上，一方面是中国的丝绸、茶叶和瓷器等等，在西方有着愈来愈广泛的市场；另一方面却是中国对西方货物的需要微乎其微，要与中国进行贸易，只有拿着银子来。17、18世纪，英国东印度公司商船从伦敦出发时，船舱里90%的货物都是白银，白银是这一时期西方要与中国维持贸易平衡的惟一支点。

当英国国王的使臣马戛尔尼来华时，乾隆对中西方贸易的状况有过一段自傲的评说："天朝物产丰盈，无所不有，原不藉外夷货物以通有无。特因天朝所产茶叶、瓷器、丝斤为西洋各国及尔国必需之物，是以恩加体恤。"话语中很有几分骄傲自大鄙视外夷的意味，却也道出了当时贸易交往的实情。弄不到足够的白银，却渴望得到大量的中国物产，中国外贸的出超地位，使西方世界痛心疾首。

终于，英商找到了一种能够全面改变现状的特殊货品，它不是来自于西方，而是来自印度殖民地。这个商品的名称叫做鸦片。

不知何年，人们发现了一种名叫"罂粟"的花儿，它既能救人也能杀人。罂粟子可入药，果汁能提炼出麻醉剂和毒品，这毒品就是鸦片。吸鸦片不用烟嘴、烟斗，而要用烟枪。这枪对着所有的男人女人、达官贵人和平民百姓，不知要有多少人在这枪口下慢慢地倒下去。

1732年，两艘英国船带来少量鸦片，在广州市场意外地获利，这是英印公司在中国做鸦片买卖的第一笔记录。他们发现，用这个商品可以换取在中国购物的资金。在利益的驱使下，这些英商已变得不择手段，不惜以中国人的身体和财产为代价，谋求更多的肮脏利润，哪怕明知这种方式是卑劣的。

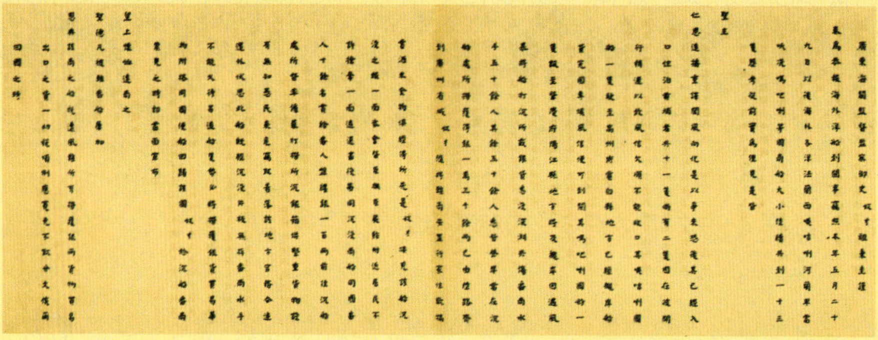

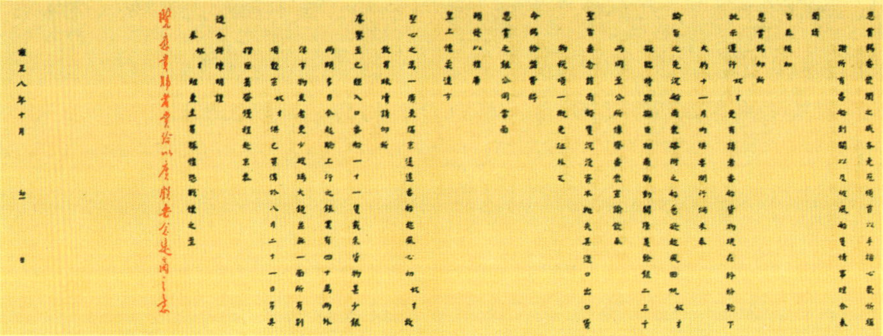

广东海关监督祖秉圭奏折：洋船进泊黄埔，洋货少银两多

雍正帝批示："览。应赏赐者赏给，以广朕垂念远商之意"。雍正八年十月初一日（1730年11月10日），台北故宫博物院藏。

清宫意大利画师郎世宁绘制的《仙萼长春图》中的罂粟花

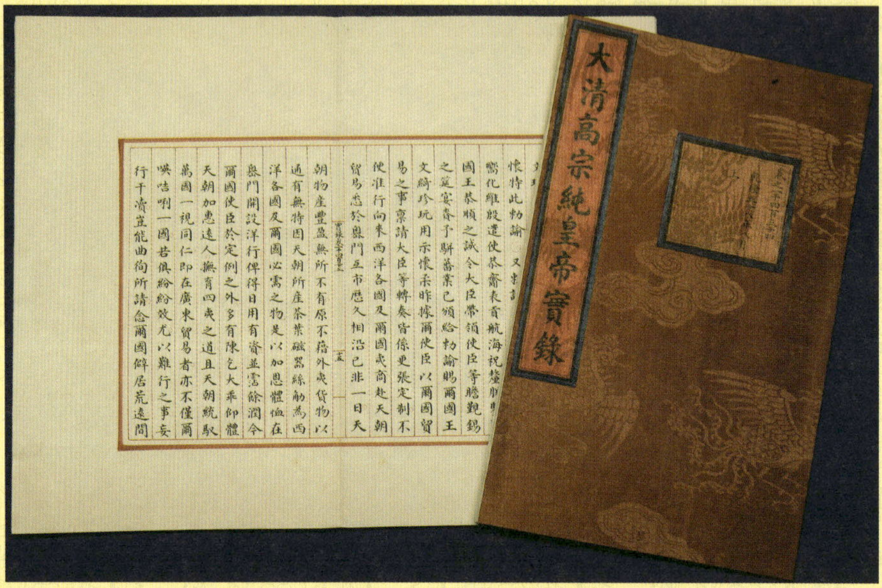

乾隆皇帝致英国国王乔治三世的敕谕

其中说道："天朝物产丰盈，无所不有，原不藉外夷货物以通有无。特因天朝所产茶叶、瓷器、丝斤为西洋各国及尔国必需之物，是以恩加体恤"。乾隆五十八年八月十九日（1793年9月23日），中国第一历史档案馆藏。

1793年乾隆帝在避暑山庄接见英国马戛尔尼使团

印度境内形成鸦片生产、收购、拍卖、运销一条龙专营。英印公司建立了鸦片收购承包人制，成为输华鸦片最大的商家。一种政府与公司，公司与私商联手的秘密走私活动，逐渐形成规模。印度最好的土地变成了毒品的生长沃土，最终聚成英国人的财富。

英国依靠鸦片输出吸收中国白银，重建对华贸易结构，使他们的贸易发生了彻底的逆转，一举变为顺差。作为平衡贸易的手段，鸦片改变了白银的流向，1792至1795年中英进出口贸易总额，已显示出东印度公司由逆差转为顺差的地位。英国人发现，鸦片如同麻醉剂，轻而易举地就可塞到中国人的手中。

很快，清政府便意识到了毒品的危害，在禁令之下，鸦片不能从正常的海关渠道进入国门，于是，澳门、黄埔、伶仃洋一带先后成为鸦片走私的基地。走私活动显然不便以货易货，鸦片交易都是用现银兑换的，在这片海域，白银、西班牙银元和皮阿斯特是信任度最高的货币，每艘船可装载鸦片100箱，市价约值15到20万银元。

走私贸易蓄积的经济魔力，往往难以遏止。在东北季候风盛行的冬天，是广州的贸易淡季，一般无生意可做，但鸦片贸易却异常活跃。沿海鸦片走私甚至到了井然有序的程度：收贮有伶仃洋面的趸船，批发有广州城内外的“窑口”，运销有行驶如飞的快蟹。清政府要闭关，而鸦片不需入关就有快蟹私运；要封舱，而鸦片已由“窑口”包销；要靠水师缉私，而巡船反为走私护航。伶仃洋走私基地成了摆脱官方稽查的飞地，海面上最漂亮的船只就是收益颇丰的鸦片船。

鸦片飞剪船可以逆着季候风航行，并在一个季度内将三批鸦片运到伶仃。躲在伶仃洋山峰阴面快艇上的走私犯，常常悠闲地坐在甲板上打牌，显得毫不担心。天朝官兵似乎与他们有着某种特殊的默契，处罚不力使烟贩不再畏惧巡船。据1831年的统计，广州的水面上，通常有100—200只扒龙、快蟹，从大约25只鸦片趸船上偷运鸦片上岸。珠江口外各海澳

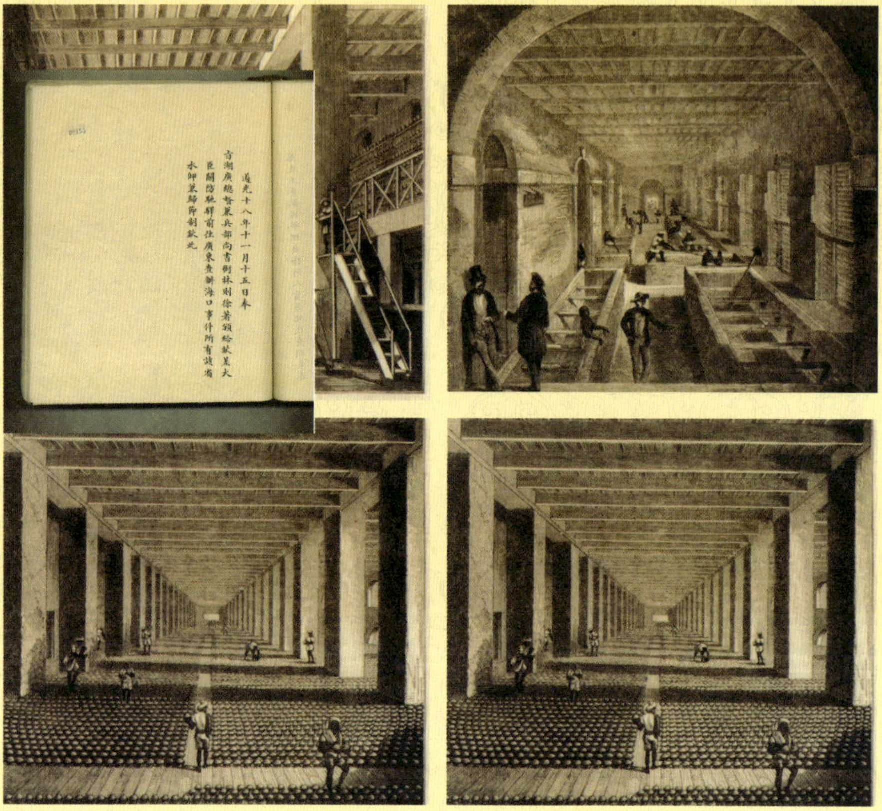

清代西人绘画：英国东印度公司的鸦片制造厂

图中展示的是鸦片的炮制过程：分拣、搅拌、干燥、仓储，广东省博物馆藏。

江面上的鸦片趸船

嘉庆皇帝像

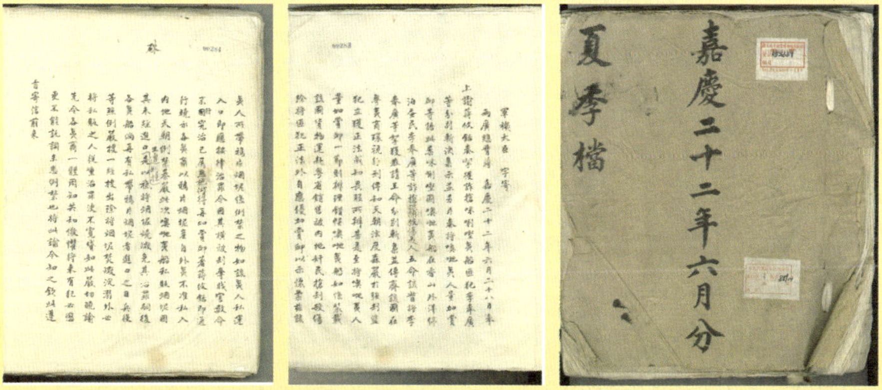

嘉庆皇帝关于禁绝鸦片的上谕

嘉庆二十二年六月二十八日（1817年8月10日），中国第一历史档案馆藏。

道光皇帝像

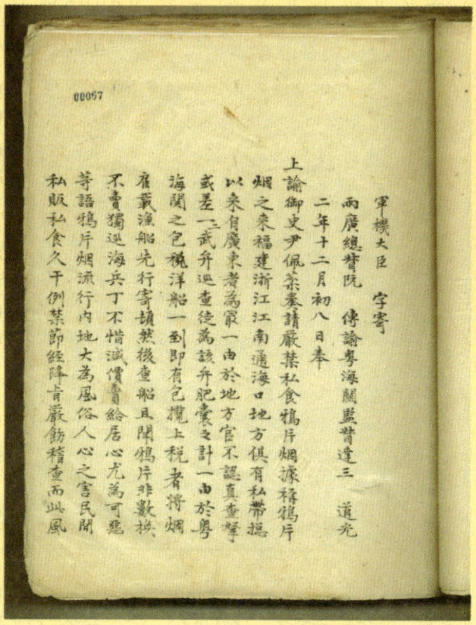

00067

軍機大臣 字寄
兩廣總督阮 傳諭粵海關監督達三 道光
二年十二月初八日奉
上諭御史尹佩棻奏請嚴禁私食鴉片烟據稱鴉片
烟之來福建浙江江南通海口地方俱有私帶據
以來自廣東者爲最一由於地方官不認真查拏
或差一二武弁巡查徒爲該弁肥橐之計一由於粵
海關之包攬洋船一到即有包攬上稅者將烟
雇覓漁船先行寄頓然後查船且聞鴉片非數袋
不賣獨巡海兵丁不惜減價賣給居心尤爲可惡
等語鴉片烟流行內地大爲風俗人心之害民間
私販私食久干例禁節經降旨嚴飭稽查而此風

道光皇帝关于禁绝鸦片的上谕

道光二年十二月初八日（1823年1月19日），中国第一历史档案馆藏。

正在缉私的清朝官兵旧照

清代西人绘画：鸦片在海上的交易过程——卸货、过磅、打包

广东省博物馆藏。

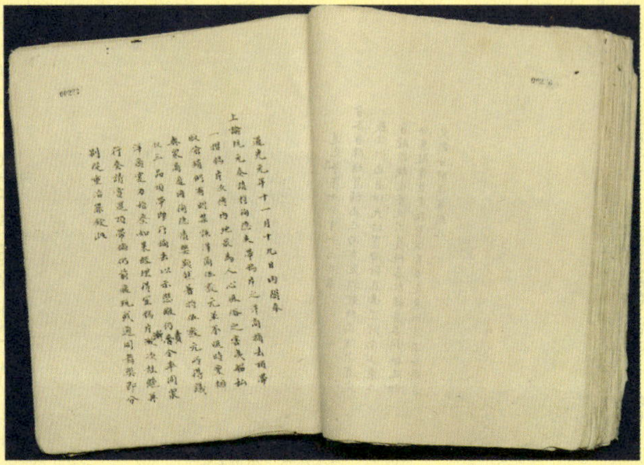

道光帝对广州十三行总商伍秉鉴治罪的上谕

上谕写道:“夷船私贩偷销例有明禁，该洋商伍敦元并不随时禀办，与众商通同徇隐，情弊显然”。伍敦元是总商伍秉鉴的官名。

道光元年十一月十九日（1821年12月13日），中国第一历史档案馆藏。

广州街头的店铺

约1870年摄，图的右侧有一家鸦片烟馆的招牌。

英国大鸦片贩子威廉·查顿

［英］钱纳利约1839年绘，美国卡索尔美术公司藏。

力主禁烟的邓廷桢像

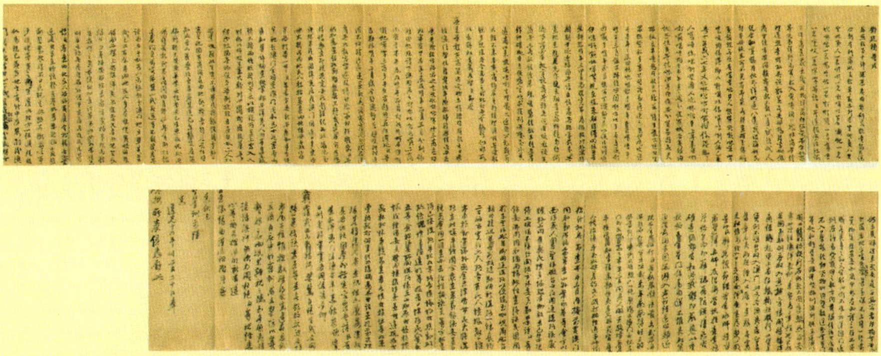

两广总督邓廷桢奏折：洋船入黄埔虽层层查验，但走私已在进入珠江口之前

道光十六年十二月二十日（1837年1月26日），中国第一历史档案馆藏。

直至广州城，鸦片走私也变得无孔不入，人们逐渐习惯了违抗官员。

广州口岸的开放是把双刃剑，输入文明的同时也带来了洋祸。有限的道德底线，终究抵抗不了金银财宝的诱惑，贿赂风行使走私禁而不绝。在新的地方官刚到任时，可能鸦片买卖会暂时收敛一下，但随着礼银的到位，即使新上任者胃口很大，“问题”也会很快得到解决，大地上充满着“平安无事”的气氛。清政府在禁止鸦片走私贸易上，越发显得力不从心。在英国的大鸦片贩子查顿看来，鸦片买卖是“世界上最绅士的投机生意”。

作为中外贸易的前沿，十三行商馆成为鸦片非法经营的基地，这里就有英美大烟贩开设的洋行，同文街、靖远街、联兴街还有数十家被称为“窖口”的鸦片包售代理商机构。“窖口”在外国商馆交付烟款后取得提货单，然后用扒龙、快蟹等快船去伶仃洋的外国趸船上取货。

这里，有一个问题是无法回避的，那就是十三行商人是否也参与了鸦片贸易。这是近代史上颇有争议的问题，也是行商在历史定位上，长期处于尴尬境地的一个主要原因。那历史的真相又是怎样的呢？

从清代档案看，在清政府有关查禁鸦片的诸多案例中，并没有行商售卖鸦片的记录。官府对行商最重的处罚，就是1821年道光帝以“知情不报，通同舞弊”之罪，摘去了总商伍秉鉴的三品顶戴花翎。

那么西方的档案文献又是如何记载的呢？据美国人马士所著《东印度公司对华贸易编年史》记载：鸦片买卖主要是在澳门进行的。“没有一位广州行商是与鸦片有关，他们无论用什么方式，都不愿意做这件事。”英国的大班常与澳门洋行一个叫先官的商人及一些自由商做鸦片买卖。先官惯于在澳门至广州，以及东京至马来半岛间做鸦片生意，他早已用各种手段将买卖的关节打通。美商亨特在《广州番鬼录》中也写道：“没有一个行商愿意去干这种买卖”。

这是件让人感到奇怪的事，面对鸦片走私的高额利润，整天与洋人打交道的行商们却望而却步，这究竟是什么原因呢？

这是因为，从事鸦片买卖会给广州行商引来意想不到的灾难。据东印度公司档案记载，1817年，美国商船私带鸦片到黄埔港被官府查获，做担保的伍浩官交出罚银16万两，其他行商被罚5000两，相当于鸦片价值的50倍。承受这样的处罚，几乎可使行号陷入绝境。这件事之后，广州的行商向外商宣布：以后任何船主必须保证不夹带鸦片，否则一律不予担保。在官府的眼皮底下，行商不比自由商人，他们尽量置身于鸦片走私之外，以图自保。

另外，作为由官府认定身份的大家大户，行商是不敢轻易铤而走险的。禁烟期间官府规定，所有入口船只必须由伍浩官等四家行商担保，保证每艘船在到达黄埔时没有装载鸦片。理由是四家都是殷实富户，不会置身家性命于不顾。1821年，行商曾集体致函英国大班："鸦片买卖事关身家性命，不得已必须秉公而行"。

鸦片贸易是一种在行商体制之外的走私活动，一些夹带鸦片的外国商船不敢贸然进入口岸，往往在珠江口外卸货交易，对此，广州的行商是难以过问的。粤海关每年百万以上的进出口贸易都要经过十三行来完成，虽然后来的鸦片走私贸易额占进口总值的50%以上，但这是在十三行贸易范围之外进行的，是行商无法控制的。

当然，客观地说，在泛滥沿海、波及全国的鸦片走私贸易中，十三行商人不可能是毫无关系的局外人。在交易中，一些行商发现船舱有"神秘货物"时，往往采取这样的态度：私下通知船主不要在口内卸货，避免官府发现引起麻烦。行商与外商有密切的业务往来，直到今天，我们仍无法排除他们知情不报，或利用特殊身份说合，甚至是暗中参与的可能。

1834年英国首任驻广州的商务监督律劳卑，强令英舰闯过虎门（“伊莫金号”及“安德洛梅奇号”）。

道光帝：大快人心事

海洋的辽阔无垠，容不得垄断的长久存在。就在英国东印度公司用鸦片打开中国市场的时候，1833年，公司对华的通商专利被取消。在英国自由商人的强烈抗议下，具有二百多年历史的英国东印度公司从广州的十三行商馆消失了。1834年，第一艘自由商船载着“自由茶”驶往伦敦，这是自由商人在对外贸易上的胜利。曾目睹过英国公司商馆关闭情景的美国人亨特，在《广州番鬼录》中写道：

> 在广州的外国侨民中，公司一向是颇具特色的。商馆关闭时的凄惨情景使人难过，一些富于进取心的商人把公司移交给政府，公司的政治命运也告结束。许多成员后来移居印度担任文官。至于外面的自由商人，这却是一个值得纪念的日子，在他们面前展现了一幅繁荣的前景。

公司时代，主要着眼于商贸利益，在与天朝体制的冲突中，本着求和妥协的策略，所以能与十三行长期和平共处，二者具有异曲同工之处。公司解散之后的第二年，极富挑战性的英国新兴商人来到广州口岸。这时，英国的世界霸主地位已经确立，英方一反以往的屈从态度，其政治地位和国家威望被置于显著的地位，中英隔膜进入激化的层面，冲突很快便发生了。

英国自由商人的胜利并未解决对华贸易中的各种问题，西方的垄断公司倒下了，而中国方面呢？广州独口依然，行商制度依然。英国的产业资本者、自由商人和某些官方人士，在打破了东印度公司的壁垒之后，又向中国的行商制度发起挑战。

1834年，英国政府派出首任商务代表律劳卑来华，取代原有的公司大班。新上任的律劳卑拒不承认广州行商是同中国官方交往的沟渠，他撇开前来接待他的行商伍浩官和卢茂官，以平行款式致书广东大吏，对此，两广总督卢坤深以为耻。卢坤认为：“该国官员不能与天朝疆吏书信平行，事关国体，未便稍涉迁就，致令轻视”。西方国家派来的使者，清廷向来只认作贡使。中英平等外交，这是当时中国的政治体制和邦交观念所绝对

两广总督接见英国使团

油画，约1794年，美国马丁·格里高利美术馆藏。

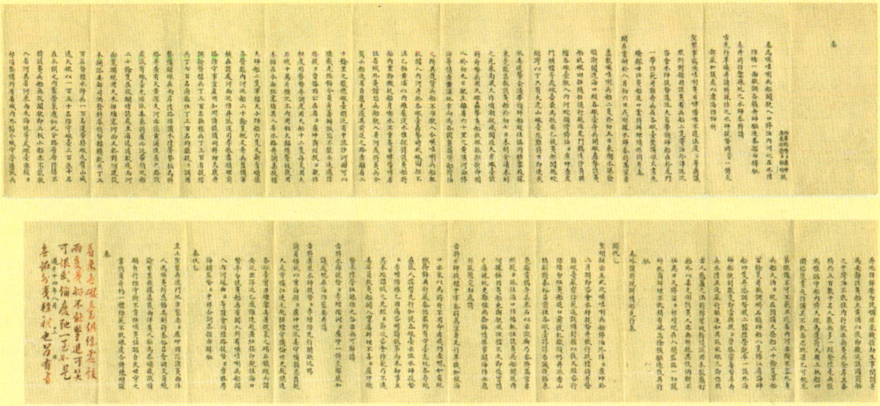

两广总督卢坤奏折：律劳卑令英舰闯入内河停泊黄埔

道光帝在奏折上愤怒地批道："看来各炮台俱系虚设，两只夷船不能击退，可笑可恨！武备废弛以至如是，无怪外夷轻视也"。

道光十四年八月十三日（1834年9月15日），中国第一历史档案馆藏。

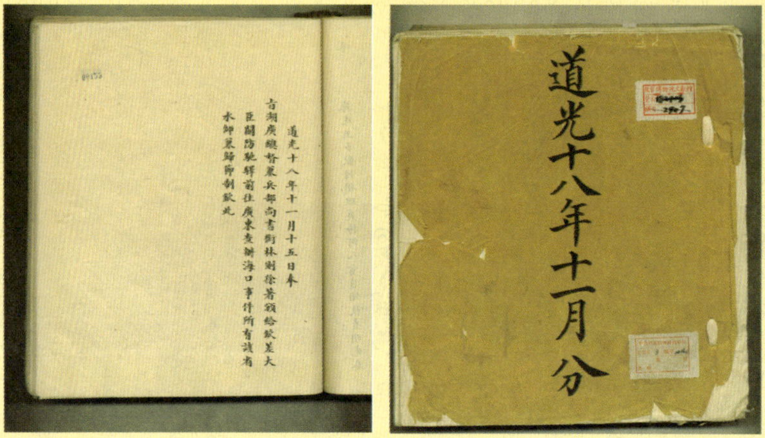

道光帝谕旨：令林则徐为钦差大臣赴粤查禁鸦片

道光十八年十一月十五日（1838年12月31日），中国第一历史档案馆藏。

钦差大臣林则徐像

油画，啉呱约1840—1850年绘。该画像曾于1851年在波士顿展览馆展出。

律劳卑像

英国东印度公司大班撤离广州商馆后，英国政府派出的首任驻华商务代表。

广州城内的大佛寺

当年这里曾是林则徐收缴鸦片的总局。

林则徐虎门销烟图

水墨画，约1840年，香港美术馆藏。

西洋人绘制的广州全景图

广东省博物馆藏。

不能接受的。广州的行商们在处理律劳卑事件中左右为难：一方面，广东大吏责成他们严格遵行天朝定制；另一方面，律劳卑根本不买他们的账。来自茫茫海疆的西方国家，已不同于塞北沙漠和蒙古草原的劲敌，当卢坤下令封商馆、撤仆役、断食粮、停贸易时，中英即兵火相见。律劳卑来华引起的这场"天朝定制"与"平等交涉"之间的冲突，持续了两个月，随后的中英对峙更是不断升级。

经过长久的酝酿和对两国实力进行了一番比较之后，英国认为，武力是改善通商条件惟一可以使用的方法，他们不再把北京朝廷当做交涉对象而视为打击对象。1836年出版的《中国文库》写道："把和外人互市的场所限定于一个狭窄的地方，并使它受着这么多的约束，是一件憾事。我们不须大动海军，也不须多费钱财，需要的不过是几只中等的军舰，带着一份拟就的条约稿本，直接到北京去。"战争一触即发。

近代中国，广东是办理外交的重地，十三行处在中西关系的漩涡中，成为矛盾冲突的重要场所。1839年初，钦差大臣林则徐奉命赴粤查禁鸦片。当时在美国旗昌洋行商馆内任职的亨特，在《广州番鬼录》中记述道：

> 3月10日是个星期天，林则徐乘坐一支大官船来到十三行商馆。外商们看到这位大名鼎鼎的林钦差身材宽大，表情坚定，留着长须浓胡子，具有威严的气概。他坐的船后面跟着许多船和戴红顶或蓝顶的官员，士兵穿着崭新制服列队在炮台上，江的两岸站满了安静而好奇的人们。

林则徐传行商伍绍荣查验商馆洋人，他责备行商纵容贩烟，令外商限期呈缴鸦片。当时，林则徐就住在广州城内，大家都知道他与以往的大官不同，是毫不留情和不听什么分辩的。外商和行商惊恐万分，他们集中在丹麦商馆进行商议，直到深夜。行商伍浩官请求旗昌洋行在准备交出的鸦片数目上再加150箱，钱则由他来付，价值10.5万银元。

为使洋人就范，林则徐下令停止贸易、围馆封舱。外国商馆内的800名中国人全部撤离，商馆前后的街道、广场、河面都布置了重重封锁线，不准运入生活物资，也不准一个外国人走出商馆。广州市民拆下商馆前面

林则徐虎门销烟池遗址

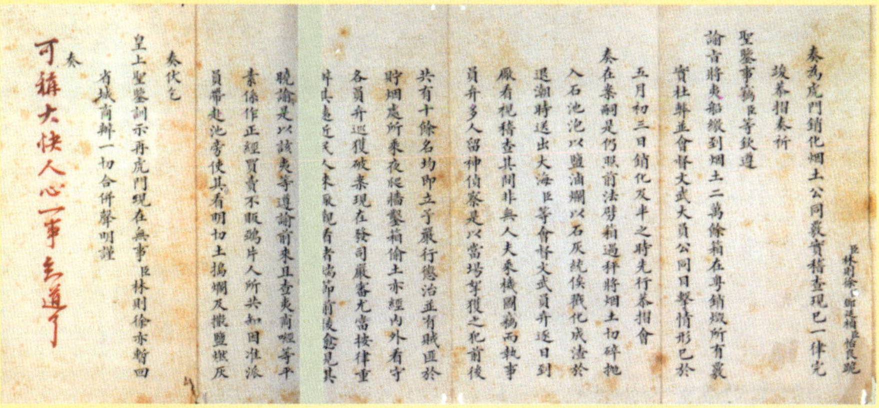

臣林則徐、臣鄧廷楨、臣怡良跪
奏為虎門銷化煙土公同覈實稽查現已一律完
竣恭摺奏祈
聖鑒事竊臣等欽遵
諭旨將夷船繳到煙土二萬餘箱在粵銷燬所有覈
實杜弊並會督文武大員公同目擊情形已於
五月初三日銷化及半之時先行恭摺會
奏在案嗣是仍照前法劈箱過秤將煙土切碎拋
入石池泡以鹽滷爛以石灰純俟戳化成渣於
退潮時送出大海臣等會督文武員弁逐日到
廠看視稽查其間非無人夫乘機圖竊而執事
員弁多人留神偵察是以當場拏獲之犯前後
共有十餘名均即立予嚴行懲治並有賊匪於
貯煙處所乘夜從牆鑿箱偷土亦經內外看守
各員弁巡獲破案現在發司嚴審尤當按律重
件其近夷人來廠觀看者尚節前後愈見其
曉諭是以該夷等遵諭前來且查夷商喔等平
素係作正經買賣不販鴉片人所共知因准派
員帶赴池旁使其看明切土搗爛及撒鹽燃灰
奏伏乞
皇上聖鑒訓示再虎門現在無事臣林則徐亦暫回
省城商辦一切合併聲明謹
奏
可稱大快人心一事 知道了

林则徐、邓廷桢等进呈的关于虎门销烟的奏折

在这份奏折中，林则徐将销毁鸦片的整个经过上报朝廷，其中谈到在池中销毁鸦片的方法、洋人观看时的情景和烟土的名色种类。道光帝在奏折上兴奋地写道：“可称大快人心一事。知道了。”

道光十九年五月二十五日（1839年7月5日），中国第一历史档案馆藏。

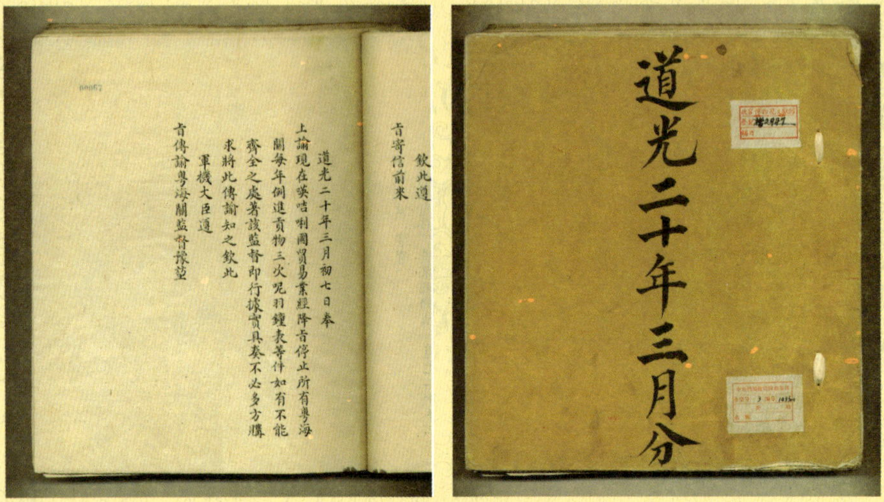
欽此遵
旨寄信前來
道光二十年三月初七日奉
上諭現在暎咭唎國貿易業經降旨停止所有粵海
關每年例進貢物三次呢羽鐘表等件如有不能
齊全之處著該監督即行據實具奏不必多方購
求將此傳諭知之欽此
軍機大臣遵
旨傳諭粵海關監督豫堃

道光帝谕旨：对英贸易已停止，粤海关不必多方购求洋货

道光二十年三月初七日（1840 年 4 月 8 日），中国第一历史档案馆藏。

1841 年的各国商馆

油画，美国麻省萨勒姆皮伯第 · 伊赛克斯博物馆藏。从画面中可以看到洋人撤离后的情景：各国商馆人去楼空，广场前国旗全无。

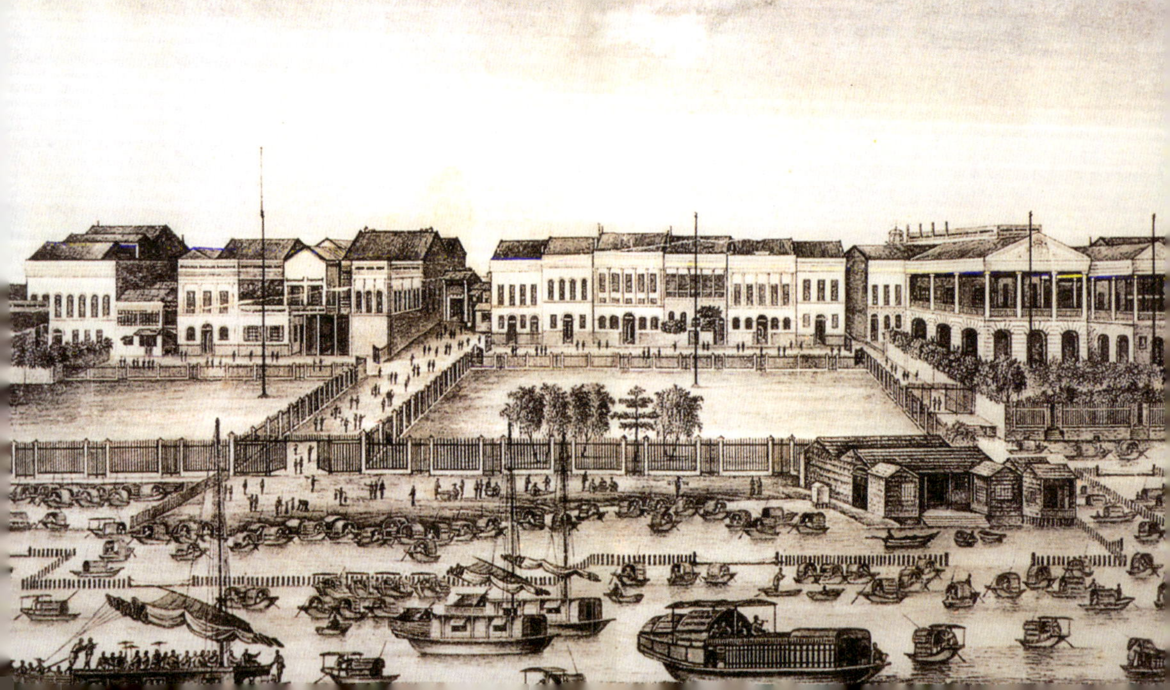

英国维多利亚女皇

美国旗昌洋行船屋

19世纪后期行驶在珠江与香港间的美国旗昌洋行船屋，其内部设备豪华，用于宴游和短程交通，可由人力划动，也可用动力船拖带。

英国泰晤士河畔的国会大厦

建于1840年的这个新哥特式建筑，在当时是英国的象征。

英国首相发表主战演说

威廉·格列斯顿勋爵

反对对中国发动鸦片战争的英国议会反对党“托利党”领袖。

巴麦尊勋爵

主张对中国发动鸦片战争的英国外交大臣。

虎门海战图

1841 年清军的水师木船被英国兵舰击毁。

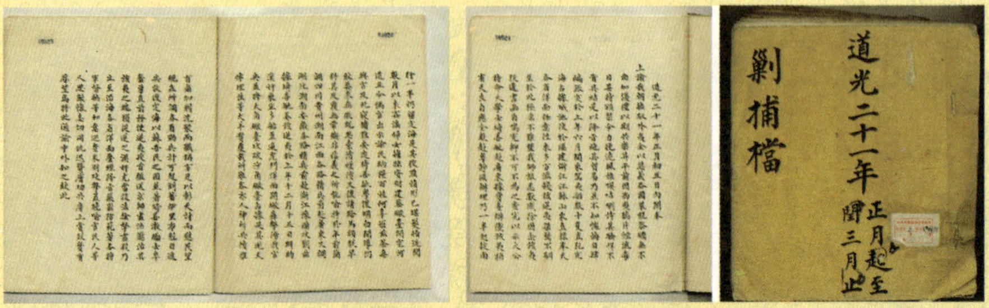
劉補檔
道光二十一年 正月起至閏三月止

清政府对英国宣战上谕：沙角大角炮台被占，沿海军民痛剿英敌

道光二十一年正月初五日（1841年1月27日），中国第一历史档案馆藏。

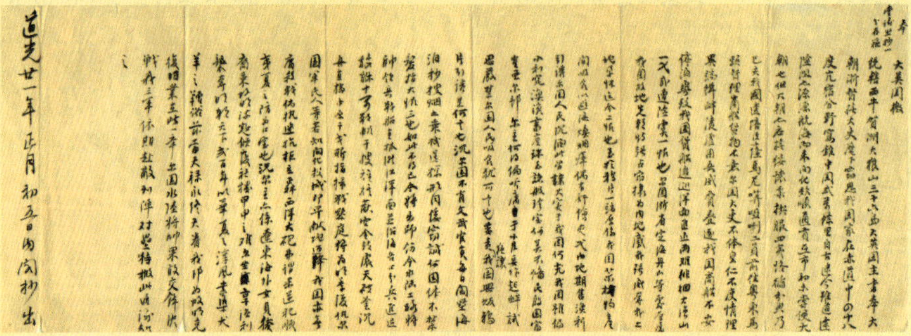
道光廿一年正月初五日內閣抄出

英国向中国宣战檄文（汉译）

中国第一历史档案馆藏。

清代西人绘画：英国军舰攻打虎门

围栏的沉重柱子，作为准备攻打的武器。商馆的后门也被砖头堵塞，里面的洋人担心人群破门而入，在主要入口处撒满了玻璃碎片，因为门外的市民都是赤脚的，事态异常紧张。英国驻广州的第一任领事义律也被围困在洋馆，他们失去了仆人，没有了食物供应。亨特也在其中的美国商馆，他写道：

> 商馆好像死地，连一个帮厨的人都不准留下，外国居民简直完全束手无策。结果，为了生存，被迫自己尝试做饭。有的人不满、抱怨、焦躁，把前所未闻的咒骂加在天朝道光皇帝陛下和林钦差大臣的头上。

这一年的夏天，广州的外国洋行被迫交出存货，林则徐冒着酷暑在虎门海滩指挥销毁鸦片。此时，鸦片的价格狂跌，由每箱2000元降至200元。查顿写道："在广州看不到一个鸦片零售商，没有一个人打听鸦片"。由于根本卖不出一箱鸦片，到1840年1月，《广州新闻行情报》因无鸦片行情，只得停报烟价。而在此前，英方尚有5万箱数量空前的鸦片，已准备好投放中国市场。种种发财的梦想随浓烟而去，外商感到鸦片贸易的末日已经来临。

虎门销烟之后，外国人被允许离开广州。义律在动身时发出告示，通知广州的英国人全部撤到澳门。到了1839年6月底，商馆内除25名美国人之外，就没有其他外国人了。

在鸦片买卖中发了横财的美国人，似乎并不在乎广州发生的事，禁烟期间，他们也未交出任何美国人所拥有的存货，只交出大约50箱土耳其人的鸦片。撤离的英国人把他们的业务交给美国洋行代管，于是美国人决定留在广州商馆，做他们的"战时生意"。在中英敌对之时，美国商船来往于欧洲与澳门、香港、黄埔、广州之间，以每吨30到40元的价钱运来英国货，又运走中国茶。在美国旗帜下进行的中西贸易，这个时期显得格外活跃。美国旗昌洋行向广东水师出售的"切萨皮克号"船，被改装成中国战舰，挂上画有龙图和八卦的无敌标志，船上四五百名水手，多数是最熟悉洋船性能的黄埔人。该船用于虎门防御，一度是中国威风的主力。

经历了18世纪末至19世纪初的扩张战争，英国成了最大的海上帝国。有了这样的军事后盾，他们觉得历年在广州所忍受的现在不能再忍受了。特别是虎门销烟之后，英国国内屡屡出现鼓吹强硬路线的论调。怡和洋行和宝顺洋行的鸦片贩子们，也纷纷向政府献策。查顿从广州商馆逃出后，携带在华搜集到的军事情报回到伦敦，成为煽动政府发动侵华战争的核心人物。

随着中国禁烟运动的强化和英国千方百计的抵制，中英关系处于极度紧张状态，冲突的加剧愈演愈烈，战争之箭已置在弦上。英国政府要为邪恶的毒品不惜打一场国际战争，因为鸦片已成为19世纪中期英国向中国倾销的主打商品，并赚足了大把大把的银子，在英国看来，这个英中贸易的基石是万万不能抽动的。用炮舰打破中国的限制，已成为英国朝野的共识。

1840年6月，英国东方远征军到达珠江口外，鸦片战争轰然爆发，中英关系最终决裂。这场中西碰撞的国际战争，对近代中国的影响巨大而深远。

虎门木排的诉说

鸦片战争对于清统治者来说是毫无思想准备的，就连林则徐也不例外。他在战争爆发前的几个月还曾奏报说:“该夷兵船笨重，吃水深至数丈，只能取胜外洋。不与之在洋接仗，其技即无所施”。英国以来华贸易为生命，“有断断不敢自绝之势”。林则徐进而谈到，从伦敦到中国，“须历海程七万里，中间过峡一处，风涛之恶四海所无，行舟至此，莫不股栗”。不难看出，林则徐认为英国不可能发动战争。当然，林则徐乃至清政府对于中英间局部的武装冲突是有防备的，但这只是为对付英人小规模的挑衅，绝不是准备两国之间大规模的战争。

鸦片战争让中外反目为仇，由于从一开始就与洋人交往，十三行商人便成为人们指责的对象。那么，在战争来临之际，他们到底都做了些什么呢？

虎门地处珠江入海口，是洋船出入广州的门户，其地势最有利于凭险防守，历来是海防的重点。虎门外有沙角、大角两山耸立两岸，夹江对峙，

参加鸦片战争的英军

广东大吏进呈皇帝御览的《虎门各炮台图》

道光二十四年二月初五日（1844年3月23日），中国第一历史档案馆藏。

虎门威远炮台遗址

当年，林则徐雄踞虎门，以其要塞和炮台守卫着珠江入海口。

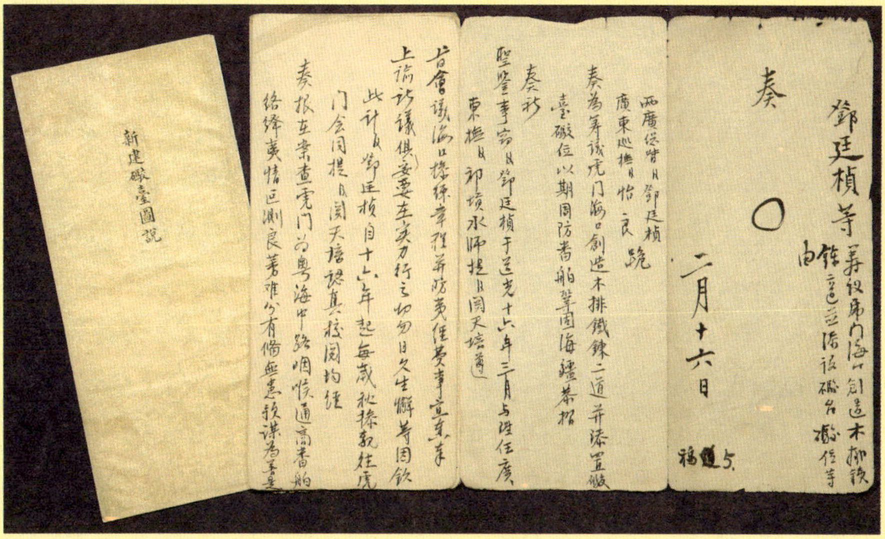

两广总督邓廷桢奏折：虎门海口安设拦江铁链木排事宜

邓廷桢在奏折中说，工程是洋行商人捐资，所以不用在海防经费中报销。道光十九年元月十二日（1839年2月25日），中国第一历史档案馆藏。

虎门炮台十三行商人捐购的铁炮

构成海防的第一道防线。溯江上行7里，上下横档岛屹立江心，把江水分隔成两路：西路水浅多礁，洋船不能通过；东路与武山之间江狭水深，形势险要，构成虎门的第二道防线。由横档上行5里，大小虎山雄踞江心，构成虎门的第三道防线。早在康熙年间，清朝当局就利用这些天险陆续建筑炮台，使虎门如虎添翼。但1834年律劳卑令两艘英舰闯过虎门，直抵黄埔，说明这些炮台已失去它应有的防卫能力。

1835年，关天培调任广东水师提督来到虎门，经考察，沙角、大角之间相距千丈，两边炮火均不能打到中线，只能作报信用的瞭望台，而虎门横档岛屿则是洋船进入广州的咽喉。他设想在横档岛与武山之间的激流中铺设拦江铁链木排，防止洋船通过。工程估价86000两白银。由于经费缺乏，难以实施，使他一筹莫展。

1838年，虎门横档岛屿的拦江木排工程终于可以开工，这是因为怡

英国皇家海军学院旧址

学院位于英国格林尼治码头，这里是伊丽莎白一世出生的地方。学院建于1696年，包括查尔斯王子在内的一代代学员水手，就在这里接受航海技术训练，直到1995年学院关闭。

清朝水师战船

和行商人伍绍荣等自愿捐银10万两，由粤海关监督豫坤如数缴送到两广总督衙门。不久，两道宽大的铁链木排就在江面最窄的地方铺起来，铁链的两端牢牢地系在山脚下的石槽中，使虎门的防务大大加强。当1840年6月鸦片战争正式爆发，英国军舰到达虎门外时，面对坚固的防御，一时竟无隙可乘。

战争是武器的搏杀、军事的较量，所潜在的又是综合国力和民族觉醒力的比拼。西方国家无不尽力把发展本国的造船业、航海业视为国家的命脉。为了增强远洋贸易的能力，1731年英国政府规定，造船材料一律免除关税，商船可以安装军事装备保护自己，集中体现了大不列颠国家对商人的扶助。许多国家都把民船看做是国家海上力量的组成部分，因为民船一经征用，就能成为战船。倘若战时中国有性能良好的商船，即使缺乏水师战船，也仍然是不乏抵抗力量的。

与西方国家鼓励远洋贸易的国策相反，崛起于白山黑水之间的清王朝，采取以禁为防的海洋观念，对于航海业实行的是一种自我摧残的政

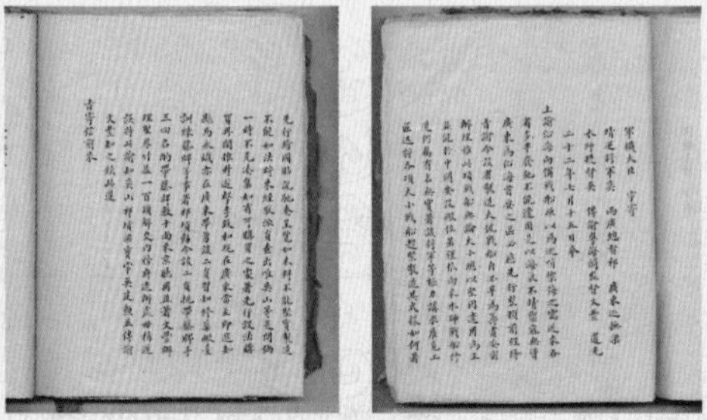

道光帝谕旨：广东为沿海首要，必先制造大号战船

道光二十二年七月十五日（1842年8月20日），中国第一历史档案馆藏。

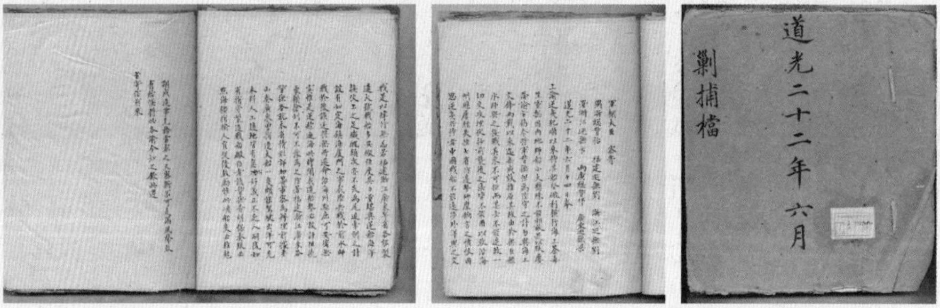

道光二十二年六月

剿捕檔

道光皇帝谕旨：制造战船断不可走漏风声

道光二十二年六月十四日（1842年7月21日），中国第一历史档案馆藏。

靖逆将军奕山奏折：美国兵船驶至黄埔，邀请中国官员登船参观

道光二十二年九月初七日（1842年10月10日），中国第一历史档案馆藏。

广东官员报告洋行商人购买外国兵船情形的奏折

其中写道：黄埔停泊的外国船都是来装运货物的，愿意出售者寥寥无几。怡和行商人伍秉鉴花14400两银子买到了一艘美利坚夹板船。

道光二十二年（1842年），中国第一历史档案馆藏。

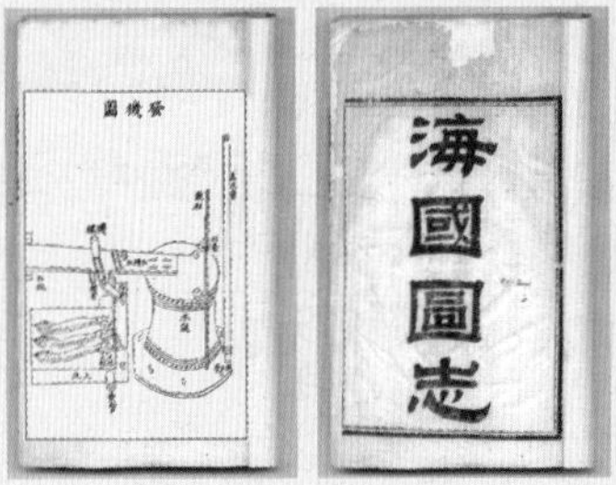

魏源《海国图志》中的《攻船水雷图说》

潘仕成旧照

潘仕成，广州洋行商人，道光年间任刑部郎中，捐官至三品顶戴，按察使衔。鸦片战争前后，他曾多次捐造战船，受到朝廷嘉奖。他著有《攻船水雷图说》、《攻船水雷总图》，被魏源收入《海国图志》中。他是近代国人把经世致用思想付诸实践的先驱之一。

策。为了防止中国人出海通洋，对船只规模和装备都作出严格限制：出海商船载重量必须在500石以下；帆船只许使用双桅杆；梁头高度不得超过1.8丈。此外，携带粮食、武器的数量，其规定也是少得不能再少。这样，中国商船就没有了远洋的安全保障。尽管外贸规模不断扩大，清朝却没有建立起自己的远洋船队。难怪当时西方的海盗声称，“一只小艇就可以毫无困难地抢劫中国船只”。

1815年，一位叫提登的波士顿商人到行商潘有度的别墅做客，曾见到主人收藏的一些当时最佳的世界地图和航海图，在英文地名旁还标有国家、城市与海港的中文名字。潘有度为自己不能像父亲潘振承早年那样，拥有自己的商船出海贸易而感到遗憾。

黄埔柯拜船坞旧照

西方人在中国开办的第一家船坞。船坞建于1845年，由英国轮船公司驻华代表柯拜创建。

柯拜船坞遗址今照

洋务派代表人物张之洞像

张之洞以抨击时弊、直言敢谏而著称，他有感于西方侵略的威胁，是具有强烈近代化意识的清朝官员。张之洞于1884年7月至1889年11月任两广总督，在这期间，颇得朝廷信任，而得以在广东大规模兴办洋务。与洋务运动时期历任的主粤官员有很大不同，张之洞办洋务决心大，不惜代价，而且部署周密，雷厉风行。张之洞在任的五年多时间，对广东的近代化发挥了重要的作用。

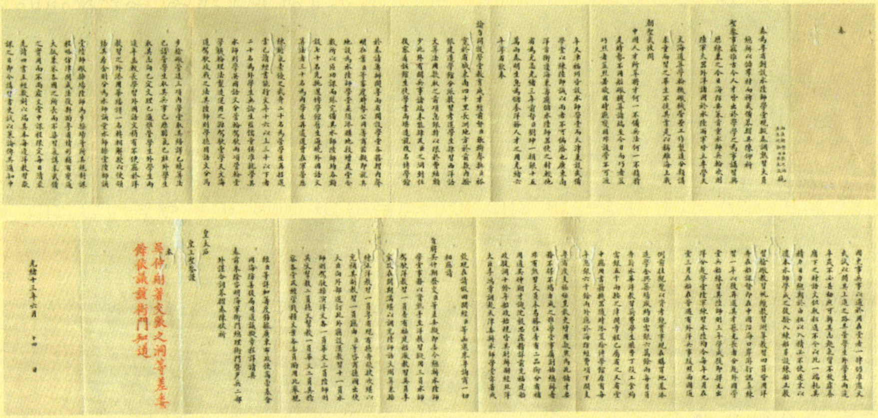

两广总督张之洞奏折：在广州黄埔创设水陆师学堂

光绪十三年六月十四日（1887年8月3日），中国第一历史档案馆藏。

身处战争前线，广东绅商目睹了外国兵船行驶如飞、船坚炮利的威力，他们从中惊悟到，改变水师装备对抵御外辱至为重要。为了增强作战力，洋行众商率先捐资引进西方先进技术，制造洋枪、战船、水雷。行商潘世荣曾仿制当时世界上最先进的火轮船，道光帝得知后在谕旨中说："广东曾捐造大船一只，颇能驾驶出洋。该省洋商内如有深悉造船之法，及力能设法购置夷船者，留心访察，加以激励”。道光皇帝秘密下令，要洋行商人设法购买大型洋船。然而，停泊在黄埔港的洋船大多要载货回国，愿意出售者寥寥无几，能够买到适于作战的船只更是不易。几经打探，伍秉鉴花14400两银子买到了一艘美利坚夹板船，这是我国最早购置欧美兵船的一大创举。同孚行行商潘正炜多次赴洋面寻访，出资1万两白银购得一只吕宋船。

商业财富、西洋理念与保家的动力，使行商潘仕成精于英美兵船的仿制，引起朝廷的重视。1841年道光谕令：“潘仕成所捐之船坚实得力，以后一切制造事宜统由该员经理，断不许令官吏涉手”。不久，潘仕成耗银2万两造成美式战船。潘仕成还出资从福建老家招募壮勇300名，准备守卫广州城，林则徐曾致书表示感谢，这封信被刻在潘家海山仙馆庭院内的碑栏上。1843年，潘仕成不惜重金雇请美国专家指导水雷制造，并自行绘制图样。他所著的《攻船水雷图说》，配有插图30幅，被编入一部近代国人睁眼看世界的名著中，这就是魏源的那本《海国图志》。

以总结鸦片战争得失和介绍西洋奇器为主的《海国图志》，成书于鸦片战争后的1842年。战争中，十三行商人仿制西方夹板船、火轮船和水雷的举措，引起魏源的关注。魏源在书中提出发展新式的军事与民用工业，提倡商办，主张向西方学习长技以御辱。那句著名的“师夷长技以制夷”的经典论说，正是在总结了广州士绅实践的基础上提出的。作为近代国人“师夷长技”的最早实践者，十三行商人在借取西洋先进技术上，比以后的洋务运动要早了二十年。

由于道光皇帝对西方科技持冷淡态度，在禁烟和战争的态度上摇摆不定，以及国人普遍的思想麻痹，使以岭南为中心的借取西洋武器的浪潮不久便夭折。数十年后，洋务派的代表人物张之洞在给皇帝的奏折中曾说：“中国之有洋务，以粤为始”。

广州城的600万元赎金

第一次鸦片战争期间，英军所到沿海城市几乎都是势如破竹，只有广州一城英军不攻而退。然而，当时的广州城并不是固若金汤。这其中又有怎样的内情呢？

1841年5月，清政府的妥协撤防，使英军长驱直入，兵临广州城下，准备发起总攻。守城将军奕山统领的清军部队无力抵抗，于是动用了解决华洋纠纷的惯用招数——令行商前往调停。奕山命行商伍绍荣随同广州知府余保纯出城讲和。在城外，伍绍荣用广东英语与英军首领义律进行了一番讨价还价。义律最终答应，英军可以退出虎门炮台以外，条件是清军退出广州城外200里，并且在一个星期内交出600万元的赔款。随后，一纸《广州停战协定》终止了一场将要开始的血战。

这600万元赔款，实为广州城的赎金，这是近代中外战争中，中方付出的第一笔大宗赔款。其中十三行商人共出资200万元，伍怡和洋行所出

清代西人绘画：广州城下之盟

图为清朝官员与英国驻广州领事在广州城下讲和，广东省博物馆藏。

水彩画：19世纪初广州城的海珠炮台

最多，计110万元。传说，这笔钱是两年前林则徐查禁鸦片，伍秉鉴在劝说英商交出鸦片时许诺的烟价偿款。不得不拿出110万的巨款，伍秉鉴的内心世界是怎样的？为此，伍秉鉴不可能无动于衷，但也并未气急败坏，而是采用精神安慰法，把献出巨款看成是作为转换风水求神保佑的善事。在伍秉鉴的许愿清单上，他这样分配110万：80万元保佑洋行生意兴隆；30万元保佑儿子孝顺。伍秉鉴对待任何难题永远保持冷静，总是能圆滑地对付官府和洋人，显现出他超凡的智能。由于是广州地方自酬赎金，奕山在向清廷报告战况时，隐瞒了他乞降讲和的真相，一份“粤省夷务大定”的奏折被送进京城，竟让道光皇帝欣喜不已。

正是这次赎城之举，让人们对十三行的商人褒贬不一。有人认为，国难当头，十三行商人同入侵者讲和，充当清政府屈辱投降的中介，与广东人民的抗英斗争相悖，是有损国体的耻辱行为。也有人认为，行商在危难面前为保全广州城而奔走，他们慷慨解囊的举动值得肯定。不管怎样，行商们还是承受了种种责难。当时广州城流传着这样的民谣：“四方炮台打烂，伍怡和银子顶上”。某日，广州雷雨大作，市民传说这是

两广总督琦善呈报虎门失守关天培阵亡的奏折

道光二十一年二月十二日（1841年3月4日），中国第一历史档案馆藏。

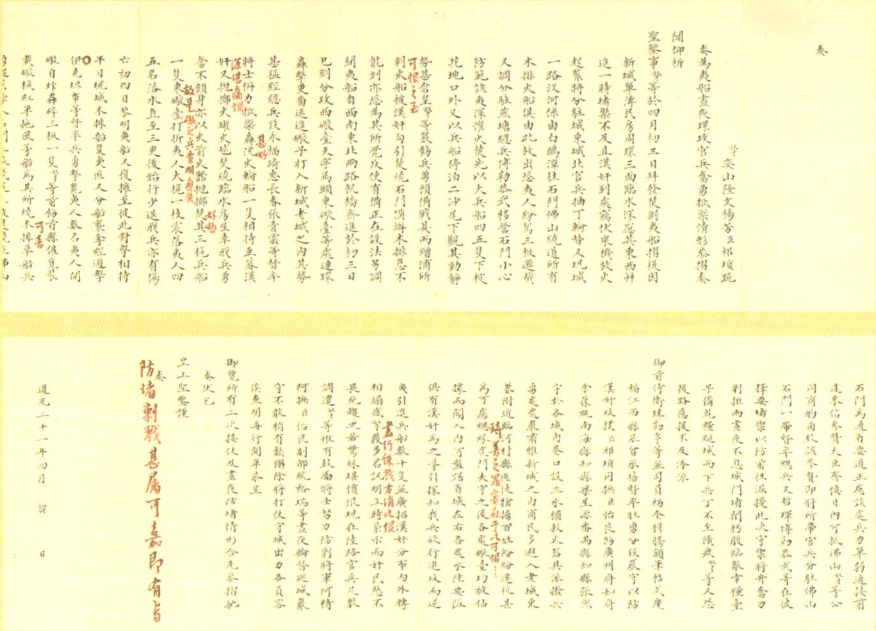

道光帝朱批英国兵船昼夜环攻广州城情形的奏折

道光二十一年四月初六日（1841年5月26日），中国第一历史档案馆藏。

清代西人绘画：广州郊外的激战

广东省博物馆藏。

清代西人绘画：攻入虎门海口的英军换乘小艇开进广州内河

广东省博物馆藏。

油画：清朝的军队

司保林约1800年绘，美国马丁·格里高利美术馆藏。

伍怡和遭了雷击。

广州的城下之盟成了不久以后南京城下之盟的预演和先导。广州商行的伍家被视为“通达夷情，足以排解粤省民夷不协”的官绅，成了历届广东大员的得力助手。1842年6月，在对外关系上一直战和无常的清政府，这时妥协投降的基调已定，《南京条约》的谈判即将开始，主持议和的耆英、伊里布上奏皇帝，请从广州的伍家“择其明干能事者一二人，随同襄办”，到江苏听候差遣。当时，伍秉鉴年事已高，就由其子伍崇曜代他赴任。但伍崇曜年纪又太轻，两广总督便选派通晓英语的广州同顺行商人吴天显一同前往，伍、吴二人于是启程赴江苏。大概道光帝此时还不理解已经破土而出的“买办”势力的妙用，他传谕广东大吏，“广东洋行商人，江苏地方无可差遣之处，无用前往”。当伍、吴二人还正在途中，耆英等已求降心切，急不可待。南京城下之盟已定，伍、吴二人便半路返乡。

十多年后，正值第二次鸦片战争期间，当时已是“广东洋务，非伍家莫属”，伍崇曜一再被咸丰帝钦点赴上海参加谈判，这时候的伍氏已成了清廷沟通华洋的人才。战后，广东的外交重任逐渐移交给新设的总理衙门和南北洋大臣，伍氏家族也就结束了其“战时洋员”的政治生涯。

1842年8月29日，在江宁附近停泊的英国皇家战舰“康华丽号”上，中国历史上第一个屈辱的外交条约——中英《南京条约》匆匆签就。《南京条约》的第一款就是开放广州、福州、厦门、宁波、上海五个口岸对外通商。

战争爆发之前，英国政府在事先拟就的对华条约草案中，把割让岛屿的名称、赔款的数额和期限等均用空格标示，而对五个要通商的口岸却是相当明确地开列出来。这一款被英国政府视为绝对必要而不可让步的条件，列入条约的第一款。

《南京条约》第四至第七款规定，中国赔偿英国2100万银元，相当于白银1470万两。而此时，清政府国库存银已不到700万两，显然没有支付能力。统治者是用什么办法来筹集赔款的呢？

老照片：广州的清朝大吏

[法] 于勒·埃及尔（Jules Itier）摄，法国摄影博物馆藏。

摄影技术于1816年诞生于法国。1844年，法国派使来华，与两广总督兼钦差大臣耆英谈判并签订中法《黄埔条约》。使团随员中有一个摄影爱好者，他携带一只大木箱，装着一架笨重的银板照相机，这就是法国财政贸易部代表于勒·埃及尔（Jules Itier）。使团在澳门和广州停留期间，于勒·埃及尔用这架相机拍摄了大量照片，广州的清朝大吏也私下请他拍照留影，这是目前所能见到的最早的一批中国照片。照片中间为广州将军奕湘，左为广东巡抚程矞采，右为广州知府刘开域。

广州郊外的牛山炮台遗址

《南京条约》谈判图

耆英像

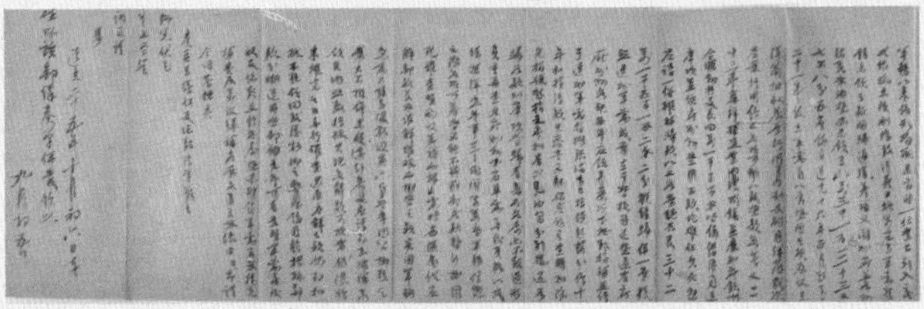

两广总督耆英奏折：对英作战，粤省军费数额巨大

道光二十五年九月初五日（1845年10月5日），中国第一历史档案馆藏。

紫禁城宫殿

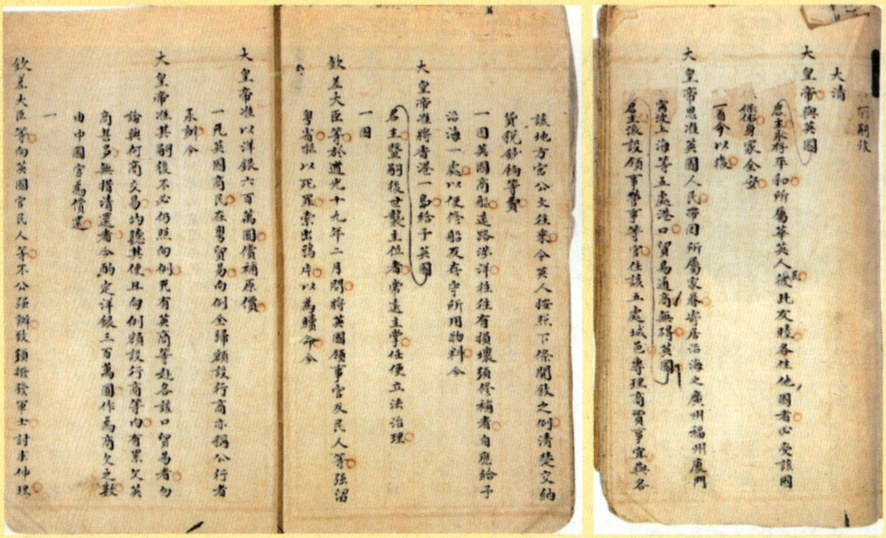
大清
大皇帝與英國
君主永存平和所屬華英人彼此友睦各住他國者必受該國
保佑身家全安
一自今以後
大皇帝恩准英國人民帶同所屬家眷寄居沿海之廣州福州廈門
寧波上海等五處港口貿易通商無礙英國
君主派設領事管事等官住該五處城邑專理商賈事宜與各
該地方官公文往來令英人按照下條開敘之例清楚交納
貨稅鈔餉等費
一因英國商船遠路涉洋往往有損壞須修補者自應給予
沿海一處以便修船及存守所用物料今
大皇帝准將香港一島給予英國
君主暨嗣後世襲主位者常遠主掌任便立法治理
一因
欽差大臣等於道光十九年二月間將英國領事官及民人等強留
粵省嚇以死罪索出鴉片以為贖命今
大皇帝准以洋銀六百萬圓償補原價
一凡英國商民在粵貿易向例全歸額設行商亦稱公行者
承辦今
大皇帝准其嗣後不必仍照向例凡有英商等赴各該口貿易者勿
論與何商交易均聽其便且向例額設行商等內有累欠英
商甚多無措清還者今酌定洋銀三百萬圓作為商欠之數
由中國官為償還
一
欽差大臣等向英國官民人等不公強辦致須撥發軍士討求伸理

中英《南京条约》稿本

道光二十二年七月二十四日（1842年8月29日），中国第一历史档案馆藏。

这次的战争赔款，分为烟价、商欠、战费三项。由于“广东之富闻名于天下”，又是鸦片战争的发源地，首当其冲地成为清政府的榨取对象。道光帝决定采取“勒绅富捐输”的就地筹款办法。身为大清国的皇帝，竟十分露骨地指令广东督抚及粤海关：“总之，多追商欠，即可少筹经费。当此制用孔亟之时，谅该督等必能仰体朕意也”。

1843年春天，钦差大臣、广东官府传集怡和行行商伍绍荣等，要求追索300万元，限全体行商6个月内全数交清。这次赔款，怡和行被勒缴100万元，行商公所认缴134万元，其他行商摊派66万元。这是行商团体最后一次为清政府效力，在官与商的关系中，吃亏的总是商。

洋行商人实际是鸦片战争中捐献最多的团体，也是战争的主要受害者。这次的战争赔款，广东承担最多，占总数的70%，其中行商占14%。其余款项由卷入战争的省份即江苏、浙江、安徽三省分摊。

《南京条约》除了给中国人带来众所周知的割地赔款外，也为十三行的垄断地位敲响了一曲丧钟。战争为英国推翻行商制度提供了契机，《南京条约》第五款便直指广州行商，其中规定：

> 凡大英商民在粤贸易，向例全归额设行商承办。今大皇帝准以嗣后不必仍照向例，凡有英商等赴各口贸易者，无论与何商交易，均听其便。

这是清朝外贸体制发生重大更动的条文。广州不再是惟一的通商口岸，行商已无权管理外商。行商的垄断不存在了，行商制度也就失去了立身之本。开放口岸，废除垄断，这是此前80多年前那个驾着洋船到京师告状的英商洪任辉、48年前来给乾隆帝祝寿的英国马戛尔尼使团、25年前觐见嘉庆帝未成的英国阿美士德使团都没能争取到的在华权益。此时，英国人是如愿以偿。作为特殊时代的特殊产物，历史久远、职责广泛的十三行制度，从此被画上了终结的句号。广州十三行，这个17、18世纪中西贸易的总汇之区，在19世纪中叶，成为社会危机的牺牲品。十三行的命运象征着国家的命运，它正是清朝由盛到衰的一个缩影。

商行余韵

《南京条约》的签订，曾让英国商人们充满无限的遐想，原有的十三行制度结束了，外商为种种约束将随之无存而兴奋。但紧接着到来的贸易季节，却使他们尝够了转换真空期的苦涩滋味。一切似乎都乱了套，外商原来只需面对单独的行商，现在却需要对付不明来路的各种商人，面对种种不熟悉的环节，面对中国的官府、各种丝茶商人和毫无信誉的骗子。一位外商抱怨道："每个人都已惯于通过行商进行贸易，开放以后，商人们随时准备欠账不还，一切都无章可循。它不像旧的公行制度那样令人喜欢，在我们的交易中再也没有同样的安全感了"。外商开始对新的贸易制度表示遗憾和不满，又留恋起了十三行时代。

1843年9月，伍秉鉴去世，享年75岁。亨特写道："这位举世闻名的

一代富豪伍秉鉴像

水粉画，13.5厘米×11厘米，庭呱约1830年绘。画面中身穿清朝文官服饰的伍秉鉴，此时显得心力交瘁，神态疲惫。

广东花县人洪秀全的亲笔朱砂诏书

诏书右边有“奉天诛妖，斩邪留正”的太平天国天王印玺，横74厘米，纵42厘米，中国第一历史档案馆藏。

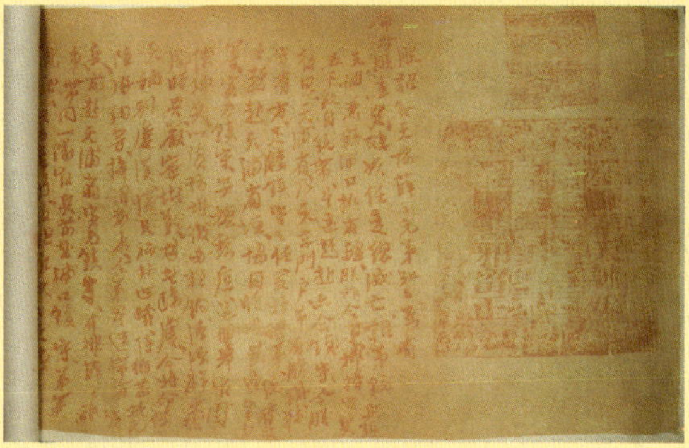

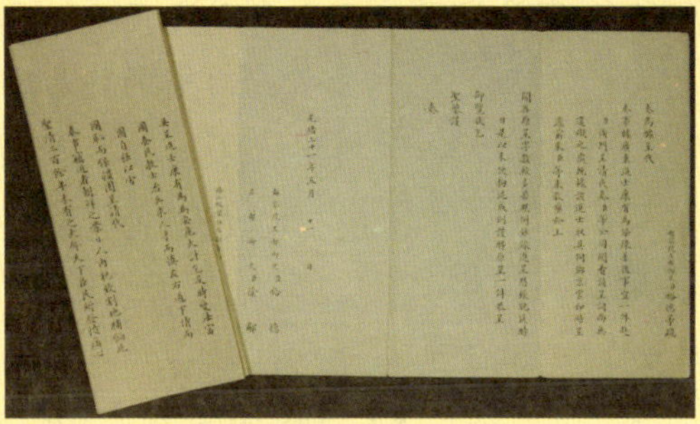

广东南海县人康有为关于变法维新的“公车上书”

光绪二十一年五月十一日（1895年6月3日），中国第一历史档案馆藏。

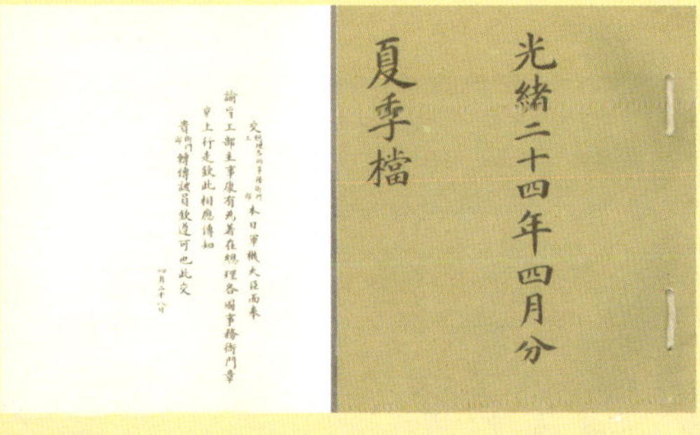

光绪帝关于起用康有为的上谕

光绪二十四年四月二十八日（1898年6月16日），中国第一历史档案馆藏。

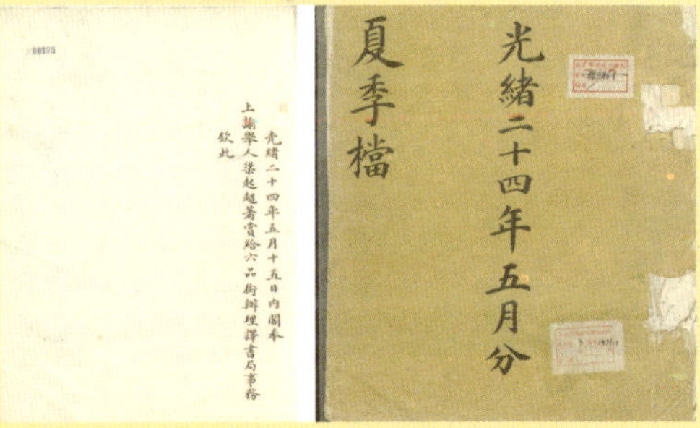

光绪帝关于起用梁启超的上谕

光绪二十四年五月十五日（1898年7月3日），中国第一历史档案馆藏。

公行最后的头人，与拿破仑、威灵顿都生于1769年”。能与拿破仑、威灵顿相提并论，也确实够有名气的了。这位世界首富，充任行商43年，担当行商领袖30年，他与十三行的垄断地位一起消失。伍秉鉴及林则徐的蜡像被一同陈列在伦敦名人蜡像馆。

1856年，由“亚罗号”事件引发的第二次鸦片战争，使十三行地区再次成为中外交锋的战场。12月15日深夜，战争的硝烟将具有170多年历史的十三行商馆化为灰烬。据当时的南海知县华廷杰在《触藩始末》一书中描写：“夜间遥望火光，五颜六色，光芒闪耀，据说是珠宝烧烈所至。”

十三行从此彻底退出商业舞台，行商各奔东西，有的自然破败，有的转换成受雇于外商的买办，他们不再需要清政府发给执照。一些精明而善于冒险的商人，开始把目光转移到一个新辟的通商口岸，这就是上海。他们带着大笔财富北上，成为上海开埠的先行者。

迁到上海的美国旗昌洋行，首先从原十三行的商人中寻找在华代理人——买办。原广州同顺行商人吴健彰就是上海开埠后最早的大买办之一。

油画：1822年广州十三行商馆大火蔓延

上海开埠后的洋泾浜

约 1869 年摄。

清代外销画：广州河南的货仓区

油彩布本，53.5 厘米 × 146 厘米，庭呱约 1856 － 1861 年绘。

1856年冬广州商馆被焚毁后，至1860年沙面租界建成之前的几年时间里，外国商人居住在广州珠江南岸，这一带仓栈林立，船艇聚集。画面中心是当年行驶在珠江与香港间的美国船“威廉梅次号”。

1865年广州沙面江边码头旧照

广东巡抚耆龄奏折：访查粤海关税务及广州沙面盖筑洋楼事宜

咸丰十年四月二十五日（1860年6月14日），中国第一历史档案馆藏。

广州沙面的英法租界

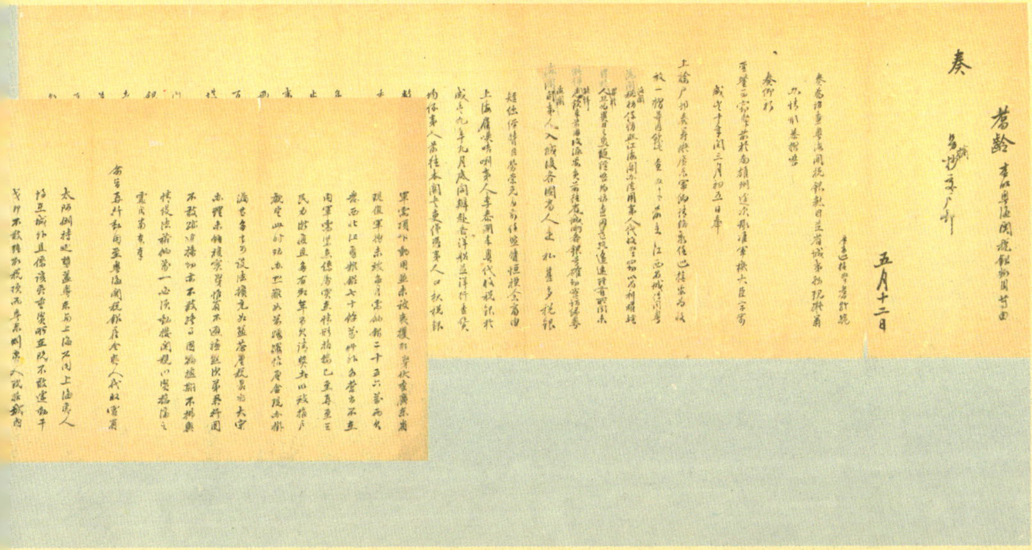

今日广州之夜

黄埔港码头今貌

今日广州十三行路

他1853年任上海道员，成为中国第一个买办官僚。19世纪50年代，上海取代了广州，成为中国最大的贸易口岸。如今，追溯上海由一个小渔村一举成为全国最大的商埠，第一批开拓者，很多都是广东商人。

十三行地区一夜之间变为废墟，占领广州的英国、法国人开始物色更好的商务基地。1859年，他们选中了原十三行以西的一个沙洲——沙面，当年这里是十三行商馆的巨大仓库。经多年的大兴土木，1861年以后，沙面成为洋楼林立的外国租借区，开了列强在中国建租界的先例。其建设费用是从当年十三行商人的600万元赎城费中提取的。沙面租界商业金融业的兴旺，让人们逐渐淡忘了那曾经独领风骚的十三行。

从广州城诞生的那天起，它就注定了与江河、海洋、港口和海外贸易紧密相连。长达一个半世纪的十三行历史，对于中国乃至世界的影响都是极其深远的。得天独厚的地理环境，造就了开放的人文传统，这种精神的潜质一遇到机会，就会涌现出敢于开风气之先的人。翻阅晚清政府最早几批留学生名单，80%的人都是广东籍。在随后的历史转折时代，广东英杰辈出，名扬四海，成为近代新思想的启蒙地和革命浪潮的发源地。康有为、梁启超、孙中山等等近代人杰的出现，创造了南粤的辉煌。

如今的十三行，已经成为广州城西一条热闹的商业街。广州十三行那种诚信、开放、兼容的商业精神，一直沿袭下来。

图版索引

第一篇 帝国南门

广州有个十三行

独具魅力的黄金口岸

来自大西洋的船队

乾隆在南国画下一个圈

粤海关：皇权下的美差

天子南库

水城里的商行

十三行商馆：最早出现的洋楼

黄埔，这个船之乡

无与伦比的丝绸

“茶叶世纪”

域外生辉广彩瓷

第二篇　世界首富

走向世界的商人

伦敦来的汇票

商道

从账房先生到世界首富

到美国投资去

黄埔村的大宅门

庭院・祠堂・花园

第三篇 西来欧风

瑞典“哥德堡号”传奇

法兰西国王路易十四的中国情

从巴黎运回来的铜版画

美国木帆船——“中国皇后号”

华盛顿总统的订单

外销画：中国风物的手绘照片

啉呱画室

林则徐的疝气与洋医生的妙招

“骑楼”与“鬼话”

到澳门过冬的大班

“番妇”惹的祸

来自英伦的陷阱

悬在头上的“达摩克利斯之剑”

乾隆帝给英王乔治三世的信

罂粟花下

道光帝：大快人心事

虎门木排的诉说

广州城的600万元赎金

商行余韵

清朝洋商档案要目

1　兵部尚书赵彦题行稿：推补广州海防参将巡查虎门波罗洲等处洋船
天启三年十二月二十二日（1624年2月10日）

2　兵部行稿：调补巡视广东海道带管市舶官员，稽查虎门、澳门洋船
天启四年八月十八日（1624年9月30日）

3　兵部尚书赵彦题行稿：广州海域近临澳门，寇夷出没，请补授守备官员
天启四年九月二十三日（1624年11月3日）

4　两广总督侯代李揭帖：报告粤东海寇事宜，请改留广州海防参将
崇祯元年（1628年）十一月

5　兵部尚书熊明遇行稿：酌议开放海禁事宜
崇祯四年七月十三日（1631年8月10日）

6　兵部尚书熊明遇题行稿：筹议粤省华洋互市事宜
崇祯四年八月二十四日（1631年9月19日）

7　兵部尚书熊明遇题行稿：酌议海禁之利弊
崇祯四年（1631年）八月

8　兵部尚书张凤翼题行稿：严禁广州里海商人接济洋寇
崇祯七年四月二十二日（1634年5月18日）

9　兵部尚书张凤翼等题行稿：关于广东海上澳葡、洋船、盗贼三大忧患
崇祯七年四月二十二日（1634年5月18日）

10　兵部尚书张凤翼题本：筹议海禁事宜
崇祯七年五月十三日（1634年6月8日）

11　广东巡抚李栖凤题本：荷兰商船到达虎门是否准许贸易
顺治十年三月初三日（1653年3月31日）

12　广东监察御史杨旬瑛题本：荷兰商船到虎门，应否允许通贡
顺治十年三月初九日（1653年4月6日）

13　礼部尚书胡世安题本：酌议荷兰国市贡不可轻许
顺治十年五月二十七日（1653年6月22日）

14 康熙帝致葡萄牙国王阿丰肃的敕谕稿：回赏来使缎疋等物
康熙十七年九月二十四日（1678年11月8日）

15 《内阁起居注》：康熙提议海洋贸易收税的记录
康熙二十三年六月初五日（1684年7月16日）

16 《内阁起居注》：关于康熙帝召集朝臣商议开海贸易的记录
康熙二十三年七月十一日（1684年8月21日）

17 法国传教士进呈：致送康熙帝的《亚细亚洲图》
康熙三十七年（1698年）法国科学院巴黎天文台铜版印制

18 两广总督赵弘灿等奏折：西洋人进画像并澳门商船带有进京效力洋人
康熙四十九年闰七月十四日（1710年9月7日）

19 康熙帝手谕：西洋新来之人留广州学汉话
康熙四十九年（1710年）

20 康熙帝朱笔批示过的两广总督杨琳奏折：西洋画师郎世宁等到粤
康熙五十四年八月十六日（1715年9月13日）

21 广东巡抚杨琳奏折：报告法兰西商船到粤
康熙五十五年五月二十二日（1716年7月11日）

22 广东巡抚杨琳奏折：法英商船载银到粤
康熙五十五年六月二十七日（1716年8月14日）

23 两广总督赵弘灿奏折：洋船到粤并带有知天文及弹唱西洋人
康熙五十五年七月二十六日（1716年9月11日）

24 广东巡抚杨琳奏折：洋船到粤带有洋货及会天文之西洋人戴进贤等
康熙五十五年八月初十日（1716年9月25日）

25 广东巡抚杨琳奏折：保送烧珐琅工匠潘淳进宫并报洋船数目
康熙五十五年九月初十日（1716年10月24日）

26 广东巡抚杨琳奏折：洋船到粤带有知天文者进京效力
康熙五十五年九月初十日（1716年10月24日）

27 两广总督赵弘灿奏折：续到澳门船只并遵旨西洋人无照不许出入境
康熙五十五年九月十六日（1716年10月30日）

28 广东巡抚杨琳奏折：洋船到港觅得西洋珐琅料等物
康熙五十五年九月二十八日（1716年11月11日）

29 康熙朝《实录》：康熙皇帝召见沿海封疆大臣发布禁止南洋贸易的谕令
康熙五十六年正月二十五日（1717年3月7日）

30 两广总督杨琳奏折：英国等船来粤并护送画匠进京
康熙五十六年八月二十日（1717年9月24日）

31 广东巡抚杨琳奏折：报告法兰西商船到粤

康熙五十七年三月二十四日（1718年4月24日）

32 两广总督杨琳奏折：洋船到粤并奉旨致书西洋教皇

康熙五十七年六月二十八日（1718年7月25日）

33 康熙帝在两广总督杨琳奏折上批示：西洋人内有学问或行医者速送至京

康熙五十七年七月二十七日（1718年8月23日）

34 两广总督杨琳奏折：英法商船到粤并南洋贸易者乘洋船返回

康熙五十七年闰八月初八日（1718年10月1日）

35 康熙帝批示过的两广总督杨琳奏折：保送广东珐琅工匠进宫

康熙五十七年九月初九日（1718年11月1日）

36 两广总督杨琳奏折：报告洋船到粤情形

康熙五十七年十月十七日（1718年12月8日）

37 两广总督杨琳奏折：澳门西洋理事官进献方物并谢恩

康熙五十八年正月初九日（1719年2月27日）

38 两广总督杨琳奏折：法兰西商船到广州内有外科医生及珐琅匠师

康熙五十八年六月初二日（1719年7月18日）

39 康熙批示过的两广总督杨琳奏折：法兰西外科医生及珐琅艺人起程赴京

康熙五十八年六月十八日（1719年8月3日）

40 两广总督杨琳奏折：英吉利商船到粤

康熙五十八年六月二十四日（1719年8月9日）

41 两广总督杨琳奏折：洋船到粤带有晓大文西洋人徐茂升

康熙五十八年八月十二日（1719年9月25日）

42 两广总督杨琳奏折：赴南洋贸易人搭洋船回粤

康熙五十九年四月初十日（1720年5月16日）

43 两广总督杨琳奏折：法兰西商船带西洋教皇礼物由虎门入口

康熙五十九年六月十三日（1720年7月17日）

44 两广总督杨琳奏折：伴送归国华人樊守义进京并洋船候季风由虎门入港

康熙五十九年六月二十一日（1720年7月25日）

45 两广总督杨琳奏折：英吉利船载西洋教皇所派技艺人到港

康熙五十九年七月二十四日（1720年8月27日）

46 两广总督杨琳奏折：洋船载西洋教皇所派天文技艺传教士到港

康熙五十九年八月十四日（1720年9月15日）

47 两广总督杨琳奏折：西洋教皇使臣嘉乐等到澳门候风来省

康熙五十九年九月初四日（1720年10月5日）

48 两广总督杨琳奏折：西洋教皇使臣嘉乐等到省城准备赴京
康熙五十九年九月十六日（1720年10月17日）

49 两广总督杨琳奏折：报告洋船到粤数目
康熙五十九年十月二十五日（1720年11月24日）

50 两广总督杨琳奏折：法兰西商船在琼州候风已开至虎门外
康熙六十年四月十六日（1721年5月11日）

51 两广总督杨琳奏折：报告法英商船到港
康熙六十年闰六月十六日（1721年8月8日）

52 两广总督杨琳奏折：洋船到港及西洋技艺人情形
康熙六十年七月二十日（1721年9月11日）

53 两广总督杨琳奏折：报告洋船到港
康熙六十一年五月二十七日（1722年7月10日）

54 礼部题本：暹罗国使臣称有红皮船在广停留令巡抚查明
康熙六十一年六月初六日（1722年7月22日）

55 两广总督杨琳奏折：洋船到港并法兰西识天文人安顿在省城天主堂
康熙六十一年六月二十五日（1722年8月6日）

56 两广总督杨琳奏折：洋船到港并带来西洋新教皇表文
康熙六十一年七月十一日（1722年8月22日）

57 广州府舆图：图中可以看到广州城西南珠江边的十三行商馆
康熙年间绘制

58 两广总督杨琳奏折：出海民船按次编号并油饰标记
雍正元年七月二十六日(1723年8月26日)

59 广东巡抚年希尧奏折：报告洋船到港情形
雍正元年八月初六日（1723年9月5日）

60 广东巡抚年希尧奏折：报告洋船到港情形
雍正元年十月初十日（1723年11月7日）

61 内阁奉上谕：西洋人除送京效力者外具安插澳门，著各省督抚沿途看送
雍正元年十二月十七日（1724年1月12日）

62 雍正帝批示过的德国传教士戴进贤奏折：请准洋人继续留住广州城
雍正二年五月十一日 （1724年7月1日）

63 两广总督孔毓珣奏折：遵议渔船樑头及澳门贸易等事
雍正二年六月二十四日（1724年8月12日）

64 两广总督孔毓珣题本：请准西洋人在省城广州居住遇便回国
雍正二年十月二十日（1724年12月5日）

65 两广总督孔毓珣题本：清查澳门西洋人并请限定洋船数目

雍正二年十月二十六日（1724年12月11日）

66 两广总督孔毓珣奏折：遵谕严行海禁

雍正二年十月二十九日（1724年12月14日）

67 两广总督孔毓珣奏折：洋船停泊黄埔，外商居住广州，水手不得登岸

雍正二年十月二十九日（1724年12月14日）

68 内阁奉上谕：朝鲜、俄罗斯、暹罗、安南等国前来朝贡，著怡亲王酌赏

雍正二年十一月初九日（1724年12月24日）

69 造办处《各作成做活计清档》记载：雍正帝寻找制作刻花杯的广东工匠

雍正三年（1725年）正月

70 造办处《各作成做活计清档》记载：雍正年间宫中广东珐琅匠薪水

雍正三年（1725年）二月

71 广东巡抚年希尧奏折：遵旨于省城洋行及澳门货店购寻西洋布恭进内廷

雍正三年四月初七日（1725年5月18日）

72 两广总督孔毓珣奏折：洋船湾泊黄埔只许行商与之贸易

雍正三年九月初九日（1725年10月14日）

73 内阁奉上谕：西洋教皇遣使进贡以礼优待并加恩抚恤寓居中国守法之人

雍正三年十月初八日（1725年11月12日）

74 两广总督孔毓珣奏折：洋船湾泊黄埔

雍正三年十一月初十日（1725年12月14日）

75 两广总督孔毓珣奏折：酌议广东海洋防务

雍正三年十一月十五日（1725年12月19日）

76 广东巡抚杨文乾奏折：报告洋船来广贸易情形

雍正三年十二月初十日（1726年1月12日）

77 两广总督孔毓珣奏折：报告洋船到港情形

雍正三年十二月初十日（1726年1月12日）

78 造办处《各作成做活计清档》中关于广东匠人在宫廷效力的记录

雍正三年（1725年）

79 两广总督孔毓珣奏折：西洋教皇使臣搭法兰西商船开行回国

雍正四年二月十二日（1726年3月15日）

80 广东巡抚杨文乾奏折：西洋国王遣人朝贡到粤湾泊并报外商姓名

雍正四年八月初五日（1726年8月31日）

81 雍正帝批改广东巡抚杨文乾进呈洋货的进单

雍正四年（1726年）

82 两广总督孔毓珣奏折：探得前巡抚杨文乾收取夷船银两
雍正六年七月十八日（1728年8月23日）
83 内阁奉上谕：各关口填造部颁商船征税号簿与实际不符
雍正七年二月二十三日（1729年3月22日）
84 两广总督孔毓珣奏折：洋商郭裕观已获
雍正七年三月初三日（1729年3月31日）
85 两广总督孔毓珣奏折：密审洋商郭裕观
雍正七年六月二十一日（1729年7月16日）
86 内阁奉上谕：粤闽海洋巡缉兵丁贪取遭风商船财物，著沿海督抚稽查惩究
雍正七年七月二十一日（1729年8月15日）
87 广东海关革职监督祖秉圭奏折：洋船到港并得一面玻璃镜
雍正七年闰七月二十九日（1729年9月21日）
88 广东巡抚傅泰奏折：洋船放关规礼银交普济堂应用
雍正七年十月二十八日(1729年12月18日)
89 广东海关革职留任监督祖秉圭奏折：购觅内廷配药所需平常伽楠香
雍正七年十一月初四日(1729年12月23日)
90 广东海关革职留任监督祖秉圭奏折：洋船放关银两拨入普济堂公用
雍正八年正月二十九日(1730年3月17日)
91 广东总督郝玉麟等奏折：洋船被风情形
雍正八年九月二十八日(1730年11月8日)
92 广东海关监督祖秉圭奏折：法英荷等国洋船进泊黄埔，洋货少银两多
雍正八年十月初一日（1730年11月10日）
93 广东布政使王士俊奏折：丰亨行私卖幼女到吕宋并请于澳门设海防同知
雍正九年四月十一日（1731年5月16日）
94 广东海关监督祖秉圭奏折：遵旨宽免吗吧喇国遇难番商税银并赏盘费
雍正九年四月二十六日（1731年5月31日）
95 广东海关监督祖秉圭奏折：关税收支清楚并进口洋船数目
雍正九年四月二十六日（1731年5月31日）
96 广东总督革职留任郝玉麟奏折：捞获给还番商哈问士等沉失银两
雍正九年六月十二日（1731年7月15日）
97 广东海关监督祖秉圭奏折：英吉利等商船来粤贸易及外商沉船银货归主
雍正九年七月二十八日（1731年8月30日）
98 广东海关监督祖秉圭奏折：洋船停泊黄埔开关以来数目最多
雍正九年七月二十八日（1731年8月30日）

99 广东观风整俗使焦祈年奏折：打捞肇庆海面沉失之吗吧喇国商船银货

雍正九年十月二十一日（1731年11月20日）

100 广东布政使杨永斌奏折：请定铁器出洋禁令

雍正九年十月二十五日(1731年11月24日)

101 广东海关监督祖秉圭奏折：报告收解一年关税银两数目

雍正十年五月二十四日（1732年6月16日）

102 广东按察使黄文炜奏折：报告洋船数目及海关监督祖秉圭任用行商垄断

雍正十年六月二十一日（1732年8月11日）

103 兼管广东海关关务黄文炜奏折：外商航海而来年盛一年

雍正十年六月二十一日（1732年8月11日）

104 署广东总督鄂弥达奏折：遵旨驱逐广州天主堂西洋人至澳并教堂改公所

雍正十年七月初二日（1732年8月21日）

105 广州城守副将毛克明奏折：海关监督祖秉圭纵商霸市

雍正十年七月十三日（1732年9月1日）

106 宫中廷寄上谕：广东海关监督祖秉圭任由洋行把持包揽，著革职严审

雍正十年七月十四日（1732年9月2日）

107 雍正帝批改过的谕旨：查明澳门能否停大船以定西洋人是否在省城居住

雍正十年八月二十八日(1732年10月16日)

108 广东总督鄂弥达奏折：遵旨议奏洋船是否湾泊黄埔

雍正十年九月初三日（1732年10月21日）

109 广东总督鄂弥达等奉上谕：著确议澳门停泊洋船事

雍正十年十月初七日（1732年11月24日）

110 兼管广东海关税务毛克明奏折：酌议恢复洋商缴纳买办公费银两

雍正十年十二月二十八日（1733年2月12日）

111 兼管广东海关税务毛克明：向皇家进献洋货的宫中进单

雍正十一年二月二十六日（1733年4月10日）

112 兼管广东海关税务毛克明奏折：吕宋商船入黄埔请按旧例免收缴送银两

雍正十一年三月二十八日（1733年5月11日）

113 兼管广东海关税务毛克明奏折：移驻海关衙署

雍正十一年三月二十八日（1733年5月11日）

114 兼管广东海关税务毛克明等奏折：请酌赏海关正副监督养廉

雍正十一年三月二十八日（1733年5月11日）

115 兼管广东海关税务毛克明奏折：洋船湾泊黄埔已四十余年不应更改成法

雍正十一年三月二十八日（1733年5月11日）

116 广东巡抚杨永斌：向皇家进呈贡品的宫中进单
雍正十一年八月二十九日（1733年10月6日）

117 内阁奉上谕：著各省督抚饬令藩司衙门不许任意增添商牙杂税
雍正十一年十月初六日（1733年11月12日）

118 广东总督鄂弥达等奏折：海关监督毛克明、副监督郑伍赛税课无亏
雍正十一年十二月初四日（1734年1月8日）

119 兼管海关税务毛克明奏折：关税宜著督抚兼管，海关监督掌管印信
雍正十二年正月初二日（1734年2月5日）

120 雍正帝谕旨：令广东停止进献象牙制品
雍正十二年四月二十五日（1734年5月27日）

121 内阁奉上谕：广东海关税务著交总督鄂弥达兼管
雍正十二年七月十四日（1734年8月12日）

122 两广总督鄂弥达等奏折：请酌定关税章程
雍正十三年三月二十九日（1735年4月21日）

123 广东巡抚杨永斌奏折：盘查粤海关关库税银数目
雍正十三年五月初二日（1735年6月22日）

124 两广总督鄂弥达奏折：梁头五尺以上单桅船只照例输饷并请设巡役
雍正十三年六月十三日（1735年8月1日）

125 广东巡抚杨永斌奏折：酌行海关规则八条并黄埔村民与洋人私自交易
雍正十三年八月初六日（1735年9月21日）

126 广东按察使白映棠奏折：黄埔英法瑞等国船员哀痛雍正帝归天
雍正十三年十一月初一日（1735年12月15日）

127 广东巡抚杨永斌奏折：资助遇难荷兰国商人搭船回帆
雍正十三年十一月十八日（1735年12月31日）

128 户部尚书张廷玉等奏折：遵议粤海关各稽查口减免船规等项事宜
乾隆元年四月二十四日（1736年6月3日）

129 广东提督张溥奏折：请将洋船湾泊地由黄埔移至澳门
乾隆元年八月二十九日（1736年10月3日）

130 广东海关副监督郑伍赛奏折：报告到港洋船名称
乾隆元年九月十九日（1736年10月23日）

131 乾隆帝上谕：洋船泊黄埔仍遵旧例起下炮位
乾隆元年十月初四日（1736年11月6日）

132 两广总督鄂弥达奏折：夹板洋船湾泊黄埔炮位可免卸
乾隆二年二月十六日（1737年3月16日）

133 两广总督鄂弥达奏折：洋船湾泊地应仍在黄埔

乾隆二年二月十六日（1737年3月16日）

134 广东布政使萨哈亮奏折：黄埔等濒海要地复设巡船

乾隆二年五月十五日(1737年6月12日)

135 两广总督鄂弥达奏折：请定粤海关监督养廉

乾隆二年六月二十七日(1737年7月24日)

136 造办处《各作成做活计清档》记载：挑选广东珐琅匠及广木匠进宫当差

乾隆三年（1738年）七月

137 广东海关副监督郑伍赛奏折：报告到港洋船名称

乾隆三年八月初十日（1738年9月23日）

138 闽浙总督郝玉麟等奏折：闽省初到洋船请照粤省例征税

乾隆三年十二月十五日（1739年1月24日）

139 署理广东巡抚王谟奏折：粤海关向例年贡情形

乾隆四年十一月十八日（1739年12月18日）

140 广东巡抚王安国等奏折：粤海关关税盈余短少缘由

乾隆六年六月十六日（1741年7月28日）

141 广东巡抚王安国奏折：荷兰商船照旧由虎口进口贸易

乾隆六年九月初六日（1741年10月15日）

142 广东巡抚王安国奏折：洋船湾泊黄埔不得逗留澳门

乾隆六年九月初六日（1741年10月15日）

143 署理两广总督庆复奏折：广东全赖洋船为生南洋贸易不得禁止

乾隆七年二月初三日（1742年3月9日）

144 议政大臣协理户部事务讷亲等奏折：请禁止牙行把持

乾隆七年五月初四日（1742年6月6日）

145 粤海关监督伊拉齐奏折：叩谢钦点补授江宁织造

乾隆八年三月十八日（1743年4月12日）

146 广东巡抚王安国奏折：请准照闽省之例将粤海关事务交与广州将军经管

乾隆八年四月初六日（1743年4月29日）

147 广东巡抚王安国奏折：报告粤海关征收正杂税银

乾隆八年四月二十六日（1743年5月19日）

148 广州将军策楞奏折：遵旨整饬粤海关种种腐败

乾隆八年闰四月二十七日（1743年6月19日）

149 广州将军策楞奏折：整顿粤海关口岸

乾隆八年七月初二日（1743年8月20日）

150 广州将军策楞奏折：办理英国被风哨船停泊事宜
乾隆八年七月初二日（1743年8月20日）
151 内阁奉上谕：著广东督抚协力同心加强海防不得贻误公务
乾隆八年八月初四日（1743年9月21日）
152 广州将军策楞奏折：洋船由澳门抵虎门、黄埔请移同知驻扎海口
乾隆八年八月初四日（1743年9月21日）
153 内阁奉上谕：著闽粤督抚减免外洋运米商船税银
乾隆八年九月初五日(1743年10月21日）
154 广州将军策楞奏折：差派旗员兵丁在税口稽税
乾隆八年九月十二日(1743年10月28日）
155 广州将军策楞奏折：办理粤海关关务情形
乾隆八年十月十三日(1743年11月28日）
156 广东巡抚王安国奏折：省城洋行火灾当夜前往祭拜南海神庙
乾隆八年十一月初五日(1743年12月20日）
157 署理两广总督策楞奏折：广州民房失火洋行商货被烧
乾隆八年十一月十一日(1743年12月26日）
158 广州将军策楞奏折：报告粤海关两季税务情形
乾隆八年十二月初八日(1744年1月22日）
159 内阁学士李清植奏折：请酌定洋船载米入口免税分数
乾隆八年十二月十四日(1744年1月28日）
160 署理两广总督策楞奏折：在澳贸易民人酒后与洋人口角酿成命案
乾隆九年正月十五日（1744年2月27日）
161 两广总督马尔泰等奏折：查办吕宋夷船缘由
乾隆九年四月十一日（1744年5月22日）
162 闽浙总督那苏图奏折：干思拉船湾泊香山澳密饬沿海官弁加意防范
乾隆九年五月初一日（1744年6月11日）
163 闽浙总督那苏图等奏折：英吉利商船因畏避吕宋船由粤至闽
乾隆九年七月二十五日（1744年9月1日）
164 兵部尚书王安国奏折：遵旨访查南海神庙
乾隆九年七月二十九日（1744年9月5日）
165 广州将军策楞题本：洋船由狮子洋进泊黄埔请由海防同知兼辖捕务
乾隆十年四月十六日（1745年5月17日）
166 广州将军策楞奏折：粤海关承办贡进方物节省银两交何处请旨
乾隆十年四月二十八日（1745年5月29日）

167 两广总督策楞奏折：荷兰等国被风商船开进黄埔照例接济

乾隆十年七月二十八日（1745年8月25日）

168 两广总督策楞奏折：办理荷兰等国遭风商船停泊外洋抚恤事宜

乾隆十年九月初六日（1745年10月1日）

169 广州将军锡特库奏折：奉到上谕用旗员稽查关税

乾隆十一年五月二十八日（1746年7月16日）

170 两广总督策楞奏折：核查粤海关规则

乾隆十三年正月二十七日（1748年2月25日）

171 两广总督策楞奏折：筹办粤海关关务及一年内收税情形

乾隆十三年七月初八日（1748年8月1日）

172 两广总督硕色奏折：广东商人情愿捐纳金川军需银两

乾隆十四年二月初三日（1749年3月20日）

173 广东巡抚岳浚奏折：粤海关办贡节省银两解交宫中造办处

乾隆十四年六月二十五日（1749年8月7日）

174 浙江巡抚方观承奏折：浙江广东一体通禁外洋钱文

乾隆十四年七月初四日（1749年8月16日）

175 闽浙总督等奉上谕：著密查洋钱混杂使用及改铸内地钱文

乾隆十四年七月二十四日（1749年9月5日）

176 造办处《各作成做活计清档》记载：挑选广东牙匠陈观泉、黄兆进宫

乾隆十四年（1749年）七月

177 广东巡抚苏昌奏折：请严粤海关商货稽查办法以杜漏税

乾隆十五年五月十二日（1750年6月15日）

178 两广总督陈大受奏折：遵议虎门协副将会同税口帖封洋船舱口以防漏税

乾隆十五年八月二十七日（1750年9月27日）

179 两广总督陈大受奏折：荷兰国船员在黄埔湾泊地自相杀戮

乾隆十五年十月初三日（1750年11月1日）

180 两广总督陈大受奏折：粤省洋行完交海关税银

乾隆十五年十月二十二日（1750年11月20日）

181 两广总督陈大受奏折：查明粤海关税口情形请准派员经理

乾隆十五年十二月十五日（1751年1月12日）

182《各作成做活计清档》记载：粤海关奉旨成做圆明园西洋楼紫檀木宝座

乾隆十六年（1751年）正月

183 造办处《各作成做活计清档》记载：粤海关奉旨成做养心殿玻璃灯

乾隆十六年（1751年）正月

184 清宫洋教士郎世宁：为皇太后六十寿辰进献贡品的宫中进单
乾隆十六年十一月十六日（1752年1月2日）
185 两广总督阿里衮等奏折：粤海关节省办贡银两等项请旨解交
乾隆十七年五月初十日（1752年6月21日）
186 安徽巡抚卫哲治奏折：粤海关饷鞘过灵璧县境住宿被盗
乾隆十九年二月二十八日（1754年3月21日）
187 署理两广总督杨应琚奏折：酌筹洋商回籍
乾隆十九年七月二十日（1754年9月6日）
188 两广总督杨应琚奏折：通关征收税银总数
乾隆十九年十二月十一日（1755年1月22日）
189 造办处《各作成做活计清档》记载：粤海关送到珐琅匠并广木匠手艺高
乾隆十九年（1755年）十二月
190 造办处《各作成做活计清档》记载：紫檀木稀少价昂，粤海关采买运京
乾隆十九年（1755年）十二月
191 造办处《各作成做活计清档》记载：粤海关奉旨烧造珐琅碗碟鱼缸进呈
乾隆二十年（1755年）正月
192 两广总督杨应琚等奏折：请解交粤海关节省办贡银两
乾隆二十年五月初十日（1755年6月19日）
193 两广总督杨应琚奏折：妥办英法水手争斗案
乾隆二十年六月二十一日（1755年7月29日）
194 黄埔岛上英法水手争斗一案的供词
乾隆二十年六月二十一日（1755年7月29日）
195 两广总督杨应琚奏折：红毛番船内无发辫人等实系夷商
乾隆二十年十月十一日（1755年11月14日）
196 两广总督杨应琚奏折：抚恤英国商船
乾隆二十年十月十一日（1755年11月14日）
197 两广总督杨应琚奏折：巡查广东海口要隘修建炮台情形
乾隆二十年十一月初八日（1755年12月10日）
198 两广总督杨应琚奏折：粤海关通关征收税银总数
乾隆二十年十二月十三日（1756年1月14日）
199 闽浙总督喀尔吉善等奉上谕：洋船赴浙日久生弊，著禁止牙行私相贸易
乾隆二十一年七月初九日（1756年8月4日）
200 两广总督杨应琚等奉上谕：洋船赴浙日众，著照粤海关例加税
乾隆二十一年闰九月初十日（1756年11月2日）

201 两广总督杨应琚奏折：商办洋船到浙增税事宜

乾隆二十一年十一月初八日（1756年12月28日）

202 闽浙总督喀尔吉善奏折：更定浙海关洋船税则

乾隆二十一年十二月二十日（1757年2月8日）

203 闽浙总督喀尔吉善进呈：浙海关照粤海关例更定征税条款

乾隆二十一年十二月二十日（1757年2月8日）

204 闽浙总督喀尔吉善进呈：酌拟更定浙海关征收外洋船货估价清单

乾隆二十一年十二月二十日（1757年2月8日）

205 闽浙总督喀尔吉善进呈：浙海关应照粤海关例酌定税银清单

乾隆二十一年十二月二十日（1757年2月8日）

206 两广总督杨应琚奉上谕：著派员将英商买办梁国富押解来京交部治罪

乾隆二十一年十二月二十日（1757年2月8日）

207 闽浙总督喀尔吉善奉上谕：著察访勾串洋船赴浙之民严拿治罪

乾隆二十二年正月初八日（1757年2月25日）

208 两广总督杨应琚奏折：押解勾引洋商赴浙之梁国富解京

乾隆二十二年正月二十四日（1757年3月13日）

209 户部奉旨：洋船至宁波收税较粤稍重，意在迫使洋人到粤贸易

乾隆二十二年二月二十二日（1757年4月10日）

210 浙江巡抚杨廷璋奏折：洋船到浙贸易晓以新定税则听其自定行止

乾隆二十二年六月二十二日（1757年8月6日）

211 浙江巡抚杨廷璋奏折：洋船到浙贸易愿照新定则例输税

乾隆二十二年七月十三日（1757年8月27日）

212 署闽浙总督新柱奏折：英船不愿赴广东澳门驶至浙江定海贸易

乾隆二十二年七月二十二日（1757年9月5日）

213 闽浙总督杨应琚奉上谕：著赴浙海关勘察增税事宜并酌定则例

乾隆二十二年八月初八日（1757年9月20日）

214 闽浙总督杨应琚奏折：酌议增收浙海关税银以使番商回粤省贸易

乾隆二十二年十月二十日（1757年12月1日）

215 闽浙总督杨应琚奏折：虎门、黄埔防务严密洋船应湾泊黄埔一地

乾隆二十二年十月二十日（1757年12月1日）

216 闽浙总督杨应琚奏折：广东有十三行且海口防务严密洋船应归广东贸易

乾隆二十二年十月二十日（1757年12月1日）

217 乾隆“一口通商”上谕：洋船只准在广东停泊交易

乾隆二十二年十一月初十日（1757年12月20日）

218 闽浙总督杨应琚等奉上谕：虎门黄埔设有官兵，洋船只准在广东贸易
乾隆二十二年十一月初十日（1757年12月20日）
219 署理两广总督李侍尧奏折：通关征收税银总数
乾隆二十二年十一月十二日（1757年12月22日）
220 闽浙总督杨应琚奏折：已晓谕番商洋船只准在广东收泊交易
乾隆二十二年十二月十一日（1758年1月20日）
221 署两广总督李侍尧奏折：传谕番商，口岸定于广东，不得赴浙省贸易
乾隆二十二年十二月十九日（1758年1月28日）
222 管理广东海关事务李侍尧等奉上谕：著令粤海关采购奇异洋货不必惜费
乾隆二十三年正月初四日（1758年2月11日）
223 两广总督李侍尧奏折：已晓谕番商，洋船只准收泊广东
乾隆二十三年正月二十日（1758年2月27日）
224 闽浙总督杨应琚奏折：闽浙海口未见西洋商船舍粤远来
乾隆二十三年九月二十五日（1758年10月26日）
225 造办处《各作成做活计清档》记载：苏州玉匠、广东牙匠每月钱粮数目
乾隆二十三年（1758年）九月
226 署理两广总督李侍尧等奏折：粤海关征收税银总数
乾隆二十三年十一月十八日（1758年12月18日）
227 广东巡抚托恩多奏折：委员伴送西洋人安国宁等由澳门进京
乾隆二十四年正月初三日(1759年1月31日)
228 浙江巡抚庄有恭奏折：巡获英船押回并请饬两广总督重申禁谕
乾隆二十四年六月初七日(1759年7月1日)
229 闽浙总督杨应琚奏折：英商洪任辉番船到浙贸易已被押逐
乾隆二十四年六月十八日(1759年7月12日)
230 英国东印度公司“中国通”洪任辉：向皇帝控告粤海关和广州洋行的状文
乾隆二十四年六月二十四日（1759年7月18日）
231 长芦盐政官著奏折：英商递状申诉情形
乾隆二十四年六月二十八日(1759年7月22日)
232 直隶总督方观承奏折：英商控告粤海关呈诉到天津海口
乾隆二十四年六月二十九日(1759年7月23日)
233 英商赴天津海口呈控粤海关监督李永标节略
乾隆二十四年六月二十九日(1759年7月23日)
234 闽浙总督杨应琚奏折：查办代番商洪任辉写呈词之牙商
乾隆二十四年闰六月十六日(1759年8月8日)

235 两广总督李侍尧奏折：遵旨传集英商只准在粤贸易

乾隆二十四年闰六月二十二日(1759年8月14日)

236 两广总督李侍尧奏折：会查英商呈诉粤海关监督李永标案

乾隆二十四年闰六月二十二日(1759年8月14日)

237 造办处奏折：广东木匠何联达、仇忠信、冯国枢假满回京

乾隆二十四年闰六月二十四日(1759年8月16日)

238 闽浙总督杨廷璋奏折：查讯守备陈兆龙与番商勾结情弊

乾隆二十四年闰六月三十日(1759年8月22日)

239 两广总督李侍尧奏折：澳门到有英商船已驶往宁波

乾隆二十四年七月初九日(1759年8月31日)

240 浙江定海镇总兵罗英笏奏折：英商船到境暂停

乾隆二十四年七月十五日(1759年9月6日)

241 钦差大臣新柱等奏折：奉旨查审粤海关监督李永标所藏赃物

乾隆二十四年七月二十二日(1759年9月13日)

242 钦差大臣新柱奏折：查审粤海关监督李永标一案

乾隆二十四年七月二十二日(1759年9月13日)

243 钦差专案组新柱等奏折：遵查粤海关监督李永标家贡船有无赃银

乾隆二十四年七月二十二日（1759年9月13日）

244 闽浙总督杨廷璋奏折：浙省商人实无与洋商勾结

乾隆二十四年八月初四日（1759年9月24日）

245 钦差大臣新柱奏折：审办英商洪任辉状告粤海关勒索

乾隆二十四年八月初四日（1759年9月24日）

246 钦差大臣新柱奏呈：会审番商洪任辉呈控李永标案供单

乾隆二十四年八月十九日(1759年10月9日)

247 钦差大臣新柱等奏折：请豁免洋商食物出口税银及李永标照例采买官物

乾隆二十四年八月十九日(1759年10月9日)

248 钦差大臣新柱奏折：请除洋船进出口规礼

乾隆二十四年八月十九日(1759年10月9日)

249 钦差大臣新柱进呈：粤海关口岸征收洋船各项规礼名色清单

乾隆二十四年八月十九日（1759年10月9日)

250 钦差大臣新桂奏折：晓谕各番商贸易事宜

乾隆二十四年八月十九日(1759年10月9日)

251 两广总督李侍尧奏折：请准洋商本年已买丝货出口

乾隆二十四年八月十九日(1759年10月9日)

252 浙江巡抚庄有恭奏折：查明英商船到浙缘由及催饬回棹
乾隆二十四年八月二十六日（1759年10月16日）
253 钦差大臣新柱奏折：查明李永标赀财并无寄屯
乾隆二十四年八月三十日（1759年10月20日）
254 钦差大臣新柱奏折：查办代写呈词之内地商人
乾隆二十四年八月三十日（1759年10月20日）
255 闽浙总督杨廷璋奏折：英船到浙停泊逐令回粤
乾隆二十四年九月初四日（1759年10月24日）
256 浙江巡抚庄有恭奏折：查明牙行无勾引英国商船之事
乾隆二十四年九月初十日（1759年10月30日）
257 两广总督李侍尧奏折：粤东各商拖欠银两定期催完
乾隆二十四年九月十三日（1759年11月2日）
258 福州将军新柱等奉上谕：著押解与英商有关的商人汪圣仪父子到粤审讯
乾隆二十四年九月十六日（1759年11月5日）
259 闽浙总督杨廷璋奏折：英船开行并审讯商人郭四观等无勾引英商之事
乾隆二十四年九月十九日（1759年11月8日）
260 钦差大臣新柱奏折：查讯串通英商代写呈词之刘亚匾
乾隆二十四年九月二十日（1759年11月9日）
261 福州将军兼管闽海关事新柱等奏折：番船出口食物兑银并报洋货官价
乾隆二十四年九月二十六日（1759年11月15日）
262 江苏巡抚陈弘谋奏折：拿获商人汪圣仪解回广东
乾隆二十四年九月二十九日（1759年11月18日）
263 两广总督李侍尧奉上谕：著押解为英商洪任辉及代作呈词之刘亚匾传办
乾隆二十四年十月初三日（1759年11月22日）
264 钦差给事中朝铨等奉上谕：著将与夷商勾结之徽商汪圣仪父子押解到粤
乾隆二十四年十月初四日（1759年11月23日）
265 粤海关监督尤拔世奏折：请拣发养心殿熟办贡物之拜唐阿到粤协同制造
乾隆二十四年十月初四日（1759年11月23日）
266 粤海关监督尤拔世奏折：请拣发内务府笔帖式一员来粤帮办关务
乾隆二十四年十月初四日（1759年11月23日）
267 两广总督李侍尧奏折：查明洪任辉一案状纸系居住噶剌吧汉人林怀所写
乾隆二十四年十月十四日（1759年12月3日）
268 两广总督李侍尧奏折：英商呈诉一案，刘亚匾正法，洪任辉送澳门圈禁
乾隆二十四年十月十九日（1759年12月8日）

269 两广总督李侍尧奏折：酌定《防范外夷规条》
乾隆二十四年十月二十五日（1759年12月14日）
270 两广总督李侍尧奏折：粤海关关税通年征收总数
乾隆二十四年十一月初七日（1759年12月25日）
271 粤海关监督尤拔世奏折：请更定外洋出口茶税
乾隆二十四年十一月初七日（1759年12月25日）
272 两广总督李侍尧奏折：审拟安徽商人汪圣仪父子唆使英商控粤海关一案
乾隆二十四年十二月二十二日（1760年2月8日）
273 两广总督李侍尧奏折：更正番船规礼则例
乾隆二十四年十二月二十二日（1760年2月8日）
274 钦差大臣新柱奏呈：查封李永标任所衣服什物清单
乾隆二十四年（1759年）
275 钦差大臣新柱奏呈：查封李永标任所赀财首饰衣物清单
乾隆二十四年（1759年）
276 两广总督李侍尧致军机处咨呈：佛郎济亚国修士方守义、韩国英到广东
乾隆二十五年二月十七日（1760年4月2日）
277 两广总督李侍尧等奏折：粤海关节省办贡银两等项请解交
乾隆二十六年二月十八日（1760年4月3日）
278 广东巡抚托恩多奏折：洋船泊黄埔并瑞典商船遭风货沉抚恤遇难水手
乾隆二十六年九月二十五日（1761年10月22日）
279 两广总督苏昌等奏折：酌办英国来文，请释被押英商洪任辉并免规礼银
乾隆二十六年十月十一日（1761年11月7日）
280 两广总督苏昌奏折：暹罗带回佛卷译汉字未竣并柯文升捏称买缎寄行
乾隆二十六年十月十一日（1761年11月7日）
281 广东布政使史奕昂奏折：致祭南海神庙并修整文庙
乾隆二十六年十二月初八日(1762年1月2日)
282 广东学政郑虎文奏折：厘正商籍以杜冒滥
乾隆二十七年正月十二日(1762年2月5日)
283 两广总督苏昌等奏折：夷商恳请购买丝斤回国
乾隆二十七年四月初十日(1762年5月3日)
284 两广总督苏昌奉上谕：著准外夷商船搭配购买丝斤
乾隆二十七年五月十一日(1762年6月3日)
285 广东巡抚托恩多等奏折：粤海关节省办贡银两等项请解交
乾隆二十七年闰五月二十二日(1762年7月13日)

286 两广总督苏昌等奏折：洪任辉在澳门圈禁年满请准交英商带回
乾隆二十七年　五月二十八日(1762 年 7 月 19 日)
287 两广总督苏昌等奏折：代夷商答谢天朝允准购买丝斤
乾隆二十七年八月二十日(1762 年 10 月 7 日)
288 两广总督苏昌奏折：外洋各国不善织造，请准瑞典、荷兰商船夹带丝斤
乾隆二十七年十月二十七日（1762 年 12 月 12 日）
289 两广总督苏昌等奏折：洪任辉已释押回国及荷兰船哨互殴致死
乾隆二十七年十二月十五日（1763 年 1 月 28 日）
290 两广总督苏昌奏折：查明粤海关规礼银久经归公，应照旧存留
乾隆二十八年正月二十五日（1763 年 3 月 9 日）
291 署理两广总督明山奏折：丝斤等货出洋无夹带
乾隆二十八年三月二十四日（1763 年 5 月 6 日）
292 粤海关监督尤拔世致军机处咨呈：内装紫檀装修画样等木箱遗失
乾隆二十八年五月二十八日（1763 年 7 月 8 日）
293 陕甘总督杨应琚奏折：广东省城及佛山二处从前设立牙行始末
乾隆二十八年六月十一日（1763 年 7 月 21 日）
294 粤海关监督尤拔世奏折：代果亲王购置瓷祭器等件
乾隆二十八年七月初四日（1763 年 8 月 12 日）
295 湖广总督李侍尧奏折：接递军机处发交粤海关木箱
乾隆二十八年七月二十二日（1763 年 8 月 30 日）
296 两广总督苏昌奏折：通年关税总数
乾隆二十八年七月二十二日（1763 年 8 月 30 日）
297 两广总督苏昌奏折：意大利人叶尊孝到澳门情愿进京效力
乾隆二十八年十二月十八日（1764 年 1 月 20 日）
298 两广总督粤海关监督：向皇家进献年节洋货贡品的宫中进单
乾隆二十八年十二月十八日（1764 年 1 月 20 日）
299 粤海关监督尤拔世致军机处呈文：收到遗失木箱
乾隆二十八年（1763 年）
300 两广总督苏昌致军机处咨文：伴送意大利人叶尊孝进京
乾隆二十九年四月二十七日（1764 年 5 月 27 日）
301 两广总督李侍尧奏折：请准咖喇吧等国一体带买丝斤
乾隆二十九年十一月初二日（1764 年 11 月 24 日）
302 两广总督李侍尧奏折：报告粤海关通年关税总数
乾隆二十九年十一月十五日（1764 年 12 月 7 日）

303 两广总督李侍尧奏折：采办紫檀杉木等事

乾隆三十年正月二十八日（1765年2月17日）

304 署两广总督杨廷璋奉上谕：平定准噶尔部得胜图著郎世宁等绘发往西洋

乾隆三十年五月二十六日（1765年7月13日）

305 两广总督杨廷璋奏折：法国承办平定准噶尔回部得胜图刊刻并筹船运事

乾隆三十年八月初一日（1765年9月15日）

306 署两广总督杨廷璋奏折：粤海关通年关税总数

乾隆三十年十一月二十一日（1766年1月1日）

307 署两广总督杨廷璋奏折：法国医生欲进京效力，行商未得音信没能转达

乾隆三十一年七月二十日（1766年8月25日）

308 两广总督致军机处咨呈：法国承做平定西域图铜版画，现等待法船到来

乾隆三十一年（1766年）

309 署两广总督杨廷璋奏折：春雨普降插种齐全并查验出洋商船

乾隆三十二年四月初四日（1767年5月1日）

310 粤海关监督德魁奏折：内务府笔帖式永泰差委期满并请停止简员来粤

乾隆三十二年六月初四日（1767年6月29日）

311 两广总督李侍尧奏折：查禁私出海口船只

乾隆三十二年八月初十日（1767年10月2日）

312 两广总督李侍尧奏折：查明佛郎济亚国人邓类斯，准其在省城洋行居住

乾隆三十二年十一月初三日（1767年12月23日）

313 两广总督李侍尧等折：粤海关通年关税总数目

乾隆三十二年十二月二十二日（1768年2月10日）

314 两广总督李侍尧等奏折：粤海关裁存备贡银两解交何处请旨

乾隆三十三年二月二十一日（1768年4月7日）

315 两广总督李侍尧奉上谕：著查明得胜图在佛郎机国刊刻是否完缴

乾隆三十三年七月二十六日（1768年9月6日）

316 两广总督李侍尧等奏折：得胜图绘制精细，佛兰西国雕刻能手陆续刻成

乾隆三十三年八月二十五日（1768年10月5日）

317 两广总督李侍尧奉上谕：著再行详查粤海关关税短缺缘由

乾隆三十三年九月二十八日（1768年11月7日）

318 户部致内务府咨文：扬州关未查出粤海关进贡物内夹带私货

乾隆三十三年（1768年）九月

319 粤海关监督德魁致内务府呈文：万寿节解造无量寿佛

乾隆三十五年二月十七日（1770年3月13日）

320 两广总督李侍尧等奏折：请准外洋夷船携带黄紫两色缎匹出口
乾隆三十五年四月初二日（1770年4月27日）
321 两广总督李侍尧等奏折：粤海关交过办贡银两
乾隆三十五年四月初二日（1770年4月27日）
322 两广总督李侍尧奉上谕：佛兰西船陆续带来铜版图，著每种刷印二百份
乾隆三十五年十月二十八日（1770年12月14日）
323 两广总督李侍尧等奏折：据洋商潘振承称，已向佛兰西大班催缴铜版画
乾隆三十五年十一月二十六日（1771年1月11日）
324 两广总督李侍尧奏折：通年征收粤海关税银总数
乾隆三十七年十一月初三日（1772年11月27日）
325 两广总督李侍尧奏折：粤海关实用办贡银两
乾隆三十八年三月二十日（1773年4月11日）
326 两广总督李侍尧等奏折：铜版图工价前经洋商与夷商拟定，俟照数补发
乾隆三十八年三月二十三日（1773年4月14日）
327 两广总督李侍尧等致军机处咨呈：俟补发铜版图工价银共计四千八百两
乾隆三十八年三月二十三日（1773年4月14日）
328 广东布政使姚成烈奏折：稽查银号并无侵挪之弊
乾隆三十八年十一月初十日（1773年12月23日）
329 两广总督李侍尧奏折：暹罗国郑昭欲购军火亟须发给回文请旨
乾隆三十九年九月二十六日（1774年10月30日）
330 两广总督李侍尧等奏折：法船带到部分铜版图进缴
乾隆四十一年十月二日（1776年11月12日）
331 内阁奉上谕：著追还广州洋商倪宏文赊欠英商银两并申斥办案不力之员
乾隆四十一年十一月二十六日（1777年1月5日）
332 直隶总督周元理奏折：接到倪宏文赊欠英商货银案之谕旨
乾隆四十一年十二月初七日（1777年1月15日）
333 各省督抚奉上谕：著接奉倪宏文欠夷商货银案谕旨，谨贮署中不必宣示
乾隆四十一年十二月初十日（1777年1月18日）
334 两广总督李侍尧致军机处咨文：法人席道明可住省城办理该国贸易
乾隆四十一年十二月十八日（1777年1月26日）
335 广东巡抚李质颖奏折：办理倪宏文清赔英商货银一案
乾隆四十二年三月初三日（1777年4月10日）
336 内阁奉上谕：英商货银照数赔完，著将倪宏文发往伊犁以示惩儆
乾隆四十二年四月初六日（1777年5月12日）

337 造办处《各作成做活计清档》记载：乾隆令粤海关呈进西洋珐琅颜料
乾隆四十二年五月初四日（1777年6月8日）

338 两广总督杨景素等奏折：严禁外商载运棉花进口
乾隆四十二年五月初七日（1777年6月11日）

339 两广总督杨景素奏折：查禁洋船棉花进口并现无前往暹罗贸易船只
乾隆四十二年五月初七日（1777年6月11日）

340 广东巡抚李质颖等奏折：得胜图铜版、原稿及刷印图足数呈缴
乾隆四十二年九月二十日（1777年10月20日）

341 清宫藏铜版画：《平定西域战图》，郎世宁、王致诚、艾启蒙、安泰绘
乾隆二十九年（1764年）至乾隆四十二年（1777年）

342 两广总督巴延三等奏折：查办洋行商人颜时瑛欠外债案
乾隆四十五年十月二十六日（1780年11月22日）

343 粤海关监督伊龄阿奏折：酌定限期完缴商欠税饷
乾隆四十六年四月十五日（1781年5月8日）

344 两广总督巴延三奉上谕：如遇有西洋人情愿来京当差者，著随时奏闻送京
乾隆四十六年五月初三日（1781年5月25日）

345 粤海关监督李质颖奏折：粤海关恭办贡品工料应于所收税银内开报
乾隆四十六年九月十九日（1781年11月4日）

346 粤海关监督李质颖奏折：解交造办处税饷未经具奏自请议处
乾隆四十七年四月初四日（1782年5月15日）

347 粤海关监督李质颖奏折：酌办洋船税饷
乾隆四十七年八月初二日（1782年9月8日）

348 两广总督巴延三奏折：报告洋行商人潘文岩推荐西洋人进京当差
乾隆四十七年八月初二日（1782年9月8日）

349 两广总督巴延三致军机处咨文：令多罗、马记诺居住广州料理法国贸易
乾隆四十七年（1782年）

350 广东巡抚尚安等奏折：监生谭体元呈控总商勒派
乾隆四十八年二月初六日（1783年3月8日）

351 粤海关监督穆腾额奏折：严谕各行洋商与夷人公平交易
乾隆四十九年七月十九日（1784年9月3日）

352 湖广总督特成额等奉上谕：著速将西洋人罗玛当家等解京并缉伴送人等
乾隆四十九年八月二十四日（1784年10月8日）

353 广东巡抚孙士毅奏折：传唤广州商馆洋人多罗及洋商潘文岩追查传教案
乾隆四十九年九月十三日（1784年10月26日）

354 广东巡抚孙士毅奏折：西洋人汤士选等情愿进京效力
乾隆四十九年九月十六日（1784年10月29日）
355 大学士和珅传乾隆帝上谕：洋商潘文岩任由洋人传教，罚银十二万两
乾隆四十九年十月初二日（1784年11月14日）
356 粤海关监督穆腾额奏折：黄埔口岸英船鸣炮误伤华人水手
乾隆四十九年十月十九日（1784年12月1日）
357 两广总督舒常等奉上谕：著巡抚孙士毅不必进京千叟宴，回粤查办教案
乾隆四十九年十一月十一日（1784年12月22日）
358 广东巡抚孙士毅奏片：起解洋商潘文岩认罚银两并遵旨由行商管理洋人
乾隆四十九年十一月十一日（1784年12月22日）
359 广东巡抚孙士毅奏折：驰回粤东查办西洋人传教及英船伤人之事
乾隆四十九年十一月十九日（1784年12月30日）
360 两广总督舒常等奉上谕：著从速拿获潜赴各省传教西洋人
乾隆四十九年十一月二十日（1784年12月31日）
361 两广总督舒常奏折：遵旨处置开炮伤毙民命之英国水手
乾隆四十九年十二月十八日（1785年1月28日）
362 两广总督舒常奏片：转令夷目派人来省城管理洋人书信往来
乾隆四十九年十二月十八日（1785年1月28日）
363 河南巡抚毕沅奏折：收到广东垫解洋商罚银
乾隆五十年四月十七日（1785年5月25日）
364 两广总督舒常进单：进献牙丝宫扇及洋烟等
乾隆五十年四月二十六日（1785年6月3日）
365 粤海关监督穆腾额致造办处咨文：奉旨制作珐琅碗及珊瑚珠进呈
乾隆五十年十一月十七日（1785年12月18日）
366 两广总督富勒浑奏折：请截清各商积欠定限完缴
乾隆五十年十二月初三日（1786年1月2日）
367 两广总督富勒浑奏片：饬令各商先清官欠
乾隆五十年十二月初三日（1786年1月2日）
368 两广总督富勒浑奉上谕：内府洋货过多，禁止派累洋商采办进贡
乾隆五十年十二月二十七日（1786年1月26日）
369 两广总督舒常致军机处信函：洋商情愿无赏采购物品敬献内廷
乾隆五十年（1785年）
370 两广总督富勒浑奏折：奉旨传令不准私派洋商采购物品
乾隆五十一年正月十八日（1786年2月16日）

371 江西巡抚何裕城奏折：查抄洋商艾球三家产数目

乾隆五十一年二月十三日（1786年3月12日）

372 两广总督富勒浑奏片：夷船偷漏税缘由

乾隆五十一年二月二十四日（1786年3月23日）

373 两广总督富勒浑奏折：江浙荒歉洋商潘文岩等请捐银30万两

乾隆五十一年三月二十日（1786年4月18日）

374 内阁奉上谕：七省受灾国库动拨数百万，洋商潘文岩等请捐银可不必

乾隆五十一年四月初十日（1786年5月7日）

375 两广总督富勒浑奏折：查明洋船缴送放关分头银两

乾隆五十一年四月二十三日（1786年5月20日）

376 广东大吏致军机处信函：粤东洋商每年自愿报效银两解贮关库请代奏

乾隆五十一年四月二十四日（1786年5月21日）

377 大学士和珅寄谕户部尚书等：洋商潘文岩等称官员勒索，著据实查办

乾隆五十一年五月二十七日（1786年6月22日）

378 两广总督孙士毅奏折：代洋商等呈请年缴预备传办贡品银两

乾隆五十一年六月初二日（1786年6月27日）

379 两广总督富勒浑奏片：海关多余银两解交造办处

乾隆五十一年六月初四日（1786年6月29日）

380 大学士和珅致两广总督信函：洋商潘文岩请年缴办贡银奉旨交造办处

乾隆五十一年七月十六日（1786年8月9日）

381 粤海关监督穆腾额致造办处咨文：奉旨做成紫檀木大柜进呈

乾隆五十一年（1786年）八月

382 两广总督孙士毅致军机处呈文：洋商潘文岩情愿缴银

乾隆五十一年（1786年）

383 两广总督孙士毅奏折：备贡银两自停办贡品后应交何处请旨

乾隆五十二年二月二十八日（1787年4月15日）

384 粤海关监督佛宁致军机处呈文：洋行商人捐缴办贡银解交内务府造办处

乾隆五十二年五月十二日（1787年6月26日）

385 粤海关监督佛宁致军机处呈文：以后洋船带来小式表玩，遵旨随折送京

乾隆五十二年（1787年）七月

386 两广总督孙士毅奏折：进剿台湾林爽文，洋盐商人请捐银30万两

乾隆五十二年十一月十二日（1787年12月20日）

387 两广总督孙士毅奏片：洋盐商人请捐银50万两专给新兵粮饷之用

乾隆五十二年十一月十二日（1787年12月20日）

388 内阁奉上谕：广东洋商盐商捐输军需银两著令奖叙
乾隆五十二年十一月二十九日（1788 年 1 月 6 日）

389 粤海关监督额尔登布致造办处咨文：奉旨制作朝珠进呈
乾隆五十六年二月十二日（1791 年 3 月 16 日）

390 两广总督福康安奏折：粤海关并无违禁物出入
乾隆五十六年二月十五日(1791 年 3 月 19 日)

391 两广总督福康安等进呈：征收外洋及本港船进出口税银清单
乾隆五十六年二月十五日(1791 年 3 月 19 日)

392 两广总督福康安奏折：审拟行商拖欠英商货银分别追还
乾隆五十六年三月十八日(1791 年 4 月 20 日)

393 粤海关监督额尔登布致军机处呈文：洋商捐缴办贡银两起解送部
乾隆五十六年五月初六日(1791 年 6 月 7 日)

394 两广总督福康安奏折：清还行商拖欠英商货银
乾隆五十六年七月十九日(1791 年 8 月 18 日)

395 广东巡抚郭世勋奏折：粤海关历年征收税务比较
乾隆五十六年十月二十九日(1791 年 11 月 24 日)

396 署理两广总督郭世勋奏折：夷商据情恳请照常买运大黄
乾隆五十七年三月初二日（1792 年 3 月 24 日）

397 粤海关监督盛住奏折：由黄埔至澳门查看税口情形
乾隆五十七年三月初八日（1792 年 3 月 30 日）

398 广东巡抚郭世勋奏折：葡萄牙人窦云山等请求进京效力
乾隆五十七年三月十六日(1792 年 4 月 7 日)

399 粤海关监督盛住奏折：查看澳门各税口事竣回署
乾隆五十七年三月二十四日(1792 年 4 月 15 日)

400 广东巡抚郭世勋奏折：粤东洋盐各商捐输军饷银两
乾隆五十七年四月初三日（1792 年 4 月 23 日）

401 内阁奉上谕：粤东洋盐商人蔡世文等情愿捐银著照例奖叙
乾隆五十七年闰四月初五日（1792 年 5 月 25 日）

402 广东巡抚郭世勋奏折：西洋人窦云山请求随带徒弟王天云进京效力
乾隆五十七年七月十六日（1792 年 9 月 2 日）

403 署两广总督印务兼广东巡抚郭世勋等奏折：英王遣使马戛尔尼进京祝寿
乾隆五十七年九月初七日（1792 年 10 月 22 日）

404 英王乔治三世致乾隆帝的信函
乾隆五十七年（1792 年）

405 直隶等省督抚奉上谕：英国派使进贡，各口岸须队伍齐整以肃观瞻
乾隆五十八年正月十八日（1793年2月28日）

406 直隶总督梁肯堂奏折：饬令天津道先期预备接送英国贡使
乾隆五十八年正月二十四日（1793年3月6日）

407 直隶等省督抚奉上谕：英贡船进口，闽浙江三省调澳门人预备贸易
乾隆五十八年二月二十二日（1793年4月2日）

408 直隶总督梁肯堂奏折：饬令海口营汛预备接迎英国贡船
乾隆五十八年二月二十五日（1793年4月5日）

409 粤海关监督盛住致造办处咨文：奉旨向英国大班寻购洋珐琅全带
乾隆五十八年三月初九日（1793年4月19日）

410 两江总督书麟奏折：广东行商通事预备照料英国贡船贸易事项
乾隆五十八年三月二十日（1793年4月30日）

411 广东巡抚郭世勋奏折：英国马戛尔尼使团贡船已通过澳门外洋北上
乾隆五十八年五月十九日（1793年6月26日）

412 浙江巡抚长麟奉上谕：著准英贡船上岸采购但不得为例
乾隆五十八年八月初二日（1793年9月6日）

413 广东等督抚奉上谕：著沿途接待英贡使不可过于丰厚
乾隆五十八年八月初五日（1793年9月9日）

414 浙江巡抚长麟奉上谕：著妥办贡船购买茶叶事宜
乾隆五十八年八月十七日（1793年9月21日）

415 浙江巡抚长麟奏折：英贡船将起程回国
乾隆五十八年八月十八日（1793年9月22日）

416 两广总督长麟等奉上谕：英王欲派人驻京已敕驳，著准许采办贸易
乾隆五十八年八月十九日（1793年9月23日）

417 英王致乾隆帝表文：遣马戛尔尼进贡并请留人住京办事
乾隆五十八年八月十九日（1793年9月23日）

418 乾隆帝致英王敕谕：派人留京事断不可行
乾隆五十八年八月十九日（1793年9月23日）

419 两广总督长麟等奉上谕：英贡使赴粤，著预防其在澳与洋人勾结
乾隆五十八年八月二十七日（1793年10月1日）

420 两广总督长麟奉上谕：著查明英船何日开行
乾隆五十八年八月二十八日（1793年10月2日）

421 两广总督长麟等奉上谕：著预防英商垄断澳门贸易
乾隆五十八年八月二十八日（1793年10月2日）

422 内阁奉上谕：英贡使将赴澳门，著路经各省派员照料
乾隆五十八年八月三十日（1793年10月4日）
423 乾隆帝致英王乔治三世敕谕：天朝物产丰盈无所不有，开口贸易断不可行
乾隆五十八年八月三十日（1793年10月4日）
424 沿海督抚奉上谕：英人请驻京及开口贸易均已驳回，著预筹海防
乾隆五十八年九月初一日（1793年10月5日）
425 钦差侍郎松筠等奉上谕：著妥办护送英贡使购买茶叶丝斤等事
乾隆五十八年九月十一日（1793年10月15日）
426 广东巡抚郭世勋等奏折：在澳门通告英使进京情形以防煽惑
乾隆五十八年九月十三日（1793年10月17日）
427 两广总督郭世勋奏折：英国贡使可乘黄埔英船回国
乾隆五十八年九月十三日（1793年10月17日）
428 钦差户部侍郎松筠奏折：英国贡使欲从澳门乘大船赴黄埔
乾隆五十八年九月二十二日（1793年10月26日）
429 军机大臣奉上谕：著松筠于英使登船时赏赐福字并面谕所请各条均不准
乾隆五十八年九月二十三日（1793年10月27日）
430 钦差侍郎松筠等奉上谕：英贡使赴黄埔看望本国商人听其自便
乾隆五十八年九月二十八日（1793年11月1日）
431 粤海关监督苏楞额奏折：英船与西洋各国船只一体收税并无增减
乾隆五十八年九月二十八日（1793年11月1日）
432 两广总督郭世勋奏折：英国贡船停泊黄埔恐串通各国夷船
乾隆五十八年九月三十日（1793年11月3日）
433 广东巡抚郭世勋等奏折：英贡船四只到粤，令其等候贡使
乾隆五十八年十月初一日（1793年11月4日）
434 钦差侍郎松筠等奉上谕：著准英贡使在浙江酌量交易
乾隆五十八年十月初十日（1793年11月13日）
435 钦差户部侍郎松筠等奏折：英贡使等再三陈恳，仍由内河行走赴粤
乾隆五十八年十月初十日（1793年11月13日）
436 钦差户部侍郎松筠奏折：英国贡使可在澳门及黄埔交易
乾隆五十八年十月十八日（1793年11月21日）
437 乾隆帝上谕：宁波向无洋行，英贡使应赴澳门、黄埔交易
乾隆五十八年十月十八日（1793年11月21日）
438 内阁奉上谕：著长麟传知英使，嗣后进贡不必拘定年限
乾隆五十八年十月二十八日（1793年12月1日）

439 钦差户部侍郎松筠奏折：英贡使战船不得停泊黄埔

乾隆五十八年（1793年）十月

440 署理两广总督朱圭等奏折：行商拖欠夷货价银审拟查办

乾隆六十年六月十一日（1795年7月26日）

441 广东巡抚图萨布奏折：解交粤海关交内务府参价等项银两

乾隆朝

442 广东奏报：琉球遭风难民花名年岁及随带货物清册

乾隆朝

443 奏片：粤东洋盐商人进贡银两解交京城内务府查收

乾隆朝

444 清宫造办处藏：乾隆年间住北京各天主教堂西洋人的登记清册

乾隆朝

445 两广总督吉庆等奏折：进剿四川白莲教，洋商潘致祥等请捐银40万两

嘉庆四年五月十八日（1799年6月20日）

446 内阁奉上谕：广州洋行商人潘致祥等捐输军需银两，准照例赏叙

嘉庆四年六月初十日（1799年7月12日）

447 两广总督吉庆奉上谕：广东洋盐各商及两淮、两浙盐商捐银著奖励

嘉庆五年正月十七日（1800年2月10日）

448 内阁奉上谕：广东洋盐商人潘致祥等请再捐军需银两50万，著准收20万两

嘉庆五年二月二十三日（1800年3月17日）

449 两广总督吉庆等奏折：进剿四川白莲教，洋商潘致祥等请捐银30万两

嘉庆五年闰四月十一日（1800年6月3日）

450 内阁奉上谕：广东洋行潘致祥等捐输军需银两30万，准造履历咨部赏叙

嘉庆五年五月初三日（1800年6月24日）

451 两广总督吉庆奉上谕：粤海关每年拨银三万两修造米船，明年即行停止

嘉庆五年五月初九日（1800年6月30日）

452 两广总督吉庆等奏折：广东洋盐商人潘致祥等再请捐输银两

嘉庆五年七月三十日（1800年9月18日）

453 两广总督吉庆等奏折：广东洋盐商人捐纳军需银两

嘉庆六年正月二十九日（1801年3月13日）

454 内阁奉上谕：广东洋盐商人捐纳军需银两著造册咨部予以奖叙

嘉庆六年二月二十二日（1801年4月4日）

455 粤海关监督佶山奏折：洋商潘长耀赀本殷实犯私漏税，酌议罚银赎罪

嘉庆六年（1801年）四月

456 粤海关监督佶山奏片：饬令各商赶紧完纳粤海关进口夷税
嘉庆六年六月二十二日（1801年4月4日）
457 粤海关监督佶山奏片：粤海关库银50万两先解京备用
嘉庆六年六月二十二日（1801年4月4日）
458 内阁奉上谕：广东洋盐商人潘致祥等请捐永定河工费银50万两著赏收
嘉庆六年八月二十一日（1801年9月28日）
459 粤海关监督佶山奏折：洋商潘致祥非寻常富户，请再捐河工银10万两
嘉庆六年十月十三日（1801年11月18日）
460 两广总督吉庆等奉上谕：广东洋商只存八行，著查明粤海关是否苛累
嘉庆六年十月二十六日（1801年12月1日）
461 内阁奉上谕：洋商潘致祥再捐永定河堤工银10万两可不必，著发还
嘉庆六年十一月十九日（1801年12月24日）
462 两广总督吉庆等奉上谕：十三行捐输已非一次，著每年备缴银不用加增
嘉庆六年十二月二十一日（1802年1月24日）
463 内阁奉上谕：广东洋盐商人潘致祥等再请捐军需银40万两，著赏收20万两
嘉庆七年八月十日（1802年9月6日）
464 粤海关监督三义助奏片：解交造办处银两
嘉庆八年十月初三日（1803年11月16日）
465 两广总督倭什布等奏折：谙晓天文之西洋人高守谦等情愿进京当差
嘉庆九年二月初三日（1804年3月14日）
466 两广总督倭什布等奏折：广东商人潘致祥等请捐河南堤工银40万两
嘉庆九年二月初三日（1804年3月14日）
467 内阁奉上谕：广东洋盐商人潘致祥等捐河南衡家楼堤工银，著咨部议叙
嘉庆九年二月二十四日（1804年4月4日）
468 两广总督那彦成奏折：英贡船泊黄埔，护货兵船不得进入
嘉庆十年三月十三日（1805年4月12日）
469 两广总督那彦成等奏折：洋商潘致祥等请捐海洋捕匪米艇银12万两
嘉庆十年四月十二日（1805年5月10日）
470 内阁奉上谕：洋商潘致祥等请捐海洋捕匪米艇经费银，著咨部议叙
嘉庆十年五月十八日（1805年6月15日）
471 两广总督那彦成奏折：英吉利国呈中堂书信并夷船协缉情形
嘉庆十年六月初六日（1805年7月2日）
472 粤海关监督延丰奏折：黄埔为英瑞等国商人聚集之所，现俄罗斯商船进港
嘉庆十年十月二十九日（1805年12月19日）

473 两广总督吴熊光等奉上谕：著澳门西洋人除贸易外不得逗留传教
嘉庆十年十一月十二日（1806年1月1日）
474 两广总督吴熊光奉上谕：俄罗斯国贸易向有定界，著即晓谕驶船回国
嘉庆十年十二月十五日（1806年2月3日）
475 两广总督吴熊光等奏折：查明路臣国来广贸易情形
嘉庆十年十二月二十七日（1806年2月15日）
476 两广总督吴熊光奏片：广东洋盐二商潘致祥等情愿捐剿洋盗银20万两
嘉庆十年（1806年）十二月
477 内阁奉上谕：广东洋盐二商潘致祥等请捐剿捕洋盗银，著咨部议叙
嘉庆十一年正月初九日（1806年2月26日）
478 粤海关监督常显奏片：解交造办处银两
嘉庆十二年（1807年）十月
479 粤海关监督常显奏折：同文行商人潘致祥未与夷商交易已一年
嘉庆十二年十一月十一日（1807年12月9日）
480 内阁奉上谕：广东洋商潘致祥因病退商，情愿捐银10万两，著交部库
嘉庆十二年十二月十八日（1808年1月15日）
481 粤海关监督常显奏折：退商潘致祥捐银10万两，派员由粤启程解送户部
嘉庆十三年四月十六日（1808年5月11日）
482 两广总督吴熊光奏折：英人擅入澳门暂停与之贸易
嘉庆十三年九月初四日（1808年10月23日）
483 两广总督吴熊光奏片：英兵船到澳门与法国为仇
嘉庆十三年九月初四日（1808年10月23日）
484 粤海关监督常显奏片：报告到港洋船及征税数目并禁英船贸易
嘉庆十三年九月初九日（1808年10月28日）
485 粤海关监督常显奏折：英兵入澳门令黄埔英船封舱停止贸易
嘉庆十三年十月初六日(1808年11月23日)
486 内阁奉上谕：洋商潘致祥退商回原籍福建，该商赀本宽裕为何告退
嘉庆十三年十月十七日（1808年12月4日）
487 两广总督吴熊光等奏折：英兵退出澳门，住澳西洋人安谧
嘉庆十三年十一月初五日(1808年12月20日)
488 两广总督吴熊光奏折：英兵退出澳门准许洋商开舱贸易
嘉庆十三年十一月二十九日（1809年1月14日）
489 粤海关监督常显奏折：洋商潘致祥、叶上林因病告退并捐南河堤工银两
嘉庆十三年十二月二十一日（1809年2月5日）

490 内阁奉上谕：退商潘致祥、叶上林捐南河堤工银两，著赏收
嘉庆十三年十二月二十一日（1809年2月5日）
491 两广总督百龄奏折：英、法、荷、瑞等国大班在澳门居住平安
嘉庆十四年四月初八日（1809年5月21日）
492 两广总督百龄奏折：酌筹华夷交易章程
嘉庆十四年四月二十日(1809年6月2日）
493 内阁奉上谕：英兵船往来黄埔与十三行间，两广总督吴熊光著拿问
嘉庆十四年四月二十九日(1809年6月11日）
494 两广总督百龄奏折：遵旨恢复英船进黄埔贸易
嘉庆十四年九月二十三日(1809年10月31日）
495 粤海关监督常显奏片：解交造办处银两
嘉庆十四年十月初四日(1809年11月11日）
496 粤海关监督常显奏片：洋商伍敦元、潘致祥捐南河银45万两，奉旨存关库
嘉庆十四年十一月十四日(1809年12月20日）
497 两广总督百龄奏片：英国撤换在粤贸易大班
嘉庆十六年正月十三日(1811年2月6日）
498 粤海关监督德庆奏折：查办商情设立总商，于洋商中择殷实公正者总理
嘉庆十八年二月二十一日(1813年3月23日）
499 粤海关监督祥绍奏片：严催洋商交纳进口饷银
嘉庆十八年八月二十五日(1813年9月19日）
500 两广总督蒋攸铦奏折：广东洋盐众商呈请捐输银两
嘉庆十八年十二月十二日(1814年1月13日）
501 内阁奉上谕：著加恩赏收粤东洋盐各商所捐银两仍交部议叙
嘉庆十九年正月二十一日(1814年2月10日）
502 两广总督蒋攸铦奉上谕：著妥议章程严禁海洋私运
嘉庆十九年正月二十五日(1814年2月14日）
503 两广总督蒋攸铦奏折：法瑞等国船只渐少惟英美商船增多
嘉庆十九年十月十九日(1814年11月30日）
504 两广总督蒋攸铦等奏折：报告夷商贸易情形酌筹整饬洋行
嘉庆十九年十一月十九日(1814年12月30日）
505 两广总督蒋攸铦奏片：查有同文行退商潘致祥私置夷馆坐享厚利
嘉庆十九年十一月十九日(1814年12月30日）
506 两广总督蒋攸铦奉上谕：著将英船进口原委及商欠夷款事宜妥议具奏
嘉庆十九年十一月二十八日（1815年1月8日）

507 两广总督蒋攸铦奉上谕：同文行退商潘致祥私享夷馆厚利，令重新充商

嘉庆十九年十二月初二日（1815年1月11日）

508 两广总督蒋攸铦等奉上谕：著严禁夹带及私造鸦片并令地方官认真查验

嘉庆二十年三月二十三日（1815年5月2日）

509 两广总督蒋攸铦奏折：清查天宝行商人梁经国等拖欠夷债勒限清还

嘉庆二十年九月二十八日(1815年10月30日)

510 兼署两广总督董教增等奏折：查探英贡船经过粤省洋面日期

嘉庆二十一年六月二十八日(1816年7月22日)

511 两广总督蒋攸铦奏折：各国货船载有炮械云集黄埔，华夷杂处本非善策

嘉庆二十一年闰六月二十三日(1816年8月16日)

512 朱谕：英吉利贡使借故不行跪拜礼仪，逐其使臣回国

嘉庆二十一年七月初八日(1816年8月30日)

513 两广总督蒋攸铦等奏折：英贡船抵粤遵旨办理

嘉庆二十一年八月初一日(1816年9月21日)

514 两广总督蒋攸铦等奉上谕：英使至粤，照例筵宴遣回，天津口岸不准停泊

嘉庆二十一年八月初六日(1816年9月26日)

515 两广总督蒋攸铦奉上谕：英使抵粤，令贸易船只遵照定例在黄埔收泊

嘉庆二十一年八月二十五日(1816年10月15日)

516 两广总督蒋攸铦奏折：英国进京贡使行抵广东即被安置在省城海幢寺

嘉庆二十二年三月二十七日（1817年5月12日）

517 嘉庆帝：关于禁绝鸦片的上谕

嘉庆二十二年六月二十八日（1817年8月10日）

518 两广总督阮元奏折：洋商伍敦元捐输天津、广东修筑炮台银16万两

嘉庆二十三年三月二十七日（1818年5月1日）

519 两广总督阮元奏折：密陈虎门至省城防务及十三行交易情形

嘉庆二十三年四月初六日（1818年5月10日）

520 内阁奉上谕：粤东洋盐各商请捐银两酌予查收并咨部议叙

嘉庆二十三年五月二十九日（1818年7月2日）

521 粤海关监督祥绍奏片：解交造办处银两并起解参斤变价银两

嘉庆二十三年六月十五日（1818年7月17日）

522 粤海关监督阿尔邦阿奏折：经征关税一年期满税银数目

嘉庆二十三年十二月十九日（1819年1月14日）

523 两广总督阮元奉上谕：著严查承办战船私扣银两及夷船馈送海关银两

嘉庆二十四年十一月初十日（1819年12日26日）

541 两广总督阮元等奏片：哑啉国二船来粤贸易情形
道光四年十二月二十四日(1825年2月11日)
542 两广总督阮元奏折：英商船起火，宽免应征税钞
道光五年十二月二十一日(1826年1月28日)
543 两广总督李鸿宾等奏片：遵旨晓谕越南商人仍恪守旧章由陆地贸易
道光九年七月初九日（1829年8月8日）
544 两广总督李鸿宾等奏折：洋商拖欠税饷并积欠夷账审明定拟
道光九年八月十四日（1829年9月11日）
545 两广总督李鸿宾奏片：英船因省城洋行拖欠债务而延不进口
道光九年十月二十八日（1829年11月24日）
546 两广总督李鸿宾奏片：随时设法查禁私运烟银以除蠹害
道光九年十二月初五日（1829年12月30日）
547 广东大吏联名上奏：英国大班私自携带妇女入住省城有违天朝体制
道光十年九月十二日（1830年10月28日）
548 道光帝谕旨：英国大班坐轿进省城并黄埔船炮位运入夷馆著设法驱逐
道光十年十月二十四日(1830年12月8日)
549 两广总督李鸿宾奏折：英船炮位已搬回黄埔，大班仍在夷馆
道光十年十月二十九日(1830年12月13日)
550 两广总督李鸿宾奏片：严饬地方官及洋商将番妇押往澳门并省会安静
道光十年十月二十九日(1830年12月13日)
551 广州将军庆保等奏片：晓谕英国住十三行夷馆新任大班恪守清朝禁令
道光十年十一月十七日(1830年12月31日)
552 两广总督李鸿宾奏片：英国大班盼师已将番妇带离十三行夷馆回澳门
道光十年十一月二十二日(1831年1月5日)
553 粤海关监督中祥奏折：内务府办公银两全行拨解足数
道光十一年正月初十日(1831年2月22日)
554 粤海关监督中祥奏折：起解关税盈余银两数目
道光十一年二月十八日(1831年3月31日)
555 两广总督李鸿宾等奉上谕：著查明英船驶至内地并晓谕只准在广东贸易
道光十二年七月初二日(1832年7月28日)
556 两广总督卢坤等奏折：遵旨筹堵违禁夷船
道光十二年十二月十三日（1833年2月2日）
557 两广总督卢坤奏折：夷船在黄埔口外遭风漂流派员护送
道光十三年十一月初十日（1833年12月20日）

558 两广总督卢坤奏折：英国新派贸易总监律劳卑违例令英舰闯入广州内河
道光十四年八月十三日（1834年9月15日）
559 广州将军哈丰阿奏折：英兵船已被逐出口
道光十四年八月二十三日(1834年9月25日)
560 广州将军哈丰阿等奉上谕：妥速商办英兵船闯入内河事宜
道光十四年九月初三日(1834年10月5日)
561 钦差礼部尚书升寅等奉上谕：英国兵船闯入内河著查办粤督
道光十四年九月初九日(1834年10月11日)
562 两广总督卢坤奏折：查办番舶贩卖鸦片情形
道光十四年九月初十日(1834年10月12日)
563 粤海关监督彭年奏折：查明已未完库款并查办商欠
道光十四年九月二十二日(1834年10月24日)
564 两广总督卢坤等奉上谕：著确查粤商近增私税拖欠夷债并定章程
道光十四年十月初三日(1834年11月3日)
565 钦差礼部尚书升寅等奏折：英船闯入内河已逐出口并律劳卑在澳门病故
道光十四年十月初三日(1834年11月3日)
566 两广总督卢坤奏折：遵旨查办粤海关商欠饷银
道光十四年十一月初十日(1834年12月10日)
567 两广总督卢坤等奏折：查明洋商并无私增税银
道光十四年十二月二十七日（1835年1月25日）
568 两广总督卢坤进呈：《增易防范夷人章程》
道光十五年正月二十八日（1835年2月25日）
569 两广总督卢坤奏折：遵旨查办粤海关商欠情形并追缴天宝行梁承禧欠银
道光十五年三月初八日(1835年4月5日)
570 吏部奏折：广东绅商刑部郎中潘仕成捐银赈灾，请遵定章加三级
道光十五年四月二十七日(1835年5月24日)
571 两广总督卢坤奏折：密访黄埔等地代洋人刊印书籍店铺
道光十五年闰六月二十日(1835年8月14日)
572 粤海关监督彭年奏片：饬令洋商完缴关税银两
道光十五年八月二十八日(1835年10月19日)
573 两广总督邓廷桢奏片：英船欲进海口，饬洋商传谕不得停泊并开炮驱逐
道光十六年二月初一日(1836年3月17日)
574 两广总督邓廷桢奏折：酌议杜绝鸦片流弊查缉洋行及窑口
道光十六年十一月二十日(1836年12月27日)

575 两广总督邓廷桢奏折：英国派义律进省管理广州夷馆商务

道光十六年十二月十四日（1837年1月20日）

576 两广总督邓廷桢奏折：洋船入黄埔层层查验但走私在入口之前

道光十六年十二月二十日（1837年1月26日）

577 两广总督邓廷桢奉上谕：著准义律遵照大班来粤章程至省并照旧给领红牌

道光十七年正月十八日（1837年2月22日）

578 两广总督邓廷桢等奏折：请恢复十三行承商旧例以堵流弊

道光十七年七月二十九日（1837年8月29日）

579 内阁奉上谕：著准恢复十三行承商旧例

道光十七年九月初一日（1837年9月30日）

580 内阁奉上谕：著令广州天宝行梁承禧完纳捐银

道光十七年九月初一日(1837年9月30日)

581 广州将军德克金布等奏折：英国官目未经行商，违禁到省城门外投递信函

道光十八年六月二十六日（1838年8月15日）

582 道光帝谕旨：令湖广总督林则徐为钦差大臣赴粤查禁鸦片

道光十八年十一月十五日（1838年12月31日）

583 两广总督邓廷桢奏折：筹议虎门海口安设拦江铁链木排事宜

道光十九年元月十二日（1839年2月25日）

584 钦差大臣林则徐奏折：夷人趸船鸦片尽数呈缴

道光十九年二月二十九日(1839年4月12日)

585 内阁奉上谕：林则徐查办趸船尽数呈缴烟土，所办可嘉交部议叙

道光十九年三月十九日(1839年5月2日)

586 大学士穆彰阿等奏折：会同定拟夷人携带鸦片烟土入口售卖治罪专条

道光十九年五月十三日(1839年6月23日)

587 钦差大臣林则徐奏折：查验黄埔货船并驱逐鸦片趸船

道光十九年五月二十五日（1839年7月5日）

588 钦差大臣林则徐奏折：报告虎门销烟情形

道光十九年五月二十五日（1839年7月5日）

589 钦差大臣林则徐等奏折：巡阅澳门抽查华夷户口

道光十九年八月十一日（1839年9月18日）

590 英国领事义律面递：澳门同知说帖清折

道光十九年八月十七日（1839年9月24日）

591 道光帝谕旨：著永不准与英国交易

道光十九年九月二十三日(1839年10月29日)

592 粤海关监督豫堃：对英贸易已停止，粤海关不必多方购求洋货
道光二十年三月初七日（1840年4月8日）
593 钦差大臣林则徐奏折：请准广州十三行洋商捐缴三年茶叶银作防夷经费
道光二十年四月十三日（1840年5月14日）
594 清政府对英国宣战上谕：沙角、大角炮台被占，沿海军民痛剿英敌
道光二十一年正月初五日（1841年1月27日）
595 英国向中国宣战檄文（汉译）
道光二十一年正月初五日（1841年1月27日）
596 两广总督琦善奉上谕：广东炮台安设排链，大角、沙角炮台是否系其处
道光二十一年正月初五日（1841年1月28日）
597 靖逆将军奕山等奉上谕：英夷阻扰通商，著查明各国是否怨恨
道光二十一年正月十九日（1841年2月11日）
598 两广总督琦善奏折：虎门失守关天培阵亡
道光二十一年二月十二日（1841年3月4日）
599 参赞大臣杨芳奏折：英兵船退出省河及美领事请求贸易
道光二十一年二月三十日(1841年3月22日)
600 两广总督等奉上谕：广东剿办夷务，所有例进贡物暂行停止
道光二十一年三月初六日（1841年3月28日）
601 参赞大臣杨芳奏折：黄埔等处英船停泊数目
道光二十一年三月二十二日（1841年4月13日）
602 靖逆将军奕山等奉上谕：断不准英国商船驶进黄埔贸易
道光二十一年三月二十三日（1841年4月14日）
603 靖逆将军奕山奏折：美法瑞等国可照常在黄埔贸易
道光二十一年闰三月初六日（1841年4月26日）
604 靖逆将军奕山等奏折：遵查前两广总督琦善与英目义律在莲花山下会晤
道光二十一年闰三月初六日（1841年4月27日）
605 靖逆将军奕山等奏折：英国兵船昼夜环攻广州城情形
道光二十一年四月初六日（1841年5月26日）
606 靖逆将军奕山等奏折：英兵船环攻广州城要求照常贸易及清还商欠
道光二十一年四月十五日（1841年6月4日）
607 刑部进呈：两广总督琦善与义律在莲花山下会晤情形口供
道光二十一年四月二十日(1841年6月9日)
608 靖逆将军奕山等奉上谕：英夷开炮攻城，粤秀山观音像显灵，著发匾额
道光二十一年六月十一日(1841年7月28日)
609 户部奉旨：粤海关因查办夷务以致税课短绌，著准豁免
道光二十一年六月十二日(1841年7月29日)

610 睿亲王仁寿奏折：琦善差用夷馆买办沟通夷情让给香港，会同刑部审拟
道光二十一年六月二十三日(1841年8月9日)
611 两广总督等奏折：奉旨密查越南贸易人声言能造船炮火器可抵英夷
道光二十一年九月十四日(1841年10月28日)
612 两广总督等奏折：遵查英国至广东路程等事
道光二十二年四月初六日（1842年5月15日）
613 两广总督等奉上谕：耆英请调伍敦元协办夷务，广东洋商于江苏无可差遣
道光二十二年六月初八日（1842年7月15日）
614 闽浙两广总督等奉上谕：广东捐造大船驾驶出洋，著断不可走漏风声
道光二十二年六月十四日（1842年7月21日）
615 道光帝谕旨：广东为沿海首要必先制造大号战船
道光二十二年七月十五日（1842年8月20日）
616 靖逆将军奕山等奉上谕：粤省洋商深悉造船之法及购夷船者著访查激劝
道光二十二年七月十六日（1842年8月21日）
617 户部尚书敬征奏折：请将广东造炮著说人丁拱辰送京当差
道光二十二年七月二十一日（1842年8月26日）
618 清宫藏：中英《南京条约》稿本
道光二十二年七月二十四日（1842年8月29日）
619 靖逆将军奕山等奏折：遵查法兰西等国情形并香港等处停泊英船数目
道光二十二年七月二十八日（1842年9月2日）
620 靖逆将军奕山奏折：美国兵船驶至黄埔邀请中国官员登船参观
道光二十二年九月初七日（1842年10月10日）
621 粤海关监督文丰奏折：洋行商人购买黄埔外国兵船情形
道光二十二年九月三十日（1842年11月2日）
622 广东绅商伍秉鉴、潘仕成、潘正炜等捐购战船银两数目清单
道光二十二年十月十九日（1842年11月21日）
623 靖逆将军奕山等奏折：绅商潘世荣、潘仕成雇觅夷匠制造火轮船及水雷
道光二十二年十月十九日（1842年11月21日）
624 内阁奉上谕：粤东绅商潘正炜等捐输海疆经费著赏戴花翎议叙
道光二十二年十一月初三日（1842年12月4日）
625 两广总督奏折：遵旨制造战船事宜交潘仕成一手经理
道光二十二年十一月二十日（1842年12月21日）
626 两广总督奏折：审办广州十三行商馆民夷争闹案
道光二十三年五月初二日(1843年5月30日)
627 钦差大臣两江总督耆英奏片：赴港与英酋商议通商章程
道光二十三年六月十五日(1843年7月12日)

628 钦差大臣耆英奏折：沿海五口关税事宜
道光二十三年六月二十七日(1843年7月24日)
629 两广总督奏折：广东绅商潘仕成雇用米利坚人制造水雷并绘图说
道光二十三年六月二十七日(1843年7月24日)
630 两广总督奉上谕：候选道潘仕成制造水雷、火药已赏花翎及按察使衔
道光二十三年闰七月初二日(1843年8月25日)
631 钦差大臣两江总督耆英等奏折：粤海关自开市以来英夷安静贸易照常
道光二十三年闰七月十二日(1843年9月5日)
632 钦差大臣两江总督耆英等奏折：查办米利坚等国通商大略
道光二十三年闰七月十二日(1843年9月5日)
633 钦差大臣两江总督耆英等奏折：酌定善后条约
道光二十三年八月二十七日(1843年10月20日)
634 钦差大臣耆英等奏片：五口通商后粤海关征税情形
道光二十三年八月二十七日(1843年10月20日)
635 钦差大臣耆英等奉上谕：酌定善后条约，惟香港通市一节再行妥议
道光二十三年九月二十四日(1843年11月15日)
636 军机大臣穆彰阿等奏折：遵旨速议酌定善后条约
道光二十三年九月二十四日(1843年11月15日)
637 两广总督奏片：绅商潘仕成制造水雷解至天津试演，该员捐修粤省贡院
道光二十三年十二月十八日(1844年2月16日)
638 广东大吏进呈：供皇帝御览的《虎门各炮台图》
道光二十四年二月初五日（1844年3月23日）
639 广东巡抚程矞采奏折：美利坚兵船入黄埔对面深井湾泊已申明禁令
道光二十四年三月初八日(1844年4月25日)
640 两广总督耆英奏片：米夷只有伯驾粗通粤语，请调潘仕成进署协办
道光二十四年六月初二日(1844年7月16日)
641 两广总督耆英奏折：请准各国商船赴澳门贸易
道光二十四年七月初三日(1844年8月16日)
642 两广总督耆英奏片：布政使衔即选道潘仕成熟悉夷情，均能驾驭夷人
道光二十四年九月二十一日(1844年11月1日)
643 两广总督耆英奏折：对英作战粤省军费数额巨大
道光二十五年九月初五日（1845年10月5日）
644 两广总督耆英等奏折：带同潘仕成等赴香港商谈英人欲进广州城事宜
道光二十五年十一月初二日（1844年12月11日）
645 两广总督耆英奏折：遵议城外码头设于十三行，相沿已数百年
道光二十六年三月三十日（1846年4月25日）

646 协办大学士耆英奏折：俟潘仕成所捐造战船完竣再行赴部引见
道光二十六年七月二十八日（1846年9月18日）
647 粤海关监督基溥奏片：请俟一二年酌定税额后再行备办贡品
道光二十六年（1846年）
648 吏部奏折：原广东举人潘仕成奉谕补授广东盐运使，该员本籍例应回避
道光二十七年三月二十六日(1847年5月10日)
649 两广总督耆英奏折：十三行洋楼及黄埔近岸夷人墓地情形
道光二十七年七月初二日(1847年8月12日)
650 两广总督耆英奏片：潘仕成远授甘肃，请改调广东附近以办夷务
道光二十七年(1847年)
651 两广总督徐广缙等奏折：酌移澳门税口情形
道光二十九年闰四月初七日(1849年5月28日)
652 钦差两广总督徐广缙等奉上谕：著准所议澳门税口移至黄埔
道光二十九年五月初九日(1849年6月28日)
653 粤海关监督曾维奏片：澳门税口移至黄埔长洲，税务应由粤海关委员
咸丰元年五月初七日（1851年6月6日）
654 署两广总督劳崇光等奏片：粤海关仿照上海办法由英人李泰国任税务司
咸丰九年十一月初六日（1859年12月21日）
655 广东巡抚耆龄奉上谕：严办省城及黄埔、港澳等处贩卖人口出洋之事
咸丰十年闰三月初二日(1860年4月22日)
656 广东巡抚耆龄奏折：访查粤海关税务并沙面盖筑洋楼事宜
咸丰十年四月二十五日（1860年6月14日）
657 军机大臣致总理衙门密谕：令广东、上海选拔通晓外语人员到总署当差
咸丰十年十二月初十日（1861年1月20日）
658 海关总税务司赫德清折：关于粤海关茶叶税饷之论
咸丰十一年五月三十日（1861年7月7日）
659 总理衙门奉上谕：著酌情妥议洋药抽税章程
咸丰十一年五月三十日（1861年7月7日）
660 总理衙门奏片：商定各口税章，拟令前粤海关监督恒祺进总署办理
咸丰十一年八月十九日（1861年9月23日）
661 广州副都统库克吉泰奏折：广东设立同文馆选拔学生
同治二年三月二十八日（1863年5月10日）
662 两广总督等奉上谕：绅商伍崇曜病故，其借美款捐输，著其子弟筹补
同治二年十二月十四日（1864年1月22日）
663 内务府：粤海关承做皇后穿戴饰物活计的档案记录
同治六年三月初十日（1867年4月10日）

664 广东水师营官兵驻防图：图中展示了广东境内海岸线及清军驻防的情况
同治六年（1867年）以前

665 粤海关监督崇光等奉上谕：北洋水师急需粤海关解送经费
光绪八年八月十八日（1882年9月29日）

666 英国驻华大臣致总理衙门照会：广州市民焚毁沙面租界洋房
光绪十年闰五月二十七日（1884年7月19日）

667 总理衙门奏片：港澳附近创设九龙和拱北两个粤海关分关
光绪十三年二月二十三日（1887年3月17日）

668 两广总督张之洞奏折：创建两广学生合课书院
光绪十三年六月十六日（1887年8月6日）

669 两广总督张之洞奏折：广东兴办枪炮制造厂
光绪十五年七月初七日（1889年7月3日）

670 清宫藏：广州黄埔籍出使大臣梁诚履历
光绪二十二年（1896年）

671 驻美公使梁诚致外务部信函：收回美国退还计算多余的庚子赔款以遣留学生
光绪三十一年三月初四日（1905年4月9日）

672 署理两广总督岑春煊奏折：粤海各关经征洋税各款收支数目
光绪三十二年二月初十日（1906年3月4日）

673 总税务司赫德致外务部清折：九龙关征收华船税厘数目
光绪三十二年二月二十一日（1906年3月15日）

674 总税务司赫德致外务部清折：拱北关征收华船税厘数目
光绪三十二年二月二十一日（1906年3月15日）

675 总税务司赫德致外务部清折：粤海关征收华船税钞数目
光绪三十二年闰四月二十一日（1906年6月12日）

676 内务府造办处通过兵部驿马传递的公文：两广总督速解交采办贡品银两
光绪三十三年八月初一日（1907年9月8日）

677 粤海关：征收洋税数目清单
光绪朝

678 粤海关：征收常税数目清单
光绪朝

————中国第一历史档案馆藏

参考文献

档案

中国第一历史档案馆藏：明朝档案、宫中朱批奏折、宫中朱谕、宫中进单、军机处上谕档、军机处寄信档、军机处剿捕档、军机处录副奏折、军机处舆图、内阁《实录》、内阁《起居注》、内务府造办处档案、内务府舆图、外务部档案。

中国第一历史档案馆等编：《明清时期澳门问题档案文献汇编》，人民出版社 1999 年。

中国第一历史档案馆编：《澳门问题明清珍档荟萃》，澳门基金会 1999 年。

中国第一历史档案馆、香港中文大学文物馆编：《清宫内务府造办处档案总汇》，人民出版社2005年。

中国第一历史档案馆等编：《清宫广州十三行档案精选》，广东经济出版社 2002 年。

中国第一历史档案馆编：《明清皇宫黄埔秘档图鉴》，暨南大学出版社 2006 年。

中国第一历史档案馆编：《鸦片战争档案史料》，天津古籍出版社 1992 年。

中国第一历史档案馆编：《康熙朝汉文朱批奏折汇编》，中国档案出版社 1985 年。

中国第一历史档案馆编译：《康熙朝满文朱批奏折全译》中国社会科学出版社 1996 年。

中国第一历史档案馆编：《雍正朝汉文朱批奏折汇编》，江苏古籍出版社 1989 年。

台北故宫博物院编印：《宫中档雍正朝奏折》，1979 年。

台北故宫博物院编印：《宫中档乾隆朝奏折》，1982 年。

台北“中央研究院近代研究所”编印：《澳门专档》，1992 年。

文庆等编：《筹办夷务始末 · 道光朝》，中华书局 1964 年。

故宫博物院编印：《清代外交史料》，1933 年。

史志

《广州府志》，光绪五年刻本。

《番禺县志》，同治十年刻本。

《南海县志》，宣统三年刻本。

阮元修：《广东通志》，上海古籍出版社 1988 年。

梁廷枏修：《粤海关志》，广东人民出版社 2002 年。

李士桢：《抚粤政略》，《近代中国史料丛刊》，文海出版社。
屈大均：《广东新语》，人民文学出版社 1996 年。
仇巨川纂：《羊城古钞》，广东人民出版社 1993 年。
黄佛颐纂：《广州城坊志》，广东人民出版社 1994 年。
姚元之：《竹叶亭杂记》，中华书局 1982 年。
昭裢：《啸亭杂录》，中华书局 1980 年。
梁廷枏：《夷氛闻记》，中华书局 1997 年。
李斗：《扬州画舫录》，中华书局 2004 年。
王之春：《清朝柔远记》，中华书局 1989 年。
魏源：《海国图志》，岳麓书社 1998 年。
夏燮：《中西纪事》，岳麓书社 1988 年。

著作

李国荣、覃波、李炳：《帝国商行》，九州出版社 2007 年。
李国荣、林伟森等：《清代广州十三行纪略》，广东人民出版社 2006 年。
晁中辰：《明代海禁与海外贸易》，人民出版社 2005 年。
马汝珩、马大正：《清代的边疆政策》，社会科学出版社 1994 年。
马大正等：《中国边疆经略史》，中州古籍出版社 2000 年。
张炜等：《中国海疆通史》，中州古籍出版社 2003 年。
王宏斌：《清代前期海防：思想与制度》，社会科学文献出版社 2002 年。
方豪：《中西交通史》，岳麓书社 1987 年。
郭成康等：《康乾盛世历史报告》，中国言实出版社 2002 年。
陈尚胜：《闭关与开放》，山东人民出版社 1993 年。
朱雍：《不愿打开的中国大门》，江西人民出版社 1989 年。
吴建雍：《18 世纪的中国与世界 · 对外关系卷》，辽海出版社 1999 年。
周宁：《大中华帝国》，学苑出版社 2004 年。
朱诚如等：《清史图典》，紫禁城出版社 2002 年。
沈光耀：《中国古代对外贸易史》，广东人民出版社 1985 年。
萧一山：《清代通史》，中华书局 1985 年。
郭蕴静：《清代经济史简编》，河南人民出版社 1984 年。
郭蕴静：《清代商业史》，辽宁人民出版社 1994 年。
黄炎培等：《中国商战失败史》，商务印书馆 1917 年。
黄国盛：《鸦片战争前的东南四海关》，福建人民出版社 2000 年。
祁美琴：《清代内务府》，中国人民大学出版社 1998 年。

祁美琴：《清代榷关制度研究》，内蒙古大学出版社 2004 年。
张维华：《明清之际中西关系简史》，齐鲁书社 1987 年。
周一良：《中外文化交流史》，河南人民出版社 1987 年
江文汉：《明清间在华的天主教耶稣会士》，知识出版社 1987 年。
吴伯娅：《康雍乾三帝与西学东渐》，宗教文化出版社 2002 年。
吴家诗：《黄埔港史·古近代部分》，人民交通出版社 1989 年。
黄启臣：《广东海上丝绸之路史》，广东经济出版社 2003 年。
朱小丹等：《中国广州中瑞海上贸易的门户》，广州出版社 2002 年。
广州市社会科学规划办公室：《中国广州海上丝绸之路的文化遗址》，广州出版社2001年。
广州历史文化名城研究会等：《广州十三行沧桑》，广东省地图出版社 2002 年。
陈柏坚：《广州外贸两千年》，广州文化出版社 1989 年。
蔡鸿生等：《广州与海洋文明系列》，广东人民出版社 2002 年。
张晓宁：《天子南库：清前期广州制度下的中西贸易》，江西高教出版社 1999 年。
梁嘉彬：《广东十三行考》，广东人民出版社 1999 年。
赵春晨：《岭南近代史事与文化》，中国社会科学出版社 2003 年。
刘圣宜：《近代广州社会与文化》，广东高等教育出版社 2004 年。
谭元亨：《广府寻根》，广东高等教育出版社 2003 年。
钟俊鸣等：《走进西关》，广东人民出版社 2001 年。
郭德焱：《清代广州的巴斯商人》，中华书局 2005 年。
杨宏烈：《广州泛十三行商埠文化遗址开发研究》，华南理工大学出版社 2006 年。
费成康：《澳门四百年》，上海人民出版社 1988 年。
邓开颂等：《粤澳关系史》，中国书店 1999 年。
郭卫东：《转折》，河北人民出版社 2003 年。
茅海建：《天朝的崩溃——鸦片战争再研究》，三联书店 1995 年。
萧致治、杨卫东：《鸦片战争前中西关系纪事》，湖北人民出版社 1986 年。
萧致治：《鸦片战争史》，福建人民出版社 1996 年。
姚薇元：《鸦片战争史实考》，人民出版社 1984 年。
列岛：《鸦片战争史论文专集》，三联书店 1958 年。
宁靖：《鸦片战争史论文专集·续编》，人民出版社 1984 年。
龚缨晏：《鸦片的传播与对华鸦片贸易》，东方出版社 1999 年。
杜文凯：《清代西人见闻录》，中国人民大学出版社 1985 年。

译著

朱静编译：《洋教士看中国朝廷》，上海人民出版社 1995 年。
[美] 马士著，区宗华译：《东印度公司对华贸易编年史》，中山大学出版社 1991 年。
[美] 马士著，张汇文译：《中华帝国对外关系史》，商务印书馆 1963 年。
[美] 马丁 · 布思著，任华梨译《鸦片史》，海南出版社 1999 年。
[美] 特拉维斯 · 黑尼斯三世等著，周辉荣译《鸦片战争》，三联书店 2005 年。
[美] 亨特著，沈正邦译：《旧中国杂记》，广东人民出版社 1992 年。
[美] 亨特著，冯树铁译：《广州番鬼录》，广东人民出版社 1993 年。
[美] 彭慕兰著，史建云译：《大分流》，江苏人民出版社 2003 年。
[美] 阿尔德伯特等著，蔡鸿滨等译：《欧洲史》，海南出版社 2000 年。
[美] 劳尼克著，钱林森等译：《开放的中华：一个番鬼在大清国》，山东画报出版社2004年。
[美] 伯德莱著，耿升译：《清宫洋画家》，山东画报出版社 2002 年。
[法] 杜赫德编，郑德弟等译：《耶稣会士中国书简集》，大象出版社 2005 年。
[法] 阿兰 · 佩雷菲特：《停滞的帝国——两个世界的撞击》，三联书店 1993 年。
[英] 格林堡著，康成译：《鸦片战争前中英通商史》，商务印书馆 1961 年。
[英] 斯当东著，叶笃义译：《英使觐见乾隆纪实》，上海书店出版社 2005 年。
[瑞典] 龙思泰著，吴义雄等译：《早期澳门史》，东方出版社 1997 年。

论文

吴建雍：《1757年后的广东十三行》，《清史研究集》第3辑，四川人民出版社1984年。
吴建雍：《18 世纪的中西贸易》，《清史研究》1995 年第 1 期。
吴建雍：《清前期对外政策的性质及其对社会发展的影响》，《北京社会科学》1989年第1期。
吴建雍：《清前期榷关及其管理制度》，《中国史研究》1984 年第 1 期。
何本方：《清代的榷关与内务府》，《故宫博物院院刊》1985 年第 2 期。
祁美琴：《关于清代榷关“差官”问题的考察》，《清史研究》2003 年第 4 期。
彭泽益：《清初四榷关地点和贸易量的考察》，《社会科学战线》1984 年第 3 期。
彭泽益：《清代广东洋行制度的起源》，《历史研究》1957 年第 1 期。
彭泽益：《广州十三行续探》，《历史研究》1981 年第 4 期。
汪杼庵：《十三行与屈大均广州竹枝词》，《历史研究》1957 年第 6 期。
李龙潜：《明代广东三十六行考释》，《中国史研究》1982 年第 3 期。
朱雍：《洪仁辉事件与乾隆的限关政策》，《故宫博物院院刊》1985 年第 4 期。
林健：《洪仁辉案》，《清史研究集》第 6 辑，光明日报出版社 1988 年。
章深：《十三行与清代海外贸易的特点》，《中国社会经济史研究》1987 年第 1 期。
陈尚胜：《明代市舶司制度与海外贸易》，《中国社会经济史研究》1987 年第 1 期。

张书生:《荷兰东印度公司、台湾郑氏与清帝国的关系》,《中国史研究动态》1980年第3期。
马强:《远去的船队:广州伊斯兰文化千年血脉》,《寻根》2004年第3期。
杨伯达:《清乾隆五十九年广东贡物一瞥》,《故宫博物院院刊》1986年第3期。
聂崇正:《清朝宫廷铜版画乾隆平定准部回部战图》,《故宫博物院院刊》1989年第4期。
陈滢:《清代广州的外销画》,《美术史论》1992年第3期。
廖声丰:《清代赣关税收的变化与大庾岭商路的商品流通》,《历史档案》2001年第4期。
周湘:《清代广州行商倪秉发事迹》,《中山大学学报》2001年第5期。
蔡鸿生:《清代广州行商的西洋观》,《广东社会科学》2003年第1期。
蔡鸿生:《论清代瑞典纪事及广州瑞行商务》,《中山大学学报》1991年第2期。
郭卫东:《鸦片战争赔款研究》,《近代史研究》1998年第4期。
顾卫民:《广州通商制度与鸦片战争》,《历史研究》1989年第1期。
钱实甫:《关于海国图志》,《学术月刊》1962年第1期。
李存朴:《魏源的海国图志与日本的海图国志时代》,《安徽史学》2002年第2期。
章文钦:《清代前期广州中西贸易中的商欠问题》,《中国经济史研究》1990年第1期。
章文钦:《从封建官商到买办商人》,《近代史研究》1984年第3期。
韦庆远:《澳门通洋贸易与广州黄埔设港的关系》,(澳门)《澳门研究》2005年第2期
陈国栋:《粤海关(1684—1842)的行政体系》,(台湾)《食货》复刊11卷,第4期。
汪宗衍:《广东十三行之起源及其商业蜕变》,(台湾)《广东文物丛谈》1974年。
朴人:《历史夹缝里的小人物——广东洋商的描述》,(台湾)《广东文献》1975年第3期。

译文

[法] 叶理夫撰,耿升译:《法国是如何发现中国的》,《中国史研究动态》1981年第3期。
[法] 于阿尔撰,翁同文译:《十八世纪法国对中国科学与工艺的调查》,《中国史研究动态》1980年第3期。
[美] 约翰·小韦尔斯撰,丁向阳译:《关于1662——1687年耶稣会中国传教团的一些荷兰史料》,《清史研究集》第7辑,光明日报出版社1990年。
[美] 小弗雷德里克·D·格兰特撰,周湘译:《丽泉行的败落》,《史林》2004年第4期。

鸣谢单位

故宫博物院
台北故宫博物院
广东省博物馆
广东省立中山图书馆
广州市博物馆
广东民间工艺博物馆
广州市海珠区地方志编纂委员会办公室
广州市黄埔区档案馆
广州市番禺区档案馆
广东省佛山市陶瓷博物馆
广东省佛山市南风古灶旅游发展有限公司
广东省珠海市桂山镇人民政府
广东省东莞市鸦片战争博物馆
广东省东莞市海战博物馆
江苏省苏州市博物馆

香港美术馆
香港艺术馆
德国柏林钱币博物馆
瑞典哥德堡历史博物馆
瑞典哥德堡市博物馆
瑞典哥德堡市图书馆
瑞典乌列系好屋博物馆
美国麻省萨勒姆皮伯第·伊赛克斯博物馆
美国加州大学分校图书馆
美国萨莱姆博物馆
美国国家肖像馆
美国马丁·格里高利美术馆
美国卡索尔美术公司
法国凡尔赛宫
法国勒布朗·迪韦努瓦博物馆
法国摄影博物馆

图书在版编目（CIP）数据

清朝洋商秘档 / 李国荣 主编 . －北京：九州出版社，2010.9
ISBN 978－7－5108－0644－5

Ⅰ. ①清… Ⅱ. ①李… Ⅲ. ①对外贸易－商业史－广州市－清代
Ⅳ. ① F752.95

中国版本图书馆 CIP 数据核字(2010)第 170743 号

清朝洋商秘档

作　　者　李国荣 主编
出版发行　九州出版社
出 版 人　徐尚定
地　　址　北京市西城区阜外大街甲 35 号（100037）
发行电话　(010)68992190/2/3/5/6
网　　址　www.jiuzhoupress.com
电子信箱　jiuzhou@jiuzhoupress.com
印　　刷　北京顺诚彩色印刷有限公司
开　　本　720 毫米 × 1020 毫米　16 开
印　　张　24.5
字　　数　150 千
版　　次　2010 年 11 月第 1 版
印　　次　2010 年 11 月第 1 次印刷
书　　号　ISBN 978－7－5108－0644－5
定　　价　68.00 元

★ 版权所有　侵权必究 ★